首都经济贸易大学·法学前沿文库

中国古代法文化散论

尚珏 著

Discussion of Ancient Chinese Legal Culture

中国政法大学出版社
2023·北京

声　明　1. 版权所有，侵权必究。

　　　　2. 如有缺页、倒装问题，由出版社负责退换。

图书在版编目（CIP）数据

中国古代法文化散论/尚珺著. —北京：中国政法大学出版社, 2023.1
ISBN 978-7-5764-0827-0

Ⅰ.①中… Ⅱ.①尚… Ⅲ.①法制史—研究—中国—古代 Ⅳ.①D929.2

中国国家版本馆CIP数据核字(2023)第016791号

出 版 者	中国政法大学出版社
地　　址	北京市海淀区西土城路25号
邮寄地址	北京 100088 信箱 8034 分箱　邮编 100088
网　　址	http://www.cuplpress.com（网络实名：中国政法大学出版社）
电　　话	010-58908441(编辑部) 58908334(邮购部)
承　　印	北京九州迅驰传媒文化有限公司
开　　本	880mm×1230mm　1/32
印　　张	7.5
字　　数	175 千字
版　　次	2023 年 1 月第 1 版
印　　次	2023 年 1 月第 1 次印刷
定　　价	35.00 元

首都经济贸易大学·法学前沿文库
Capital University of Economics and Business Library, Frontier

主　编　张世君

文库编委　高桂林　金晓晨　焦志勇　李晓安
　　　　　　米新丽　沈敏荣　王雨本　谢海霞
　　　　　　喻　中　张世君

总 序

　　首都经济贸易大学法学学科始建于1983年。1993年开始招收经济法专业硕士研究生。2006年开始招收民商法专业硕士研究生。2011年获得法学一级学科硕士学位授予权，目前在经济法、民商法、法学理论、国际法、宪法与行政法等二级学科招收硕士研究生。2013年设立交叉学科法律经济学博士点，开始招收法律经济学专业的博士研究生，同时招聘法律经济学、法律社会学等方向的博士后研究人员。经过30年的建设，首都经济贸易大学几代法律人的薪火相传，现已经形成了相对完整的人才培养体系。

　　为了进一步推进首都经济贸易大学法学学科的建设，首都经济贸易大学法学院在中国政法大学出版社的支持下，组织了这套"法学前沿文库"，我们希望以文库的方式，每年推出几本书，持续地、集中地展示首都经济贸易大学法学团队的研究成果。

　　既然这套文库取名为"法学前沿"，那么，

何为"法学前沿"？在一些法学刊物上，常常可以看到"理论前沿"之类的栏目；在一些法学院校的研究生培养方案中，一般都会包含一门叫作"前沿讲座"的课程。这样的学术现象，表达了法学界的一个共同旨趣，那就是对"法学前沿"的期待。正是在这样的期待中，我们可以发现值得探讨的问题：所以法学界一直都在苦苦期盼的"法学前沿"，到底长着一张什么样的脸孔？

首先，"法学前沿"的实质要件，是对人类文明秩序做出了新的揭示，使人看到文明秩序中尚不为人所知的奥秘。法学不同于文史哲等人文学科的地方就在于：宽泛意义上的法律乃是规矩，有规矩才有方圆，有法律才有井然有序的人类文明社会。如果不能对千差万别、纷繁复杂的人类活动进行分门别类的归类整理，人类创制的法律就难以妥帖地满足有序生活的需要。从这个意义上说，法学研究的实质就在于探寻人类文明秩序。虽然，在任何国家、任何时代，都有一些法律承担着规范人类秩序的功能，但是，已有的法律不可能时时处处回应人类对于秩序的需要。"你不能两次踏进同一条河流"，这句话告诉我们，由于人类生活的流动性、变化性，人类生活秩序总是处于不断变换的过程中，这就需要通过法学家的观察与研究，不断地揭示新的秩序形态，并提炼出这些秩序形态背后的规则——这既是人类生活和谐有序的根本保障，也是法律发展的重要支撑。因此，所谓"法学前沿"，乃是对人类生活中不断涌现的新秩序加以揭示、反映、提炼的产物。

其次，为了揭示新的人类文明秩序，就需要引入新的观察视角、新的研究方法、新的分析技术。这几个方面的"新"，可以概括为"新范式"。一种新的法学研究范式，可以视为"法学前沿"的形式要件。它的意义在于，由于找到了新的研究范式，人们可以洞察到以前被忽略了的侧面、维度，它为人们认识秩序、认识法律提供了新的通道或路径。依靠新的研究范式，甚至还可能转换人们关于法律的思维方式,并由此看到一个全新的秩序世界与法律世界。可见,法学新范式虽然不能对人类秩序给予直接的反映,但它是发现新秩序的催生剂、助产士。

再其次,一种法学理论,如果在既有的理论边界上拓展了新的研究空间,也可以称之为法学前沿。在英文中,前沿(frontier)也有边界的意义。从这个意义上说,"法学前沿"意味着在已有的法学疆域之外,向着未知的世界又走出了一步。在法学史上,这种突破边界的理论活动,常常可以扩张法学研究的范围。譬如,以人的性别为基础展开的法学研究,凸显了男女两性之间的冲突与合作关系,就拓展了法学研究的空间,造就了西方的女性主义法学;以人的种族属性、种族差异为基础而展开的种族批判法学,也为法学研究开拓了新的领地。在当代中国,要拓展法学研究的空间,也存在着多种可能性。

最后,西方法学文献的汉译、本国新近法律现象的评论、新材料及新论证的运用……诸如此类的学术劳作,倘若确实有助于揭示人类生活的新秩序、有助于创造新的研究范式、有助于拓展新的法学空间,也可宽泛地归属于法学理论的前沿。

以上几个方面,既是对"法学前沿"的讨论,也表明了本套文库的选稿标准。希望选入文库的每一部作品,都在法学知识的前沿地带做出新的开拓,哪怕是一小步。

喻 中
2013 年 6 月于首都经济贸易大学法学院

序言

美国著名学者克利福德·吉尔兹在其名著《地方性知识：阐释人类学论文集》中指出法律乃是一种地方性知识（local knowledge），"法律之为物，并不是有限的一组规范、规则、原则、价值或者据以回应特定事件的无论什么东西，它是想象真实世界之特殊方式的一部分"。他还说："文化是意义的框架，人类用它来解释自己的经验，指导自己的行动；社会结构是这些行动所采取的形式，是实际存在的社会关系网络。"吉尔兹认为法律不但调整行为，而且解释行为，这种法律的阐释观注重的是意义而非功能，是法律中想象的、建设性的和解释性的力量，而不是它解决纠纷的机制。

梁治平先生在其编写的《法律的文化解释》一书中阐述说："发自人心的法律同时表达了特定的文化选择和意向，它从总体上限制着法律（进而社会）的成长，规定着法律发展的方向。总之，法律之为物，既不纯是客观的，也不纯是主观的，它同时秉有主观与客观两种性质。"这些学者的话使我对法律的意义和法文化的内涵有了新的认识,任何法律制度都是在其文化选择和制约中发展而来的,当整个民族依据文化价值进行选择后,意味着其以自己的方式去体验世界,也就意味着它同时失去了以另一种方式体验世界的可能性。不过当两种不同的文明碰撞或相汇时,就产生了体验另一种文化或文明的可能性,我们站在今天的文化语境中,去体验和理解中国传统法具有什么样的意义,是一件令人兴奋的事情,因此本著作的写作目的就是以西方社会或当代法律模式为观照,阐释我国传统法律的文化内涵和意义,因为涉及多主题的文化探讨,所以以《中国古代法文化散论》作为本书的题目。

在古代文化的探讨中,我们会发现中国古代的法文化和今天的世界有着巨大的差异。比如今天整个社会充斥着权利话语,然而在中国古代,传统中国法律观中并没有确认和保护个人权利的制度和观念,甚至没有"权利"这个词语。古人制定法律的目的是建立一种自然秩序或天道秩序,由法律和德礼一起共同创造了传统中国式的"法治"。

对于中国古代的法治,有人说是"人治",有人说是"法治"。文化学者费孝通在其著作《乡土中国》中不同意将中国古代法归为"人治",他强调中国古代法治其实是"礼治"。他指出:"这样说来,人治和法治有什么区别呢?如果人治是法治的对面,意思应当是'不依法律的统治'了。统治如果是指社会秩序的维持,我们很难想象一个社会的秩序可以不必靠什么力量就可以维持,人和人的关系可以不根据什么规定而自行配合的。如果不根据法律,根据什么呢?望文生义地说来,人治好像是指有权力的人任凭一己的好恶来规定社会上人和人的关系的意思。我很怀疑这种人治是可能发生的。如果共同生活的人们,相互的行为、权利和义务,没有一定规范可守,依着统治者好恶来决定,而好恶也无法预测的话,社会必然会混乱,人们会不知道怎样行动,那是不可能的,因之也说不上'治'了。所谓人治和法治之别,不在'人'和'法'这两个字上,而是在维持秩序时所用的力量和所根据的规范的性质。"依据费老的观点,中国古代法是立足于乡土社会中的,是乡土社会中的行为规范,是和礼治相结合的一种法治。费老提出了"文化自觉"概念,就是生活在一定文化中的人一定要对其文化有"自知之明"。这种"自知之明"能使我们面对西方文化的冲击时增强自己的定力和进行文化选择的自主的能力和地位,以便在此基础上发展和创新。这也是本专著写作的初衷和追求的目标。

本专著分为六章。第一章古代法文化价值散论,重点探讨的是代表中国古代法文化的儒家法律价值观,因为儒家思想自汉武帝以后成为中国封建社会的主流价值,为历代所遵循,所以其在传统法律文化中所处的地位是不言而喻的。"古代中国式法律的二元结构"一节主要参照西方法律文化中自然法和实定法的二元结构来探讨中国古代法,从中发现中国古代使用天理和人情实现了西方法律文化的自然法功能,情理与法律一起实现了中国古代法的二元结构。儒家学派强调解决培养人们的道德修养才是解决社会问题的根本方式,主张道德建设,他们坚定地认为儒家经义高于一切,是法律需要遵循的最高原则,在缺乏法律条文或者法律条文有冲突或疑问时,可以用儒家经典所展现出来的精神解决疑难案件,这就有了"改过自新与教化""经义决狱"和"无德举报案件中的法律适用"章节。虽然儒家主张礼教高于一切,然而现实中皇帝的权力又是不可抗的,所以有时会发生皇帝敕令和礼教相冲突的情况,这就有了"登州阿云案——礼与法的冲突"一节。不同于西方法律在文化中的崇高地位,在古代中国,法律从来都是治国之工具,处于从属地位，在整个主流文化中又处于一个被轻视的地位，于是有了"柳开的家书与读书不读律"一节。

第二章古代刑法文化散论，较多地探讨了儒家的恤刑文化。恤刑文化强调的是对人命的尊重，对罪犯处境的理解和同情，对老人、小孩、残疾人、妇女等弱势群体刑法上的关怀，所以前两节主要是对古代幼儿、老人以及精神病人杀人犯罪的古代立法规定和司法适用的阐述，其中重点以清代具体案例来说明实际的司法运作情形。本章的第三节探讨的是古代对疑罪的适用原则，古代中国法既有疑罪从无的倾向，又兼顾受害一方或其家属的权益，所以罪犯要获得刑罚的减免一般也是要付出一定代价的，或是需要缴纳一定的赎金，或是服刑一定的时间。本章第四节是讲儒家的"生命至重"和"人命关天"的理念和法家或墨家的"以命抵命"共同构成了古人对于罪犯的性命的处理原则。第五节"杀人不偿命"主要是对杀人不偿命的特殊情形给予介绍和阐释。

第三章古代物权和债法文化散论和第四章古代信托、继承和侵权法文化散论共同构成了中国古代民事法律文化的讨论。其中古代物权法文化的讨论对古代中国的埋藏物、遗失物、邻里边界纠纷、亲邻先买权、永佃权及"一田二主"等方面的法律规定做了专门的介绍和阐释。古代债权法文化主要是对古代的私契制度的特点和效力以及中国古代特有的"典买"制度进行介绍和阐释。所谓古代"信托"，就是讲中国古代特有的检校制度，这种制度是国家针对一些遗孤及其继承的财产而设立的，有一点类似于国有的财产信托制度。另外中国古代的遗嘱制度与西方遗嘱制度颇为不同，在中国古代，遗嘱继承是辅助性的，只能在法定继承无法进行时即户绝情形时才会发生效力，而西方则相反，西方是遗嘱优先，没有遗嘱才会适用法定继承。关于古代的侵权法文化，主要从过失案件、动物伤人案件、医疗责任及版权责任等几个专题分节予以讨论。

第五章古代案件侦查和审判文化散论和第六章古代诉讼文化散论共同构成了古代司法文化的讨论。中国古代法官和标准西方式法官的价值追求具有较大差异，中国古代法官的核心文化价值是明察秋毫，具有侦查和破案的职能，主动介入案件去探查事实真相，他们的终极目标是惩恶扬善、弘扬道德。不少法官能够坚持职责，甚至对抗皇帝对司法的干预。为了发现案件真相，犯罪嫌疑人缄口不言是不被允许的，法律对自首坦白的罪犯给予宽大处理。为了发现事实真相，法官使用谲术或诈术，甚至违反法定程序都成为其智慧的写照并予以赞扬。滴血验亲的检验技术与其说是一种科学方法，毋宁说还是在技术手段包装下的一种裁判办法，其作用和神判法并无本质区别。这些内容都在第五章的各节中予以讨论。中国古代不鼓励诉讼，诉讼增多往往被认为是道德下降和民风浅薄的表现，诉讼案件中的时效规定有确定所有权的目的，还有限制诉讼的目的。对于帮助诉讼的讼师，整个社会文化是排斥和打压的，当然讼师在这一社会环境中也具有亦正亦邪的两面性。古代诉讼文化对于证人更多的是要求其承担作证的义务，缺乏对其应有权益的保护，造成证人普遍不愿意作证。

本书章节的安排是按照现代的法律门类来划分的，比如刑事法律文化和民事法律文化分章探讨，但是因为中国古代的法律并没有在法律体系和制度上做出如此划分，其总体形态是诸法合体、民刑不分的，所以古代过失案件既涉及刑事案件，也包括民事案件。医疗事故或者所养动物伤害侵权案件在现代通常属于民事案件，但在古代往往适用刑法惩处或规范，这是需要给予说明的。本书在对中国古代法文化的探讨中比较注重司法实践的具体运行情形而不是简单地介绍相关法律的规定，所以采用了大量案例进行描述和分析，这些案例重点参考了唐代的判词、宋代的《名公书判清明集》《折狱龟鉴》以及清代的《刑案汇览》《刑部比照加减成案》《驳案汇编》《佐治药言》等，这些都为本书的撰写提供了丰富和生动的司法实践案例。

  本人深知自己对中国古代法律文化的探讨存在诸多疏漏和不足之处，只是把自己的一点思考在此就教于方家，如果还能起到一点抛砖引玉的作用，将是幸甚之事！是为自序！

尚　琤

2022 年 9 月

目 录

| 总　序 | 001 |
| 序　言 | 004 |

一、古代法文化价值散论　　　001

1. 古代中国式法律的二元结构　　001
2. 改过自新与教化　　010
3. 经义决狱　　018
4. 礼与法的冲突　　026
5. 无德举报案件中的法律适用　　033
6. 柳开的家书与读书不读律　　037

二、古代刑法文化散论　　　043

1. 幼儿杀人案件的处理　　043
2. 老人和残疾人杀人案件的处理　　050
3. 疑罪的原则　　057

  4. 对生命的态度："以命抵命"与"人命关天" | 063
  5. 杀人并不一定偿命 | 069

三、古代物权和债法文化散论 | 075
  1. 埋藏物的归属 | 075
  2. 从拾金不昧到见者有份 | 079
  3. 邻里边界的纠纷 | 083
  4. 亲邻先买权——不动产所有权转让的限制 | 089
  5. "永佃"和"一田二主" | 094
  6. 私契的效力 | 100
  7. 典权制度 | 106

四、古代信托、继承和侵权法文化散论 | 112
  1. 古代的"检校"制度 | 112
  2. 古代遗嘱 | 117
  3. 过失案件的处理 | 127
  4. 所养所驾动物伤害事件的处理 | 132
  5. 医疗责任 | 139
  6. 传统版权 | 144

五、古代案件侦查和审判文化散论 | 154
  1. 蒙眼的法官和明察秋毫的法官 | 154
  2. 顶撞皇帝的法官们 | 160
  3. 坦白从宽的自首文化 | 165
  4. 测度心理的诈术 | 170
  5. 以其人之道，还治其人之身的断案 | 175

|6. 滴血验亲的方式 | 179

六、古代诉讼文化散论 | 184
|1. 息讼与调解 | 184
|2. 讼师的双面性 | 191
|3. 时效问题 | 198
|4. 干证人 | 205

参考书目 | 212

后　记 | 219

一、古代法文化价值散论

1. 古代中国式法律的二元结构

讨论古代中国式法律的二元结构,主要是由西方话语中法的二元结构引起的。西方一直有法和法律不同的争论,有"恶法非法"和"恶法亦法"的讨论,都是由其法律内涵的不同层次的指向决定的,这一分化最早来自古罗马法中"ius"和"lex"的二元结构。

罗马法中有两个代表"法"的拉丁词汇,第一个词汇是ius(jus),这是一个抽象和综合的词汇,是法与宗教、正义、道德甚至艺术等的一种混合物。据意大利学者朱塞佩·格罗索所言:"这种法(ius)本身就是一种活生生的习俗,而且,正如我们说过的,在这种习俗中,法律秩序同宗教成分紧密地联系在一起。"[1]古罗马时期,法和宗教是紧密结合的,罗马法既包括人法,也包括神法,其中物的分类包括人法物和神法物。所以

---

〔1〕 [意]朱塞佩·格罗索著,黄风译:《罗马法史》(2018年校订版),中国政法大学出版社2018年版,第79页。

jus 有神谕的含义。法既和宗教紧密联系，又和其正义价值密不可分。罗马帝国时期普罗库路斯法学派的著名法学家 P. J. 塞尔苏斯对法所下的定义是："法是善良公正的艺术"。东罗马帝国皇帝查士丁尼一世的《学说汇纂》中的相关注释称："所谓善良，是指合乎道德；所谓公平，即合乎正义。"[1] 查士丁尼一世的著作《法学总论——法学阶梯》一开篇就对法学进行了定义："法学是关于神和人的事物的知识；是关于正义和非正义的科学。"[2]《法学总论——法学阶梯》中指出："法律的基本原则是：为人诚实，不损害别人，给予每个人他应得的部分。"[3] 法律背后的正义价值就是其基本原则，是指应该给予每个人他应得的部分，换一种表达方式就是指维护每个人的权利，jus 这个拉丁词汇既指法律，又指权利。研究罗马法的著名学者周枏就指出："法律的目的就是为了规定和保护权利，而不受法律规定和保护的利益，则不能作为权利。因此可以说，从客观上看是法，而从主观上则为权利，以致罗马人就用一个词来表达两个概念。在直接继承了古代希腊、罗马文明的欧洲民族的语言中，如在意大利语、法语、德语和俄语等语言中，法和权利也都是一个词。"[4] 拉丁语 ius（jus）这个词汇即法律本身，具有神圣性以及某种终极价值，代表着公平正义，甚至代表着真理或定律。中世纪德意志地区就有这样的信仰："上帝自身即法

---

[1] 参考周枏：《罗马法原论》（上册），商务印书馆 1994 年版，第 90 页。

[2] [罗马] 查士丁尼著，张企泰译：《法学总论——法学阶梯》，商务印书馆 1996 年版，第 5 页。

[3] [罗马] 查士丁尼著，张企泰译：《法学总论——法学阶梯》，商务印书馆 1996 年版，第 5 页。

[4] 周枏：《罗马法原论》（上册），商务印书馆 1994 年版，第 88 页。

律，故法律为上帝所钟爱"[1]，上帝的话就是法律。"法"在西方传统的终极意义上可以被认为代表"神法"（divine law）或自然法（nature law），同样也是正义或权利的化身。如今，法语的"droit"和德语的"recht"既是法，也是权利或正义，都是继承了拉丁文中"法"的内涵。法的含义在英文中有所分化，"law"代表法律，而"right"代表权利。不过英文 law，本身就有公理、定理、定律的含义，比如牛顿定律或公理的英文是"Newton's law"。另外一个英文词汇"justice"也有着司法、公平正义、法官等多重含义。古希腊哲学家亚里士多德在其著作《政治学》一书中就曾指出："要使事物合于正义，须有毫无偏私的权衡；法律恰恰是这样一个中道的权衡。（以上我们只说到了成文法律。）但是积习所成的'不成文法'比'成文法'实际上还更有权威，所涉及的事情也更为重要"[2]。在亚里士多德的眼中，法律是能够通过中道平衡方式实现公平正义的。

罗马法中第二个代表法律的词汇是 lex（leges 是复数），这个词汇与"jus"不同，其意义较窄，专指立法机关或者代表公民大会的机构所制定的法律的称谓。罗马公民大会的形式一直在变化，从早期的库里亚大会到百人团大会、部落会议、部落平民会议。公民大会的决议在最初被称为公民投票，即"plebiscite"，直到《霍尔滕西亚法》颁布后，公民大会的决议才对全体市民发生效力，成为全体罗马市民的法律，被称为"lex"。

综上所述，罗马法文化以至于后来的西方法文化中的法可以划分为二元结构：一是形而上的，包含神法、习惯法、自然

---

[1] [美] 伯尔曼著，梁治平译：《法律与宗教》，中国政法大学出版社 2003 年版，第 188 页。

[2] [古希腊] 亚里士多德著，吴寿彭译：《政治学》，商务印书馆 1965 年版，第 169—170 页。

法等至善至美的人类最高准则和终极价值，甚至指代自然的规律，并以此用来裁断争议、评价是非；二是形而下的实定法，往往是议会或其他公权力机构所出台的具体法律。西方法学界有两大著名对立的观点："恶法非法"和"恶法亦法"，实际上是从法的不同层次的含义而言的。从形而上层次讲，恶法违反了神意、违反了自然法，当然就不称其为法；从形而下的具体法规讲，人类制定法规时，必然会犯错，恶法当然可以作为现实社会中所具体制定的法律的一部分。

在中国传统法文化中，西方"法"的含义不能简单地以"法"来表达，必须使用不同的词汇。中国近代著名的翻译家和教育家严复在接触到西方法时，就发现了这一现象。他在译著《法意》中的按语写道："盖在中文，物有是非谓之理，国有禁令谓之法，而西文则通谓之法，故人意遂若理法同物，而人事本无所谓是非，专以法之所许所禁为是非者，此理想之累于文字者也。中国理想之累于文字者最多，独此则较西文有一节之长。西文'法'字，于中文有理、礼、法、制四者之异译，学者审之。"[1] 从严复的陈述中，我们知道西方文化中的"法"常常包含着神圣或道德终极价值的含义，而在中国法文化中法律或政令并未包含神圣或道德价值的含义。我国只有早期出现的"灋"（即"法"的古字）带有某种神判或公平的意味，或者后来的双音节词汇，如礼法、道法、佛法具有神圣和道德的含义。在传统中国法律语境中，法律政令主要是指官府所发布的刑罚和政令，本身并不具有公平正义的价值理念，战国末期韩非子对法定义为："法者，编著之图籍，设之于官府而布之于

---

[1] [法]孟德斯鸠著，严复译：《法意》，北京时代华文书局2014年版，第2页。

百姓者也"[1]。在这个定义中，法与神无任何关系，与民间习惯也无关，而是与政府权威直接相关。韩非子区分了"法"与"礼"二字，礼可以是不成文的，但法必须是书面成文的，是由官府直接发布的正式文件。法本身是一种暴力工具和刑罚手段。管仲曰："杀戮禁诛谓之法。"[2] 东汉许慎《说文解字》直指："法者，刑也。"因此，法律是政府治理国家的工具，是惩恶扬善的方法和手段。汉代史学家司马迁在《史记·酷吏列传》中通过书写历史，阐述了其对法律的根本看法："太史公曰：信哉是言也！法令者治之具，而非制治清浊之源也。"他阐明法律是治国工具，不是治国的根本之道，其在《史记》中刻画了汉代酷吏们看皇帝脸色行事，利用法律玩弄司法的其人其事，比如描写了汉武帝时期的廷尉杜周的故事，其文本说："客有让周曰：'君为天子决平，不循三尺法，专以人主意指为狱。狱者固如是乎？'周曰：'三尺安出哉？前主所是著为律，后主所是疏为令，当时为是，何古之法乎！'"[3] 酷吏们深信法律就是皇帝的意志，他们根据皇帝意志玩弄法律和操纵法律，所以司马迁在《史记·酷吏列传》中完全同意儒家孔子的"道之以政，齐之以刑，民免而无耻"和道家老子的"法令滋彰，盗贼多有"的观念，他强调法的工具性，同样深信法本身不具备正义价值的内涵，体现为皇帝的意志或国家的政令或制度。法律既可以是一种常态的律、刑书、条例、制度，也可以是临时的令、敕、制、诏等，还可体现为国家的政制和刑罚。

在传统中国法律观中包含着价值属性或神圣含义的法律用

---

[1] 梁启雄：《韩子浅解》，中华书局1960年版，第381页。
[2] 黎翔凤撰：《管子校注》（中），中华书局2004年版，第759页。
[3] （汉）司马迁撰：《史记》（十），中华书局1959年版，第3153页。

语是"礼"或"礼法",其上可以连接天理、神明、习惯、道德,下可以体现为礼仪和法律。礼的起源和祭祀神明有关,《说文解字》道:"礼,履也,所以事神致福也"。它与古希腊词汇"诺谟"、英文词汇"norm"有某种相似性,是不成文法时代的习惯、习俗、制度、法律规则或文化的总称。亚里士多德的《政治学》的中文翻译者吴寿彭曾针对古希腊的"不成文法"做了一个注解,他认为古希腊文"诺谟"可以作为"不成文法"的同义词。他指出,(诺谟)可以成为"是非功罪的区分,则成礼法上一系列的名词;本书中,'诺谟'主要是解作'法律',而各种'制度'也叫'诺谟'……古时有些或行或禁的日常事例,经若干世代许多人们仿效流传而成'习俗',便是'习惯法',也称为'不成文诺谟'……即未经立法程序而业已通行于世的法律。又,初民祭神的某些仪式有时传布为社会共同遵循的礼节;各族先贤因大众的常情而为之节度,'礼仪'也可说是古代的生活规范。这些在希腊语,全都说是'诺谟'。在近代已经高度分化的文字中实际上再没有那么广泛的名词可概括'法律'、'制度'、'礼仪'和'习俗'四项内容;但在中国经典时代'礼法'这类字样恰也常常是这四者的浑称。"[1]

吴寿彭先生高度浓缩"礼法"的概念,以此来代表具有价值意义的法律是非常恰当的。这一词汇具有丰富的内涵,其既代表着某种神圣的传统价值和习惯,也可以指在这些价值指导下制定的具体法律,因此"礼法"这个复合词是兼具价值和实用功能的。其功能上与西方"jus"意义上的法非常类似,在具体实践中,战国大儒荀子认为"礼"具有行使中道的功能,中道就是公平原

---

[1] [古希腊]亚里士多德著,吴寿彭译:《政治学》,商务印书馆1965年版,第170页。

则,也是事物的准则,而实现中道的方法就是"礼义"。他指出:"故公平者,职之衡也;中和者,听之绳也"[1],"先王之道,仁之隆也,比中而行之。曷谓中?曰:礼义是也。"[2]根据荀子的观点,"礼"和公平正义密切相关,行"礼义"才能实现中道平衡。因此"礼法"具有和西方"法"的类似功能。"礼法"这一词汇代表着中国宗法等级和乡土文化的价值观,所代表的法律基本原则是以家国本位和义务本位为价值核心的,与西方以公民个人主义为本位、以权利为出发点的法律价值观是截然不同的。

除了"礼"或"礼法"具有着神圣含义或终极价值,"天道""天理""德"或"仁义"等词汇从某种意义上也代表着传统中国式的"自然法",著名法学家梅仲协先生就曾肯定"礼就是自然法"。[3]中国古代的道德是以"亲亲、尊尊、男女有别"的宗法伦理为价值导向的,其所代表的公平正义是需要符合封建社会的尊卑、孝悌伦常和男女伦常的,其法律的基本价值理念是礼教伦常,礼教和法律不能冲突,要相辅相成、相互促进。早在汉代,儒家代表人物董仲舒就将具体的法律和天道、道德联系起来。他利用阴阳家的理论改造和发展了儒家的法律价值观,使其成为封建王朝的主流价值观,成功地将具体的法律和主流儒家价值结合在一起,指出"天道之大者在阴阳。阳为德,阴为刑,刑主杀而德主生。是故阳常居大夏,而以生育养长为事;阴常居大冬,而积于空虚不用之处。以此见天之任德不任刑也。"[4]在这段话中,董仲舒将天道作为一个最大的宇宙规律和真理的概念,而"德"与"刑"的概念都是其中的规则或

---

[1] 梁启雄:《荀子简释》,中华书局1983年版,第101页。
[2] 梁启雄:《荀子简释》,中华书局1983年版,第82页。
[3] 转引自俞荣根:《道统与法统》,法律出版社1999年版,第123页。
[4] (汉)班固撰:《汉书》(八),中华书局1962年版,第2502页。

规律，德和刑是实现天道相辅相成、相互对立的两种力量，在这两种力量中他主张应该更重视阳的力量或德的力量，主张"德主刑辅""礼法并用"。这一思想为后代所继承，比如《唐律疏议·名例》中论："德礼为政教之本，刑罚为政教之用"。在宋儒朱熹眼里，礼和天理有其相通性，礼就是当然之理，天理的一部分，他说："礼即理也，但谓之理，则疑若未有形迹之可言；制而为礼，则有品节文章之可见矣。"[1]宋代以后，兼顾天理、国法、人情三者成为一种主流思想。法律不能违反天理人情，不能违反礼义的基本价值，如果违反了，甚至要不惜屈法以伸情。明代的法律基本思想是"明刑弼教"，用法律刑罚来实现教化，明太孙朱允炆的上请之词就指出："明刑所以弼教，凡与五伦相涉者，宜皆屈法以伸情。"[2]

天道、理、德、礼都包含着终极价值的含义，都具有崇高性和神圣性，因此它们都是作为自然法的一部分参与到司法的过程中，这些语汇和"法""刑罚""律""敕令""政制"等结合在一起构成了传统中国真实的法律体系。比如"天理、国法、人情"，"德礼为政教之本，刑罚为政教之用"，"德主刑辅"，"大德小刑"，"明刑弼教"等，从中都可以看到传统法文化的二元结构，需要指出的是，传统中国法的二元结构虽然和西方式法律的二元结构有某种共同之处，即法的价值属性和工具属性具有二元性，二者既相辅相成，又相互独立，但传统中国法的概念结构似乎更复杂，其二元属性可以形象地表达为"情理"与法律。古代中国法反映法的价值属性的概念是庞杂多样的，这些词汇和法律概念本身发生了分离，这些反映中国法

---

[1] 郭齐、尹波点校：《朱熹集》(六)，四川教育出版社1996年版，第3110页。
[2] (清)张廷玉等撰：《明史》(八)，中华书局1974年版，第2283页。

价值属性的词汇"天道""天理""德礼"似乎具有同一性,宋儒朱熹就做过这方面的论证,然而仔细分析起来,"天道"或"天理"仍然更具有至上性和超脱性,"德礼""人情"则具有现实实践属性,和"法律""刑罚"都同属于下一个层次。相比"德礼"和"人情","法律"和"刑罚"似乎层次更低,更具有从属性,因此古代司法判决的理想结果是法律和情理相结合。当代学者梁治平总结道:"古代的法律是道德化的法律,而道德是法律化的道德,情理即是道德,情理法融为一体。"[1]

这里以唐代沈亚之的《冯燕传》为例来看古代司法的特点。冯燕是一介武官,私生活比较放荡不羁,与一有夫之妇私通。一天他们正在私会时,女人的丈夫张婴突然回来了,冯来不及逃走,就躲在门后,女人的丈夫因为喝醉了,躺在床上倒头大睡,冯燕想乘机走掉,但发现头巾落在床上,于是指着头巾让女人拿给他,因为其头巾与佩刀距离很近,女人以为冯燕要杀其丈夫,于是就把佩刀拿过来递给冯燕。冯燕很生气,端详女人一会儿,就挥刀杀了她。第二天张婴醒来,非常惊愕,不知怎么回事,想出去说个明白。邻居也来到张婴家里,并找来女人的娘家人,他们相信是张婴杀了人,因为平时他经常殴打其妻子,并且如果其妻子是他人所杀,为什么张婴安然无事?官府以杀人罪将张婴关押起来,其被迫含冤认罪。押往刑场时,有上千人围观,其中有一人突然挺身而出说:"不要冤枉无辜之人,偷妻杀人者是我",这人就是冯燕。相国官员贾耽非常感动,认为冯燕杀了一个不义之人,救了一个无辜之人,道德很高尚,于是上报皇帝。皇帝下诏,大赦滑城死刑

---

[1] 梁治平:《寻求自然秩序中的和谐》,中国政法大学出版社2002年版,第214页。

犯，于是冯燕得到赦免。[1]

在这一案件中，按照法律来说杀人者死，冯燕应该抵命。但是司法官员以至于整个社会舆论都认为冯燕的这一行为是高尚义举，因为在古代社会，妻杀夫属于十恶之一，即使只是有此动机也是极不道德的。张妻不仅与他人私通不遵守妇道，而且企图借别人之手杀掉丈夫，按照古代人之思想，张妻属于不义之人，冯燕杀死不义之妇具有道德正当性。另外冯燕虽然小节不保，但能在没人知道其犯案，无辜的张婴"顶锅"被杀之前挺身而出，自首告白，拯救了无辜之人的生命，更体现了其道德的担当，其举动非一般之人所能做到，这种人是义人，应该给予鼓励而不是处死。因此，当地官员不惜以辞职换取其性命，皇帝也利用其大赦之惯例和权力，赦免了全城的死刑犯，巧妙地在不违反法律的规定下，拯救了冯燕的性命，这个案例体现了传统中国道德化的法律观，是中国式二元结构法律运作的理想表达。

2. 改过自新与教化

古代中国法律文化观中有着同情怜悯罪犯并希望能够通过

---

[1]（宋）李昉等编：《太平广记》（四），中华书局1961年版，第1463页。唐冯燕者，魏豪人，父祖无闻名。燕少以意气任侠，专为击球斗鸡戏……时相国贾耽镇滑，知燕材，留属军中。他日出行里中，见户旁妇人靿袖而望者，色甚冶，使人熟其意，遂室之。其夫滑将张婴，从其类饮。燕因得间，复偃寝中，拒寝户。婴还，妻开户纳婴，以裾蔽燕。燕卑踏步就蔽，转匿户扇后。而巾堕枕下，与佩刀近。婴醉目瞑。燕指巾，令其妻取，妻即以刀授燕。燕熟视，断其颈，遂持巾而去。明旦婴起，见妻杀死，愕然。欲出自白，婴邻以为真婴杀，留缚之。趋告妻党，皆来曰："常嫉殴吾女，乃诬以过失。今复贼杀之矣，安得他事？即他杀而得独存耶？"共持婴百余笞，遂不能言。官收系杀人罪，莫有辩者，强伏其辜。司法官与小吏持朴者数十人，将婴就市，看者团圊千余人。有一人排看者来，呼曰："且无令不辜死者！吾窃其妻而又杀之，当系我。"吏执自言人，乃燕也。与燕俱见耽，尽以状对，耽乃状闻，请归其印，以赎燕死。上谊之，下诏："凡滑城死罪者皆免。"

教化改造他们的道德观以求其改过自新、重新做人的传统，西方教会法文化有着相似的价值指向。西方基督教法文化具有一种信念：信仰上帝是最重要的，冒犯上帝或天主的信仰犯罪是最严重的，属于刑事罪孽，需要严厉惩戒，而其他的犯罪属于一般罪孽，是人性的软弱和愚昧，属于轻微的罪孽。一个人无论犯有多少一般罪孽，只要向上帝忏悔，其内心的焦虑和不安就等于启动了道德自觉和自愿，本人的爱和同情心得以复活，心灵上就会自觉地修正以前言行和思想上的错误，因此可以得到上帝的宽恕，得到救赎，进入天堂。教会法刑罚强调基督对人类的慈爱，认为单纯的严刑峻法很难伸张正义，其注重对犯人的灵魂感化和道德矫正，强调纠正而不是毁灭，因此他们注重罪犯的忏悔，其惩罚手段一般不包括死刑和严重伤残肢体的肉刑。到了近代古典自然法学派兴起，他们相信社会契约论，主张国家的主权或刑罚权来自人民自身权利的让渡，主权或刑罚权是这些权利或自由的保存者和管理者，其代表人物是现代刑法之父意大利的切萨雷·贝卡里亚，其在著作《论犯罪与刑罚》一书中明确地指出："刑罚的目的既不是要摧残折磨一个感知者，也不是要消除已犯下的罪行。刑罚的目的仅仅在于：阻止罪犯再重新侵害公民，并规诫其他人不要重蹈覆辙。"[1]他指出严酷的刑罚违背了开明理性所萌发的善良美德，同时也违背了公正和社会契约的本质，这些主张标志着近代的刑罚精神已经脱离报复的目的，转向预防和教育的功能。

古代中国法律文化观虽然有过法家的"以刑去刑"，即轻罪重罚的主张，但汉代以后儒家德教法律观更多被主张成为主流

---

[1] [意] 切萨雷·贝卡里亚著，黄风译：《论犯罪与刑罚》，北京大学出版社2008年版，第29页。

法律观。这种法律观念不再以严刑峻法作为惩治罪犯的态度和手段,而是持有"哀矜折狱"的态度,主张应该悲悯和同情罪犯,犯罪往往产生于其所处环境,应致力于营造一个不使犯罪发生的社会环境,而不是仅仅为能破获、抓捕和惩罚罪犯就沾沾自喜。〔1〕哀矜折狱成为许多法官的道德追求,儒家提倡教化民众,提高民众的觉悟,唤醒其道德意识,重新做人,这与西方教会法的救赎有着类似的功能。最能代表这一法律意识的词汇是"改过自新",这一词汇最早来自汉代法制的一个重要事件"缇萦上书"。缇萦是西汉汉文帝时著名郎中淳于意之女。淳于意是齐国的太仓令,被称太仓公。他精通医道,做官时也在为人诊病,后因故不为某些人诊病而得罪了这些人,被人上书告发入狱,带往都城长安受刑。淳于意有五个女儿,都为之伤悲哭泣,淳于意悲叹而言:"生子不生男,缓急无可使者!"小女儿缇萦因父亲的话感到悲伤,就随父亲入长安上书汉文帝曰:"妾父为吏,齐中称其廉平,今坐法当刑,妾切痛死者不可复生,而刑者不可复续,虽欲改过自新,其道莫由,终不可得。妾愿入身为官婢,以赎父刑罪,使得改行自新也。"〔2〕在缇萦所提交的辩护词中,首次出现了"改过自新"和"改行自新",这两个词语其实也是汉文帝进行刑罚制度改革的最大动因。在汉文帝发布的诏令中,对此提到自己的哀矜态度,"朕甚怜之""何其刑之痛而不德",这些语句都反映了他的同情和怜悯。同时他将这些犯罪发生的原因归结为自己教化不明。他指出"非乃朕德薄而教不明欤?吾甚自愧。故夫驯道不纯而愚民陷焉。"最后汉文帝意识到犯罪应当受到刑罚,但如果采用刻肌肤、断

---

〔1〕 上海古籍出版社编:《十三经注疏》(下),上海古籍出版社1997年版,第2532页。

〔2〕 (汉)司马迁撰:《史记》(九),中华书局1959年版,第2795页。

肢体这样的肉刑会造成犯人今后将再无出头之日,将再无为国家、为君王服务的可能。"刻肌肤,断肢体"的刑罚将使受刑之人变成"刑余之人",遭到社会普遍的歧视,人们不将"刑余之人"作为自己的同类,"刑人不在君侧"在当时是一种社会普遍的认知。这种沉痛的心情在司马迁的《报任安书》里面得到了详细的表述。司马迁沉痛地说:"刑余之人,无所比数,非一世也,所从来远矣。昔卫灵公与雍渠同载,孔子适陈;商鞅因景监见,赵良寒心;同子参乘,袁丝变色:自古而耻之!夫以中材之人,事有关于宦竖,莫不伤气,而况于慷慨之士乎!如今朝廷虽乏人,奈何令刀锯之余,荐天下之豪俊哉!"[1]司马迁列举了历史上的雍渠、景监、赵谈这些刑余之人被人歧视的惨痛经历,指明自己因为受宫刑已无法"列于君子之林"了。这种残酷的刑罚手段,从某种意义上违背了儒家主张的仁爱原则,违反了儒家主张的"爱民如子"的原则,所以汉文帝下诏为自己"德薄而教不明"而惭愧,为罪人没有改过自新的机会而悲悯。尽管朝臣反对,他还是废除了残忍的肉刑,取代以笞杖、劳役刑等自由刑为主的刑罚,成就了古代中国刑罚文明进步历程中最重要的一次改革。[2]

这种哀矜折狱的文化精神为后代所继承,如唐初宰相长孙无忌在《进律疏表》中说道:"日旰忘餐,心存於哀矜;宵分不

---

〔1〕(梁)萧统编,(唐)李善等注:《六臣注文选》,中华书局2012年版,第765页。

〔2〕(汉)司马迁撰:《史记》(二),中华书局1959年版,第427页。盖闻有虞氏之时,画衣冠异章服以为僇,而民不犯。何则?至治也。今法有肉刑三,而奸不止,其咎安在?非乃朕德薄而教不明欤?吾甚自愧。故夫驯道不纯而愚民陷焉。《诗》曰:"恺悌君子,民之父母。"今人有过,教未施而刑加焉,或欲改行为善而道毋由也。朕甚怜之。夫刑至断肢体、刻肌肤,终身不息,何其楚痛而不德也,岂称为民父母之意哉!其除肉刑。

寐，志在於明威。一夫向偶而责躬，万方有犯而罪己。"[1]这里描述的皇帝"心存于哀矜""万方有犯而罪己"正是中国传统哀矜折狱法律文化精神的延续。这种法律文化精神抱着怜悯同情的态度，君王承担治理有失的责任，希望最终达到唤醒罪犯的道德意识，让其改过自新和重新做人的目标。因此在适用法律刑罚时如果没有罪犯自我反省、真诚悔过，在古人看来总是一种遗憾，即使刑罚达到了惩罚罪犯的目的，但并没有使其有耻辱感并发自内心地悔过。正如孔子所说："道之以政，齐之以刑，民免而无耻。道之以德，齐之以礼，有耻且格。"[2]可见孔子并不认可只用政令和刑法来惩罚罪犯，其希望能够通过道德引导百姓，通过礼制同化百姓，建设一个"有耻且格"的理想社会。

　　刑罚上的文化追求表现在愿意给罪犯提供改过自新、重新做人的机会，各朝代的统治者都不约而同地保留了"大赦"的传统。古人也深刻认识到对罪犯的大赦是有副作用的，可能会引起犯罪者侥幸之心，从而诱发其犯罪，因此历代多有朝臣上书皇帝反对赦免，认为这影响了法治的公平性。唐代白居易的判词中就提到这样一个事例，有一个人上奏书要求废除大赦，其理由是"数赦则奸生，恐弊转甚"，大赦一旦成常态，就产生了流弊，犯罪的人就有了侥幸之心，不再畏惧刑罚，于是要求皇帝下诏"永不用赦"，而当时的最高司法机关大理寺坚持认为不能废止这一手段，其理由是"废赦则何以使人自新？"[3]大

---

〔1〕 刘俊文点校：《唐律疏议》，法律出版社1999年版，第620页。

〔2〕 上海古籍出版社编：《十三经注疏》（下），上海古籍出版社1997年版，第2461页。

〔3〕 （唐）白居易著，谢思炜校注：《白居易文集校注》，中华书局2017年版，第1633页。得乙上封，请永不用赦。大理云：废赦何以使人自新？乙云：数赦则奸生，恐弊转甚。

理寺的这一理由是有着强烈的文化价值支撑的,很难被否定。赦宥作为中国传统法中一种无法被废除的制度,可见改过自新的传统法律文化价值的力量。

古代的法文化价值强烈地要求改造罪犯,让其道德自新,对其认罪的态度要求也是严格和苛刻的。如果一个人坚持己见,死不悔改,这在中国古代法文化中会被认为是十恶不赦的、无法原谅的,是要严厉惩处的,即使其所犯的是轻罪,也要重判甚至处以死刑。在《周礼》中有个刑罚是"圜土之制"。《周礼·秋官·大司寇》载:"以圜土聚教民罢,凡害人者,置之圜土而施职事焉,以明刑耻之。其能改过,反于中国,不齿三年。其不能改而出圜土者杀。"[1]《周礼·秋官·司圜》载:"能改者,上罪三年而舍,中罪二年而舍,下罪一年而舍。其不能改而出圜土者,杀。""圜土之制"所针对的罪犯一般都是犯罪程度并不严重的,其最高刑罚也就是徒刑三年,然而犯罪者如果不能改过自新,那么其可能被判以死刑。《尚书·康诰》里也透露出了同样的法律倾向,其言:"明乃罚。人有小罪,非眚,乃终,自作不典,式尔。有厥罪小,乃不可杀;乃有大罪,非终,乃惟眚灾,适尔,既道极厥辜,时乃不可杀。"[2]在这段文字的表述中,可以看出传统法文化的基本理念,即如果有大罪,但不是惯犯,是过失或天灾造成的,不应该杀;如果是故意犯罪的,而且屡教不改,即使是小罪也"不可不杀"。由此可见,古代法文化对人改过自新的追求如此之高。

古代法文化认为道德教化是改造人的最重要的手段,要求

---

[1] 上海古籍出版社编:《十三经注疏》(上),上海古籍出版社1997年版,第870页。
[2] 上海古籍出版社编:《十三经注疏》(上),上海古籍出版社1997年版,第203页。

统治者以身作则，发挥榜样的力量来教化大家群起仿效，从而达到天下大治。《论语》记载了鲁国的大贵族季康子曾向孔子询问治国之法。孔子说："子为政，焉用杀？子欲善而民善矣。君子之德风，小人之德草，草上之风，必偃。"[1]孔子反对用严刑峻法手段治国，要求统治者发扬道德感化的力量，"子帅以正，孰敢不正？"儒家经典讲过许多古代圣君治国用道德感化教育百姓的故事，其中包括"舜耕历山"。《史记·五帝本纪》记载："舜耕历山，历山之人皆让畔；渔雷泽，雷泽上人皆让居；陶河滨，河滨器皆不苦窳。一年而所居成聚，二年成邑，三年成都。"作为古代传说中的五帝之一的舜通过自己的实际行动教化百姓，促使历山之地的百姓改变了原来自私自利的民风，成为道德模范之乡，吸引了四方百姓奔走前来，舜帝所在之地不到三年就成为大都会。

到了明代更是强调教化训导百姓的重要性。其一，建立民间的调解机构，推动民间的自我管理制度。明洪武五年（公元1372年）明太祖朱元璋下令在各地衙门的门首或里社设立申明亭或旌善亭，《续文献通考》记载："内外府州县及乡之里社皆立申明亭，凡境内民人有犯者，书其过，明榜于亭上，使人心知惧而不敢为恶。"这一民间机构甚至成为明代诉讼的初级受理机构。明初规定一切轻微案件向官府起诉之前必须先经过申明亭的调解，不经申明亭的调解就直接起诉的，"不问虚实，先将告人杖断六十，仍发里甲、老人理断。"[2]因此，申明亭的调解和裁断成了诉讼的前置程序。到了明代中叶，嘉靖年间开始在各地推行"乡约"，乡约既是一种乡间的管理组织/机构，由官

---

[1]（宋）朱熹撰：《四书章句集注》，中华书局1983年版，第139页。
[2] 张晋藩：《中华法制文明的演进》（修订版），法律出版社2010年版，第752页。

府组织各乡每百家为一约，推举约正、约副、约讲、约史，在民家或公共大厅堂内设置六句圣谕牌，也是民间乡党自己建立的民间规则和处罚措施，比如王守仁于正德十三年（公元1518年）在赣南强力推行乡约，并撰写《南赣乡约》重建乡间秩序，成为当时乡约的典范。这些乡约一般多为官办、官督民办或民办官认，获得官方不同程度的授权和支持，从而取得了其合法性。乡约的内容就是推行教化，建立乡间秩序和道德，比如《南赣乡约》中载："故今特为乡约，以协和尔民，自今凡尔同约之民，皆宜孝尔父母，敬尔兄长，教训尔子孙，和顺尔乡里，死丧相助，患难相恤，善相劝勉，恶相告戒，息讼罢争，讲信修睦，务为良善之民，共成仁厚之俗。"[1]可见，乡约的灵魂就是儒家伦理，和国法一样承担着教化和控制的双重功能。

其二，盛行"明刑弼教"。明初皇帝朱元璋不断采取措施建立道德之乡，他通过一系列制度和刑罚来推动民间教化。例如，申明亭中要悬挂版榜，公布朝廷的榜文，宣讲榜文教化百姓；由里老人主持调解和处理当地的各种纷争，表彰当地的孝子、贞妇等符合主流道德价值观的行为。其中有一则明成祖永乐九年（公元1411年）的榜文，禁止民间传播不符合正统观念的词曲杂剧，其原文是：一榜：为禁约事。该刑科署都给事中曹润等奏："乞敕下法司：今后人民娼优装扮杂剧，除依律神仙道扮、义夫节妇、孝子顺孙、劝人为善及欢乐太平者不禁外，但有亵渎帝王圣贤之词曲、驾头杂剧，非律所该载者，敢有收藏、传诵、印卖，一时拿赴法司究治。"永乐九年七月初一奉圣旨："但这等词曲，出榜后限他五日都要干净，将赴官烧毁了。敢有

---

[1]（明）王守仁:《王阳明全集》（二），线装书局2014年版，第251—252页。

收藏的，全家杀了。"[1]从这个教民榜文看，显然其意图是强力推行民间道德，对于不符合圣人教化理念的娱乐词曲严厉禁止，其手段是"拿赴法司究治"和"全家杀了"。榜文一般是用大纸抄写的，在山西应县木塔曾发现一个明代榜文，抄写在长94厘米，宽275厘米的白麻纸上；灵台县博物馆所藏的明代永乐二十二年（公元1424年）的榜文，其尺幅要小一些，长66厘米，宽115厘米，也是白麻纸，榜文内容书写由右到左。[2]榜文开头一般为"为禁约事"，有的榜文开头是"申明教化事"，因为要对一般百姓进行宣讲和普法，所以文字都是非常浅显和口语化的，有的还绘图画影。从榜文内容看，在明代的重典治国和明刑弼教政策下推行的教化，充满着文化管制的色彩，这种"全家杀了"的警示是非常严厉的，可见封建社会后期的教化方式已由谆谆教诲向严厉刑罚威逼转换。

改造罪犯使其自新的法文化传统，在新时期也得到了继承和发扬。例如，对监狱里的罪犯进行教育改造、对少年犯管教所里的未成年人进行教育改造等。

3. 经义决狱

自汉武帝时代儒家思想成为官方的正统思想以后，儒家经典被奉为圭臬。汉代以《周易》《诗经》《尚书》《礼记》《春秋》为五经，立于学官，到了唐代有了一些分化，以《周易》《诗经》《尚书》《礼记》《仪礼》《周礼》《春秋公羊传》《春秋左氏传》《春秋穀梁传》为九经立于学官，到了南宋又形成了十

---

[1] 转引自郭建：《古人的天平：中国古典文学名著中的法文化》，当代中国出版社2008年版，第3页。

[2] 参见孙杰："灵台博物馆馆藏'为钞法事'榜与明朝榜文制度"，载《档案》2014年第3期。

三经，南宋朱熹又以《礼记》中的《大学》《中庸》和《论语》《孟子》并列，作为四书为官方所尊尚，也成为儒家经典。中国的经书从某种意义上就是中华法系的精神信仰，具有如宪法一样的功能，所有的法律都是受其指导和制约的。学者南怀瑾在其著作《论语别裁》中对此有过论述，他说："谈到司法就讲到法律，现在我们只讲两大法系，所谓海洋法系与大陆法系。司法方面的立法，也根据这两个法系的精神而来。我们却忘记了中国自秦代以来，汉、唐、宋、元、明、清，有我们'中国系统'的一个法律系统。这个中国法律系统的哲学背景，就是以四书五经作基础，例如过去中国许多判例的根据，就是根据四书五经中的道德观念而来。所以这部四书五经，在过去无宪法观念时代，严格说来就是一种宪法思想，也就是政治哲学思想的中心，法律思想的中心。"[1]南怀瑾先生这个经书类似宪法的说法非常形象和贴切，就如宗教法中一切法律的最终效力渊源来自其宗教经典，如印度教之于《吠陀经》，基督教或犹太教之于《圣经》，伊斯兰教之于《古兰经》，这些经典对于教徒而言，每个字都是真理，是不可改变的。而中国古人对于儒家经典，也同样有着如此的信仰。经书在当时被认为是民族生命和文化精神的结晶，其所蕴含的道理被认为具有超越性、共同性和普遍性，宇宙万物不外乎理耳。正如明代学者王守仁所言："经，常道也。其在于天谓之命，其赋于人谓之性，其主于身谓之心"[2]。

因为经书的本质就是礼制，又可以称为礼教，是法律的基本价值和基本精神，所以任何法律的修改一般来说都不能突破经书或礼教的指导原则，否则将被认为是大逆不道，这一信念

---

[1] 南怀瑾：《论语别裁》（上册），复旦大学出版社1996年版，第7页。
[2] （明）王守仁：《王阳明全集》（一），线装书局2014年版，第243页。

即使迫于西方列强的压力，却仍然保持。1901年清廷下诏"变法"实行"新政"时仍然称："世有万古不易之常经，无一成不变之治法，穷变通久，见于大易，损益可知，著于论语；盖不易者，三纲五常，昭然如日星之照世，而可变者，令甲令乙，不妨如琴瑟之改弦。"[1]礼教派的代表人物之一刘廷琛的奏折批评行西法之不可行："礼教可废则新律可行，礼教不可废则新律必不可行。"[2]可见经书礼教和中国法律的密切联系，一旦按照西方法律来修律，必然会冲击经书的有效性，招致坚持传统礼法的人的激烈反对。

儒家经典被奉为万古不变的真理，是圣人之言不可更改，当遇到难题时完全可以凭借其真理性成为事物的准则和判案的依据。最早直接采用儒家经典进行司法断案始自汉代，汉武帝时儒家思想开始重新占据主导地位，当时司法断狱中仍有不少疑难案件需要解决，最高司法长官张汤廷尉亲自下陋巷找当时的大儒董仲舒进行咨询，董仲舒用《春秋》等儒家经典裁判了232个案例，史称"春秋决狱"或"经义决狱"，这些案例大都散佚不见了，目前只有四五个案例存于类书中，我们在此列举其中三个案例进行分析。

第一个案例：误伤己父案

甲父乙与丙争言相斗，丙以佩刀刺乙，甲即以杖击丙，误伤乙，甲当何论？或曰，殴父也，当枭首。论曰："臣愚以为父子至亲也，闻其斗，莫不有怵怅之心，扶杖而救之，非所以欲诟父也。

---

[1] 赵晓耕主编：《中国近代法制史专题研究》，中国人民大学出版社2009年版，第91页。

[2] 高汉成主编：《〈大清新刑律〉立法资料汇编》，社会科学文献出版社2013年版，第790页。

《春秋》之义,许止父病,进药于其父而卒,君子原心,赦而不诛。甲非律所谓殴父,不当坐。"[1]

对于伤害自己父亲,法律有明确规定,即"殴父也,当枭首",但是法律没有对故意和过失作出区分,此案成为疑难案件。如果简单地按照殴父罪处理,未免有失人情,因为甲的本意是为了搭救其父亲乙,并非故意殴打。董仲舒认为此"非律所谓殴父",他按《春秋》之义,强调了犯罪人的主观动机,肯定了儒家的"君子原心,赦而不诛"的原则。他引用了春秋许国的历史,许止为父亲拿药结果导致其父吃药后死亡的实例,说明许止的动机是救父,为后人君子所原谅。在这个案件中同样如此,儿子的伤父行为并非故意为之,应该得到赦免。董仲舒的判决是合乎情理的,因为如果杀死甲,从当时情形判断,甲并无恶意,反而有救人的善意,与故意伤人罪截然不同,而且在当时混战之时,很容易发生误伤,另外孝顺儿子被法办,必然给其家人带来双重痛苦。所以在判决此类案件时必须考虑主观动机。董仲舒认为不属于法律规定的殴父罪,如果按照殴父罪来办理,反而是不尊重法律,不是真正依法办案,其判决非常合法、合情、合理。

第二个案例:拾儿匿父案

甲无子,拾道旁弃儿乙养之以为子,及乙长,有罪杀人,以状语甲,甲藏匿乙,甲当何论?仲舒断曰:"甲无子,振活养乙,虽非所生,谁与易之。《诗》云,螟蛉有子,蜾蠃负之。《春秋》之义,父为子隐。甲宜匿乙而不当坐。"[2]

---

[1] (宋)李昉等撰:《太平御览》(三),中华书局1960年版,第2868页。
[2] (宋)杜佑撰:《通典》(二),中华书局1988年版,第1911页。

这是一个养父藏匿犯罪养子案。这个案子之所以成为疑难案件，是因为当时法律的规定有缺憾。其一，在汉初基本还是延续秦朝时的告奸风气，不许亲属之间存在包庇行为，但是对于父子之间的相隐行为法律还未明确规定是否属于犯罪。其二，对于养子和养父之间是否等同于亲生父子关系是不确定的。对于前者，董仲舒引用儒家经典《春秋》之义，实际上是《论语》中的"父为子隐，子为父隐，直在其中矣"，论证了父子相隐的天然合理性，而后又引用儒家《诗经》中"螟蛉有子，蜾蠃负之"，螟蛉作为绿色的小昆虫被蜾蠃这种寄生蜂所收养，以此来证明养父养子属于法律父子关系的天然合理性。其实从今天的科学考察发现，寄生蜂蜾蠃常捕捉螟蛉放在窝里，在其身体里产卵，卵孵化后螟蛉幼虫就拿螟蛉做食物，这一现象古人并不了解，因此古人看螟蛉被蜾蠃担负就认为蜾蠃收养了螟蛉。董仲舒以此作为自然法，印证养父养子是可以成为法律上的父子关系的。

第三个案例：私为人妻案

甲夫乙将船，会海风盛，船没溺流死亡，不得葬，四月，甲母丙即嫁甲，欲皆何论？或曰："甲夫死未葬，法无许嫁，以私为人妻，当弃市。"议曰："臣愚以为《春秋》之义，言夫人归于齐，言夫死无男，有更嫁之道也。妇人无专制擅恣之行，听从为顺，嫁之者，归也。甲又尊者所嫁，无淫衍之心，非私为人妻也。明于决事，皆无罪名，不当坐。"[1]

汉代法律有"私为人妻"罪，有点类似于后代的通奸罪，其刑罚是弃市死刑。未与丈夫解除夫妻关系，妻子出嫁他人，

---

〔1〕（宋）李昉等撰：《太平御览》（三），中华书局1960年版，第2868页。

就触犯了这个罪名。在所列举的案件里,丈夫出海没水死亡,妻子在未将其埋葬的情况下就嫁给别人。当时有人认为这个妻子触犯了"私为人妻"罪,而董仲舒则认可妻子改嫁的权利,他引用了《春秋》中的实例证明其观点的合理性,同时从法条上"私"的概念入手,强调妇女是服从其母的指令,尊者的命令子女有服从的义务,因此并非私为人妻。

董仲舒通过这些案例总结了春秋决狱之基本原则,记载于《春秋繁露》的"精华"篇中,即"《春秋》之听狱也,必本其事而原其志。志邪者不待成,首恶者罪特重,本直者其论轻。"[1] 通过以上案例,可以看出"本其事"和"原其志",即动机在断案中起到关键的作用,动机的判断不是看当事人怎么说,而是要根据这件事发生的各种情形综合判断,不直接脱离具体情况适用法律,从而使案件的判决体现公平二字。

自董仲舒"春秋决狱"后,用经义解决问题成为风气,许多人都使用经义来解决现实中的复杂问题。最出名的一个事件是汉昭帝时期京兆尹隽不疑智断假太子案,就是用《春秋》成功地解决了一件政治案件。

汉昭帝始元五年(公元前82年),有一个穿着黄色衣衫,戴着黄色帽子,乘坐一黄牛车的人来到宫殿前,自称是卫太子。公卿大臣们都不知如何处理,长安几万市民在一旁围观,京兆尹隽不疑见此场景后,马上就命令下属将这人捆绑逮捕,有人劝他说:"此人是不是卫太子现在还弄不清楚,姑且等等再说吧。"隽不疑引用《春秋》中蒯聩之事,即春秋时期卫国太子蒯聩因违抗其父卫灵公之命而出逃在外,蒯聩的儿子蒯辄即位,拒绝接纳其父亲回国,这种行为被后人赞赏。卫太子刘据得罪

---

[1] 苏舆撰,钟哲点校:《春秋繁露义证》,中华书局1992年版,第92页。

了先帝出逃在外,此人就算是真的卫太子,也是国家的罪人,需要拘押审问。经过逮捕审讯后,果然这个自称是卫太子的人是个冒牌货,本案的处理得到了汉昭帝和大将军霍光的赞赏,认为所有的重臣都应该像隽不疑这样学习经术,明于大义。[1]

东汉时许多经学大儒如马融、郑玄等都纷纷以经注律并聚徒讲学,形成了律学章句。郑玄的《律学章句》同他所注释的其他经传享誉当时。《晋书·刑法志》载:"叔孙宣、郭令卿、马融、郑玄诸儒章句,十有余家,家数十万言。凡断罪所当由用者,合二万六千二百七十二条",这一引经注律的趋势直接促使中国立法儒家化,经过三国两晋南北朝法典的不断儒家化过程,到了唐律真正实现了法律的儒家化,整个法律贯穿了礼教的精神。清代著名官员纪昀在编辑《四库全书总目》提要时对《唐律疏议》评价"一准乎礼,以为出入得古今之平"[2]。所"一准乎礼"是指唐律的制定完全参照和吸收了儒家经义或礼义的精神,礼义为审判提供了基本的法律准则。在具体司法实践中,所断之案不能违反经义,甚至在法律条文缺乏的情形下,仍可以适用经书来断案和解决问题,清代江南名幕汪辉祖就曾直接用经书解决了不少案子,其中一个是浙江省秀水县案,就是汪辉祖利用《礼记》所解决的。其情节为:

---

[1](汉)班固撰:《汉书》(十),中华书局1962年版,第3037—3038页。始元五年,有一男子乘黄犊车,建黄旗,衣黄襜褕,著黄帽,诣北阙,自谓卫太子。公车以闻,诏使公卿将军中二千石杂识视。长安中吏民聚观者数万人。右将军勒兵阙下,以备非常。丞相御史中二千石至者并莫敢发言。京兆尹(隽)不疑后到,叱从吏收缚。或曰:"是非未可知,且安之。"不疑曰:"诸君何患于卫太子!昔蒯聩违命出奔,辄距而不纳,春秋是之。卫太子得罪先帝,亡不即死,今来自诣,此罪人也。"遂送诏狱。天子(汉昭帝)与大将军霍光闻而嘉之曰:"公卿大臣当用经术明于大谊"。由是名声重于朝廷,在位者皆自以不及也。

[2](清)永瑢等撰:《四库全书总目》,中华书局1965年版,第712页。

一、古代法文化价值散论

一个陶姓人，是长房独子，但是因为其叔父没有子嗣，就被过继给了其叔父。后陶某娶妻生子，前后有五个儿子。后来陶某的大儿子去世，没有子嗣，就按照惯例把陶某次子的儿子过继给了他，但是陶某的第三子企图将自己的儿子过继给老大家，占有老大的财产，于是就借着陶某去世伪造了陶某的遗嘱，声称让老二的儿子回归本宗，回到他祖父即陶某的生父那里继承财产，把自己的儿子过继给老大，继承老大的财产。这个事件引起了争论，有人站在老二一边，认为让孙子回归到祖父那里，不合礼仪。有人站在老三一边，认为陶某的生身父亲本来有儿子，但是现在却无后人祭祀，因此让老二的儿子过去合情合理，所以老三儿子可以替换老二之子继承老大财产。县台让大家讨论这一难题，众说纷纭。汪辉祖经过思考，想起《礼记·丧服小记》中有"殇与无后者，祔食于祖"，意思是没有后嗣的人，死后能同祖先一样，享受后代的祭祀。于是汪辉祖便以此为据，争辩说："陶某次子的儿子不能再认祖归宗，陶某的亲生父亲虽然绝嗣让人很难过，但依据经书，虽然陶某过继给了其叔叔，但陶某的亲生父亲是可以与陶某的叔叔一样享受后代祭祀的。"汪的这一解读，有理有据，成功地解决了这一纠纷，受到了长官的肯定。汪辉祖在其幕学教科书《佐治药言》中指出"遇疑难大事，有必须引经以断者，非读书不可。"〔1〕可见清代官员或

〔1〕（清）汪辉祖著，孙之卓编注：《佐治学治解读》，哈尔滨工业大学出版社2015年版，第22—23页。向无秀水时，有陶氏某，以长房独子出继叔父，生五子，而长子故绝，例得以次子之子为后。其三子谋以己子后其伯兄，因乘父故伪托遗命，令仲子归嗣本生。祖次房者，谓以孙祢祖，礼难归继。祖三房者，谓本生有子而无后，于情不顺，归继之说，未为不可。荐绅先生，纷如聚讼，上台檄下县议，余亦无能执中。长夜求索，忽记《礼经》"殇与无后者，祔食于祖"之文，爰佐令君持议，谓祢祖之论，必不可行。陶某既出继叔后，断难以子归继本宗。本宗有子而绝，情有难安，请以其主，祔食伊父，听陶某子孙奉祀，大为上台所赏。

幕吏在断案时不仅秉承经书的精神，甚至还使用经书的具体文句解决法律上的继承问题。

用经书处理司法问题，一个直接的功效是有效地避免了酷吏的肆意滥杀，草菅人命的局面。所以东汉的大儒王充说："董仲舒表《春秋》之义，稽合于律，无乖异者……论者徒尊法家，不高《春秋》，是暗蔽也。"[1]清末修律大臣沈家本也说："使武帝时治狱者皆能若此，《酷吏传》何必作哉。"[2]儒家经典能使官员行法宽容，甚至官僚断案能"顺情释法"，这一思想直接促使宋代产生了以"天理、国法、人情"三个维度来断狱的理念。

4. 礼与法的冲突

最高统治者颁布的命令或法律有时会和社会习惯或所谓"神法"相冲突，西方国家很早就注意到这种冲突，古希腊悲剧作家索福克勒斯的戏剧《安提戈涅》反映的就是这种冲突。

故事发生在古希腊的著名城邦底比斯，安提戈涅是剧中的女主人公，是老国王俄狄浦斯的女儿。老国王去世后，克瑞翁即位成为底比斯的新国王，俄狄浦斯的一个儿子波吕涅克斯因勾结外邦进攻底比斯而战死，被判"叛国"罪，克瑞翁下令禁止掩埋波吕涅克斯的尸体，将其曝尸田野，违抗者处以死刑。按照古希腊的信仰和习俗，一个人死后如不下葬，他的阴魂便不能进入冥土，而露尸不葬也会触犯神灵、殃及城邦。作为波吕涅克斯妹妹的安提戈涅毅然决然地违反克瑞翁的禁令埋葬了其哥哥，下狱后在牢中自缢，克瑞翁的儿子海蒙，也就是安提戈涅的未婚夫殉情自杀，克瑞翁的妻子听说其儿子死了，愤而

---

[1] 黄晖撰:《论衡校释》（二），中华书局1990年版，第542—543页。
[2] （清）沈家本撰:《历代刑法考》（三），中华书局1985年版，第1776页。

自尽。在被捕入狱时,面对克瑞翁"你真敢违背法令吗?"的问题,安提戈涅义正词严地回答:"我敢,因为向我宣布这法令的不是宙斯,那和下界神祇同住的正义之神也没有为凡人制定这样的法令;我不认为一个凡人下一道命令就能废除天神制定的永恒不变的不成文律条,它的存在不限于今日和昨日,而是永久的,也没有人知道它是什么时候出现的。"〔1〕

安提戈涅对国王的命令或城邦法的控诉被称为"安提戈涅之怨",它揭示了人类的困境,即城邦的律令或统治者的意志与人们的习俗和信仰相冲突时,人们是服从国王命令或律令,还是服从习俗或信仰所支持的"神律"或正义,这是艰难的选择。不过安提戈涅以其行动告诉人们当国王制定的法律违反了天理或道义,那就是恶法,不必去服从,甚至应该"舍生取义"。而后斯多葛学派发展了这一思想,正式开创了自然法传统,随后罗马法正式确认了自然法的地位,使得自然法成为西方现实世界修正实在法的一个有力的思想武器。

中国宋代曾经发生的"登州阿云案"〔2〕,也代表着当时中

---

〔1〕［古希腊］索福克勒斯著,罗念生译:《索福克勒斯 悲剧二种》,人民文学出版社 1961 年版,第 24 页。

〔2〕关于宋代发生的登州阿云案,许多史籍如《宋史·许遵传》《文献通考》、明代邱濬的《大学衍义补》《历代通鉴辑览》等都记载了相关事件,这些内容都被沈家本的《历代刑法考》收录。见(清)沈家本撰:《历代刑法考》(四),中华书局 1985 年版,第 2161—2169 页。《宋史·阿云传》记载:"及为登州,执政许以判大理,遵欲立奇以自鬻。会妇人阿云狱起。初,云许嫁未行,嫌婿陋,伺其寝田舍,怀刀斫之,十余创,不能杀,断其一指。吏求盗弗得,疑云所为,执而诘之,欲加讯掠,吐实。遵按云纳采之日,母服未除,应以凡人论,谳于朝。有司当为谋杀已伤,遵驳言:'云被问即承,应为按问。审刑、大理当绞刑,非是。'事下刑部,以遵为妄,诏以赎论。未几,果判大理。耻用议法坐劾,复言:'刑部定议非直,云合免所因之罪。今弃敕不用,但引断例,一切按而杀之,塞其自守之路,殆非罪疑惟轻之义。'诏司马光、王安石议。光以为不可,安石主遵。御史中丞滕甫、侍御史钱觊皆言遵所争戾法意,自是廷论纷然。安石既执政,悉罪异己者,遂从遵议。"

国社会两种法理的冲突,即君主意志影响下的法律适用和社会的基本伦理准则之间的冲突。此案发生在宋神宗熙宁元年（公元 1068 年）京东东路登州（今山东境内）：

一个年轻女子阿云在为母亲服丧期间,被族内尊长许嫁韦阿大。因阿云嫌弃韦阿大年老且相貌丑陋,夜间对睡在田舍之间的韦阿大一阵乱砍,却因人小体弱,只砍掉韦阿大一根手指头。韦阿大报官后,官吏很快怀疑到阿云并询问她是否砍伤韦阿大,如果讲实话,就不刑讯,阿云马上就承认是其所为。

如何对这一简单的刑事案件进行判决,出现了多次反复。

第一回合：知县的判决和登州知州许遵判决的冲突

当地知县按照宋律之规,认为阿云是韦阿大未过门的妻子,谋害韦阿大的行为就是谋杀亲夫,根据宋律,谋杀亲夫是十恶中的"恶逆",所以知县判阿云死刑。案子上报登州知州许遵后,他以阿云在守孝期间婚约无效（违律为婚）并且未造成严重后果为由,建议只判阿云有期徒刑,"从减等断遣"。

第二回合：终审机构大理寺和审刑院的判决意见

大理寺和审刑院认为许遵在此案中适用法律错误,就算阿云不是韦阿大的妻子,也是蓄意谋杀,按照宋律仍为死刑。他们认可许遵关于韦阿大尚未成为阿云丈夫的判断,但在定罪方面则适用宋律条文,即《宋刑统》"诸谋杀人者,徒三年；已伤者,绞；已杀者,斩。"改判阿云以"谋杀已伤"论以绞刑,驳回许遵判决。

第三回合：大理寺卿许遵以敕重翻案

不久许遵入京担任大理寺卿,宋神宗于熙宁元年（公元 1068 年）发布了一条敕令,即"谋杀已伤,按问欲举自首者,从谋杀减二等论。"许遵便以皇帝敕令为据,以阿云符合"按问欲举自首",将阿云改判为"当减谋杀罪二等,请论如敕律。乃送刑部。"[1]

第四回合:刑部驳回,引起"两制议"

之后刑部在审核大理寺判决时仍驳回许遵的判决,同意维持审刑院和大理寺原判决,许遵遂请求宋神宗将案件交由"两制"讨论。所谓两制,是指内制和外制,翰林学士所在的翰林学士院处于宫中,所以被称为"内制",知制诰负责给宰相写文书,被称为"外制"。神宗诏翰林学士司马光和王安石同议。翰林学士司马光认为这种杀人性质极其恶劣,影响很坏,他指出:"遵之为请,欲天下引以为例,开奸凶之路,长贼杀之源,非教之善者也。"要求按照大理寺原意见将其处死。翰林学士王安石则支持许遵的自首减刑建议,认为有关司法部门没有按照法律办事,他说:"臣以为有司议罪,惟当守法,情理轻重,则敕许奏裁。若有司辄得舍法以论罪,则法乱于下,人无所措手足矣。"[2]宋神宗又诏来翰林学士吕公著、韩维、知制诰钱公辅重议,结果三人支持王安石所议,便送刑部复审。最后由宋神宗下诏同意王安石的意见,裁定阿云自首减刑。

第五回合:两制、审刑院和大理寺的持续争论

审刑院和大理寺的法官齐恢、王师元等人又加入讨论,弹劾吕公著"所议论为不当",朝野持续争论。宋神宗诏法官同王安石集议,并于熙宁二年(公元1069年)二月庚子下诏:"自今后谋杀人已伤自首,及按问欲举,并奏取敕裁",在敕律冲突中以敕破律。宋神宗为缓和对立矛盾,第三次下诏:"自今并以

---

[1] (清)沈家本撰:《历代刑法考》(四),中华书局1985年版,第2162页。
[2] (清)沈家本撰:《历代刑法考》(四),中华书局1985年版,第2164页。

去年七月诏书行事。"并将前一诏书收回。宋神宗两次因本案下诏都坚持自首减免罪刑的主张,但是司马光联合刑部与御史台抗议,拒不执行庚子诏书。司马光和王安石各自代表一方,展开了大辩论:

司马光维护礼制,坚决反对庚子之诏,他们主张:其一,阿云虽杀人未遂,但性质恶劣,违背礼教,今日若不从重处理,他日谋杀亲夫就会被效仿,社会风气会愈加恶劣。其二,祖宗成法,不可更改,若以皇帝意志为转移,势必主观性加强,失去公平公正性,法律也将失去其权威。熙宁二年(公元1069年)司马光上体要疏,结尾指出阿云案之争乃是礼与刑之辩。他指出"阿云之狱,中材之吏皆能立断,朝廷命两制、两府定夺者各再,敕出而复收者一,收而复出者一,争论从横,至今未定。夫执条据例者,有司之职也;原情制义者,君相之事也。分争辨讼,非礼不决,礼之所去,刑之所取也。阿云之事,陛下试以礼观之,岂难决之狱哉!彼谋杀为一事为二事,谋为所因不为所因,此苛察缴绕之论,乃文法俗吏之所争,岂明君贤相所当留意邪!今议论岁馀而後成法,终为弃百代之常典,悖三纲之大义,使良善无告,奸凶得志,岂非徇其枝叶而忘其根本之所致邪!"[1]

而王安石则坚决站在宋神宗一边,他争辩:其一,自古以来,人命关天,且阿云杀人未遂,应该宽厚量刑;其二,不能拘泥于条条框框,所有的法律最终解释权都在皇帝手中,而皇帝宽仁爱民,法律应该以敕令为准。最终,宋神宗于熙宁二年(公元1069年)八月第四次下诏,废除第三次诏书,要求按二月庚子诏书行事,即今后谋杀犯自首,是否免死,听皇帝的裁

---

[1] (清)沈家本撰:《历代刑法考》(四),中华书局1985年版,第2166页。

决。于是王安石依照这一诏书，定"谋杀伤首原法"，有反对人士六人被贬官，阿云免死定案。至此，争论了一年之久的谋杀自首法乃定，皇帝敕令成功破律，成为通行全国的法律。这个案件之所以很特别，是因为其中涉及了几个值得分析的重大问题：

第一，婚姻自由的问题。在古代的中国，婚姻是父母之命，媒妁之言，作为婚姻内的当事人是没有什么决定权的，有时亲生父母疼爱子女，也会征求和考虑子女的意见。本案中阿云的父母双亡，其母亲刚刚去世且她还在为母服丧期间，就被其叔父嫁给了长相丑陋的韦阿大，她自己没有自主权，于是想杀死韦阿大来摆脱其婚姻的困境，这是造成这起案件的制度根源，也是罪犯令人同情和怜悯的地方。

第二，案件的当事人双方是否属于夫妻。如果将阿云和韦阿大定义为婚姻关系，那么阿云砍杀韦阿大的行为自然属于违反了儒家三纲原则中的"夫为妻纲"，谋杀亲夫行为是属于十恶中"恶逆"之罪，那么结果是罪无可恕。但本案中的知州许遵发现了他们婚姻关系中的瑕疵，在服丧期间订婚，属于法律上的违律为婚，婚姻应被判定无效。对于这一意见，大理寺和审刑院基本上是接受和认可的，认为应该按照常人之间的谋杀罪处理。清末沈家本也认为这个婚姻关系是不存在的，他指出："纳采在母服中，固为失礼，然究未成昏，未便以居丧嫁娶论。惟许嫁未行，则是未昏妻也。今例未昏与已昏同，杀夫应入十恶。而按之古义，必庙见方成为妇。即不得以杀夫论，当时以谋杀已伤定议，尚为持平。许遵妄思犯案，而安石助之，甚可怪也。"[1]

---

[1] （清）沈家本撰：《历代刑法考》（四），中华书局1985年版，第2162页。

第三，案件的犯罪者是否属于自首。司马光坚持认为阿云不算自首，他指出杀伤罪本身是不能自首的，凡犯杀伤罪而自首的得免所因之罪。他指出本案按照谋杀判太重，按照斗杀判太轻，应该"从故杀伤法"。"如未伤则可首，已伤不在首限"，因此他主张本案不适用自首。这一点也为沈家本所主张。根据宋神宗的敕令："谋杀已伤，按问欲举自首者，从谋杀减二等论。"沈家本指出："案问欲举，是官吏方兴此议，而罪人未拘执到官也，故得原其悔过之心，以自首原减。若阿云之事，吏方求盗勿得，是已告官司，疑云，执而诘之，乃吐实，是官吏已举，罪人已到官，未有悔过情形，按律本不成首。许遵删去'欲举'二字，谓被问即为按问，安石又从而扬其波，将天下无不可原减之狱。卤莽灭裂，噫甚矣！"[1]阿云被抓后因为要用刑她才招供，所以说严格按照大宋律例，适用自首情形确实有些牵强。

第四，敕令与礼制的问题。皇帝的决定仍是举足轻重的，至少能影响当时的判决结果。对于祖宗之法、传统习惯礼法的精神与当权皇帝之敕令谁更有权威的问题上，如果是积极进取、权力在握、态度明确而坚决的皇帝，一般说来是以当今皇帝的敕令为最后的权威的，这一点曾被汉代廷尉杜周指出："三尺之法安出哉？前主所是著为律，后主所是疏为令。当时为是，何古之法乎？"[2]阿云案最终的审判结果是以皇帝的敕令结束了围绕此案的激烈争论，这一案件之所以能争论一年之久，与宋代的政治环境有关。宋代开国皇帝宋太祖曾有不杀大臣和言官的誓约，这是祖宗之法使后代皇帝对待大臣的言论一般是允许

---

[1]（清）沈家本撰：《历代刑法考》（四），中华书局1985年版，第2162页。
[2]（汉）司马迁撰：《史记》（十），中华书局1959年版，第3153页。

讨论和争辩的，祖宗之法和传统习惯给了大臣抗争的底气。当然祖宗之法和礼法仍然有其重要力量。司马光将这一争论定性为"阿云案之争，乃是礼与刑之争"，皇帝强硬推行自己的意见时，可能会面临违反祖制和礼法的指责，会产生巨大的心理压力。传统礼法的力量极为强大，后世文人在评价此案时大都站在司马光的一边，认为许遵、王安石不守礼义、违背纲常。以明代理学名臣邱濬在其《大学衍义补》中说："然则阿云之狱，何以处之？曰：司马氏固云分争辨讼，非礼不决，臣请决之以礼。夫夫妇三纲之一，天伦之大者，阿云既嫁与韦，则韦乃阿云之天也，天可背乎？使韦有恶逆之罪，尚在所容隐，今徒以其貌之丑陋之故，而欲谋杀之，其得罪于天而悖于礼也甚矣。且妻之于夫，存其将之之心固不可，况又有伤之之迹乎？诸人之论未有及此者。"[1]

由此可见，北宋所发生的登州阿云案是皇帝所代表的王法和民间奉行的礼法或习惯法博弈的一个集中体现，虽然在这场博弈中皇权下的法律取得了胜利，却失掉了社会舆论的支持，正统的士大夫精英们一般都对皇帝的裁决持否定的态度，正如我前面所引述的明朝的邱濬和清朝的沈家本都坚决反对此案的判决，痛批许遵和王安石的行径，可见儒家正统的礼法观仍是古代社会的强势文化，其牢牢地左右着士大夫的是非观和法律观。

5. 无德举报案件中的法律适用

在古代，背信弃义并非君子所为，常遭人唾弃，但不乏有

---

[1] 转引自（清）沈家本撰：《历代刑法考》（四），中华书局1985年版，第2167页。

些人无底线地做出背信弃义、违反私德之事,一般来说,对这类违反道德的行为相关官员都是予以教育和制止的,甚至让背德之人难堪。下面这两个案例即体现了古人处理这类案件的高明之处。

第一个案例是卓茂处理告状送礼案。东汉初年卓茂任山东密县县令,有人告状说卓茂部下的一个亭长接受了他的米肉。卓茂屏退左右,详细询问告状人事情发生的经过,问话核心围绕以下内容:一是是否是亭长强求他送米肉,二是告状人是否因有事求亭长帮助而送礼,三是告状人是否因为敬畏亭长而送礼。告状人回答说是他自己主动前去送米肉给亭长的。卓茂问:"你主动送礼他收下,为什么还要告他呢?"告状人解释说:"我听说贤明的长官会使民不害怕官吏,官吏也不会收取百姓的东西,如今我比较害怕吏人才送他米肉,而且他还接受了,所以要告他。"卓茂说:"你真是一个差劲的人,人与禽兽之所以不同,就在于人与人之间有仁爱之心,互相敬重,邻里与长者之间的馈赠是人之常情,这是为人之道中用来表达相互亲近的礼仪和生活方式,百姓和官吏之间也是如此,官吏当然不可以强行索要物品,但亭长平日善待你,你节日送给他礼物,这是基本的人之常情。你不想学习这世间基本的礼仪道德,难道你能远走高飞,脱离人间社会吗?"告状人强辩:"那为什么法律要禁止官吏收礼呢?"卓茂反驳:"法律和礼是社会的两种重要的行为规范,二者有着不同的功能。法律是国家政府的规范,礼是民间的道德规范,所谓'律设大法,礼顺人情',二者是不同的手段,我现在以礼谆谆教导你懂得人世间的道德伦理,你会感到很温暖,不会有什么怨言;但如果对你实施法律,你能怎么办?在这衙门之内,小的事情可以判罪,大的事情可以杀头,你好好想想吧!"[1]在这个故事中,作为县令的卓茂面对给亭长送礼又出卖亭长的告状人,其首先弄清事情原委,知道了亭长收米肉是被动的,不是主动索要的,虽然亭长的行为违反了官府禁令,但在情节上是告状人引起这一违规行为的。于是他耐心地开导告状人,接受礼物馈赠属于生活中的正常交往习俗,告状揭发不是君子所为。虽然国家规定了禁止收礼的法规,但其目的在于不允许官吏利用身份向民众索要东西,根据上述案例的情节,该告状人的告发行为破坏了生活的基本礼仪规范。卓茂对这件事情的处理,有效地解决了法律和道德冲突的矛盾,得到了世人的称赞,史载"人纳其训,吏怀其恩"。

第二个案例是发生在唐代。唐代武则天当政的长寿元年(公元692年),受到佛教禁杀生的影响,武则天几次下达禁宰令,禁止天下人屠宰牲畜。这一年长江淮河一带发生大旱引起了饥荒,再加上禁止百姓在江河之中捕捞鱼虾,加重了饥荒,造成大批民众饿死,这样的惨状引起了武则天对禁止屠宰牲畜这一政令的反思。当时有一个叫张德的官员,担任右拾遗的职务。张德的妻子生了一个男孩,他为了庆祝这一喜事,宴请了同僚朋友。张德偷偷杀了一只羊以解同僚们的口腹之欲,然而

---

[1] (宋)范晔撰,(唐)李贤等注:《后汉书》,中华书局1965年版,第870页。人尝有言部亭长受其米肉遗者,茂辟左右问之曰:"亭长为从汝求乎?为汝有事嘱之而受乎?将平居自以恩意遗之乎?"人曰:"往遗之耳。"茂曰:"遗之而受,何故言邪?"人曰:"窃闻贤明之君,使人不畏吏,吏不取人。今我畏吏,是以遗之,吏既卒受,故来言耳。"茂曰:"汝为敝人矣。凡人所以贵于禽兽者,以有仁爱,知相敬事也。今邻里长老尚致馈遗,此乃人道所以相亲,况吏与民乎?吏顾不当乘威力强请求耳。凡人之生,群居杂处,故有经纪礼义以相交接。汝独不欲修之,宁能高飞远走,不在人间邪?亭长素善吏,岁时遗之,礼也。"人曰:"苟如此,律何故禁之?"茂笑曰:"律设大法,礼顺人情。今我以礼教汝,汝必无怨恶;以律治汝,何所措其手足乎?一门之内,小者可论,大者可杀也。且归念之!"于是人纳其训,吏怀其恩。

同僚中有个叫杜肃的人,他的职务是补阙,这个职务和拾遗一样都具有给皇帝讽谏的职能。杜肃很有心机,宴席间趁别人不注意,私藏一块羊肉饼放在怀里,聚完餐后大家尽兴离去。回家后杜肃提笔写了一封举报信,举报张德违反政令,私下杀羊宴客,并将奏表和羊肉饼都上交给朝廷。武则天看了这个举报,很不以为意,第二天她召见了张德,对他说:"听说你生了男孩,恭喜啊!"张德叩头谢恩后,武则天接着问道:"你们吃的肉从何而来?"张德听到问肉的事,知道大事不好,磕头认罪。武则天告诫张德说:"朕禁止天下人屠宰牲畜,但结果是祸是福无法预知。你以后招待请客,也要看看人品,不要什么人都往家里请。"武则天把杜肃的举报信和羊肉饼一并交给了张德。[1]对于这个事件,武则天的处理方式值得深思。武则天在位期间,鼓励和奖赏告密者,大兴举报制度,在垂拱二年(公元686年)于洛阳宫城前放了四匦,即有投信开口的铜匣子,可以匿名投举报信,朝廷还设"知匦使",专门处理这些举报信,知匦使处理后,将重要的内容上报给武则天,武则天甚至亲自接见这些告密者,并提拔他们为官。不过需要指出的是,武则天设立举报制度的目的主要是防范李唐宗室贵族,以及反对她的朝廷大臣和其他的异己分子。所以她对那些官吏之间的倾轧算计以及钩心斗角的举报并不以为意,虽然张德确实违反了朝廷的禁屠令,但是杜肃的举报行为更有违一般的人事交往原则和世俗道德,所以武则天对此非常不齿,亲自召来张德告诫他在对于交

---

〔1〕(宋)司马光编著,(元)胡三省音注:《资治通鉴》(第十四册),中华书局1956年版,第6597页。五月,丙寅,禁天下屠杀及捕鱼虾。江淮旱,饥,民不得采鱼虾,饿死者甚众。右拾遗张德,生男三日,私杀羊会同僚,补阙杜肃怀一飡,上表告之。明日,太后对仗,谓德曰:"闻卿生男,甚喜。"德拜谢。太后曰:"何从得肉?"德叩头服罪。太后曰:"朕禁屠宰,吉凶不预。然卿自今召客,亦须择人。"出肃表示之。肃大惭,举朝欲唾其面。

往对象的选择上须慎重。对于这件事的处理结果，显然是杜肃未想到的，因此"肃大惭，举朝欲唾其面"，杜肃虽然是站在了法律的角度，但是违背了人与人交往的基本准则。

这两个案例都是举报者利用法律或禁令的规定来谋取自己的私利，但其举报行为违背了社会一般的基本交往准则，破坏了社会的基本信任。如果机械性地依法处罚，会破坏人们的基本道德以及人与人之间的信任，将助长为了谋取私利而背弃基本伦理和规则的风气。在这两个事件的处理上，皇帝和官员都把握住了一个大原则，就是法律的执行不能违反社会情理和道德，不能让背德的当事人利用法律来谋利。他们对于告发者或者给予教训，或者公开其丑行，让舆论谴责他。对于那个时代的人，道德舆论上的指责或许比法律上的制裁更让人畏惧。

6. 柳开的家书与读书不读律

法律在西方有很高的地位，早在罗马共和国时期，公元前三世纪罗马出现了法学家这一职业，随后罗马法学家和律师集团得到了重大发展。奥古斯都在位期间（公元前29年—公元14年）赋予一些法学家以法律解答的特权，公元一世纪甚至还诞生了两大法学学派，他们互相争论，推动了法学及法律的发展。哈德良皇帝在位期间（公元117年—公元138年）规定获得特许解答权的法学家对法律问题解答一致时，具有法律的效力。公元426年，东罗马帝国皇帝狄奥多西二世在位期间（公元408年—公元450年）和西罗马帝国皇帝瓦伦提尼安三世在位期间（公元425年—公元455年）共同颁布《学说引证法》，规定只有帕比尼安、乌尔比安、保罗、盖尤斯、莫德斯蒂努斯五位法学家的著述和解答具有法律效力。遇到成文法未规定的问题，均按照这五位法学家的著述解决。有分歧时，以多数为准；意见相当时,以帕比尼安的为准。随后,律师集团也如雨后春笋般地发展起来,在罗马的法律世界里,律师的工作得到了高度的认同和肯定。西塞罗作为罗马的执政官、政治家和伟大的律师,曾经专门为他的律师朋友苏尔皮修斯写了一篇颂词。这篇颂词的标题叫作《罗马最不朽的灵魂之友》,从这个标题我们可以看出在罗马律师的地位很高,法学家和律师在罗马社会受到普遍的尊重和敬仰。但这一传统在西欧中世纪初期一度受到压抑,直到十二世纪,博洛尼亚大学首先成为传播和研究罗马法的中心,随后西欧许多大学都开始教授罗马法,形成了罗马法复兴运动,直至今日法律在西方社会仍然繁荣,受到普遍的尊重。

在传统的中国,如前文所言,法律从来不能作为终极的治理之道,只是治国工具。正如孔子所说:"道之以政,齐之以刑,民免而无耻;道之以德,齐之以礼,有耻且格。"并称"听讼,吾犹人也。必也使无讼乎!"儒家的治国理念为历代统治者所奉行,强调道德教化的重要性,而法律只具有某种辅助功能,是第二位的,在大多数社会精英眼中,法律属于刀笔吏的专长,是术的层次,而真正的士大夫不会拘泥于术的层次,要上升为道的层次。宋代文士苏轼曾说过"读书万卷不读律",一些人把这句话作为苏轼乃至古代士大夫鄙视法律的证据,但这种理解实际上是断章取义,曲解了苏轼的原文本意,苏轼的原话是"读书万卷不读律,致君尧舜知无术。"[1]也就是说苏轼认为如果士大夫只读四书五经,不学法律这些实用技术,是无法协助君主做像尧舜那样的贤明君主的。所以苏轼和一些比较有见地的士大夫还是认为法律是有一定用处的,但是社会的主流文化

---

〔1〕(宋)苏轼著,毛德富等主编:《苏东坡全集》(第一册),团结出版社2021年版,第570页。

仍然对于法律学问持有鄙视的态度。

儒学经典是先王之道，是大学问，充当儒士是尊贵光荣的，被科举考试中的明经科或进士科录取是无比荣耀的。首先，明经科主要考察学子记诵四书五经之类儒家经典的程度，但是其不只限于死记硬背经书的文字考察，实际还考察学子通晓经史子集并且能够灵活运用经典精义的能力，被录取的人可以进入仕途，高官厚禄，前途无量。科举中的明法科是考察学子对律令条文的记忆、理解和运用，但自汉武帝以后，儒术成为主流价值观，法术则趋于低贱，为统治者所轻视，就如沈家本在其《法学盛衰说》一文中曾说："纪文达编纂《四库全书》，政书类法令之属仅收二部，存目仅收五部。其按语谓刑为盛世所不能废，而亦盛世所不尚，所录略存梗概，不求备也。"[1] 从纪昀编纂《四库全书》足以看出法律在古代社会中的地位，律令是一种专业技术之学，是低贱之道。但是国家是需要法律人才的，从曹魏起就设立律博士，唐代科举制又设"明法科"，明法科报考和从学的人数一般也很少。目前已经确切知道的在整个唐代明法科出身的只有六人，其余的还有待考察。[2] 法律在中国法文化中主要指"刑法"，东汉许慎的《说文解字》载："法者，刑也"。在古代人们的眼中，法即是刑，刑即是法。法往往代表着严刑峻罚，在治理社会时，刑或法是手段之一，甚至不是治理天下最重要的手段。司马迁在其《史记·酷吏列传》中指出："法令者治之具，而非制治清浊之源也。"虽然国家也需要法律人才，但并不给予他们很高的地位。宋神宗时王安石变法，为了培养法律人才，开明法科，增大录取比例。宋代文人柳开的

---

[1] （清）沈家本撰：《历代刑法考》（四），中华书局1985年版，第2143页。
[2] 参见盛奇秀："唐代明法科考述"，载《东岳论丛》1985年第2期。据此考证，此六人为张鹫、裴润、裴净、裴济、薛敖和李朝隐。

哥哥准备报考明法科,却遭柳开的阻止,他写的一封著名家书《请家兄明法改科书》劝阻其兄放弃这一选择,这封家书真正代表了法律在士子中的地位和观念。

柳开在其家书中就指出:"夫法者,为政之末者也,乱世之事也。"[1]法律为"为政之末""乱世之事"的观念起源很早,早在春秋时就已存在。《左传》记载,春秋后期郑国子产"铸刑书",晋国大夫叔向坚决反对说"刑"是乱世的产物,并举例说:"夏有乱政,而作禹刑;商有乱政,而作汤刑;周有乱政,而作九刑。"可见,刑或法律是君王在乱世时不得已采用的办法,柳开在其家书中说圣明的君王在治理国家时可以采用道德、仁义、礼乐、忠信等手段,一般不采用法律刑罚这一手段,即"皇者用道德,帝者用仁义,王者用礼乐,霸者用忠信。亡者不能用道德、仁义、礼乐、忠信,即复取法以制其衰坏焉。将用之峻,则民叛而生逆;将用之缓,则民奸而起贼。俱为败覆之道也,圣帝明王不取也,圣帝明王不用法以为政矣。"[2]柳开认为如果刑罚过于严厉,百姓就会叛乱,而刑罚过于宽缓,百姓就会犯奸起盗心,所以圣王都不采取法律手段治国。

柳开还在其家书中指出,执法的人员都是地位低贱的人员,国家不会将其列入尊崇地位的,因为其还是有"防奸理乱之道"的作用,圣王会对法律"列而存之""附而下之",但不是读书人所追求的"上士之业",劝其兄放弃这个没有荣誉感的仕途追求,"将明法以求其爵位,不足得而荣之,岂不失之"。即"且执法者,为贱吏之役也。国家虽设而取人,亦明知其不可为上者也。故试有司而得中者,不得偕名于礼籍,附而下之,所以示其帝王

---

[1]（宋）柳开撰,李可风点校:《柳开集》,中华书局2015年版,第98页。
[2]（宋）柳开撰,李可风点校:《柳开集》,中华书局2015年版,第98页。

之贱者也。夫不禁而去者，不忘于古人防奸理乱之道也。"[1]

正像柳开所说法律工作者一般为"贱吏之役"，从事司法工作的无论官还是吏，一般均被蔑称为"刀笔吏"。衙门里从事司法事务的人员，一般不属于官员系统，属于吏员系统，如门子、仵作、捕快、皂隶等都属于贱民户籍。据《大清会典事例》（卷十七）记载："凡衙门应役之人，除库丁、斗级、民壮仍列于齐民，其皂隶、马快、步快、小马、禁卒、门子、弓兵、仵作、粮差及巡捕营诸番役，皆为贱役。"这些人的地位与倡优、奴婢同列。他们本人及后三代不被允许参加科举考试，不准和良民通婚，社会地位极为低下，他们从事公家事务，却没有相应的工资待遇，因为他们是从无偿服役中发展而来的，官府所给的报酬极低，所以他们建立各种陋规，从涉案人员中巧取豪夺，收取金钱，如果涉案人员所给予的财物足以满足他们，可以对其优待，满足不了就对其实施各种虐待。清代学者方苞的《狱中杂记》一文记录了监狱中的腐败和黑暗，描写了胥吏狱卒敲骨吸髓的残暴和奸诈，并和奸民勾结牟利，揭露了监狱中的阴森可怕。刀笔吏和狱隶是司法腐败和黑暗的一部分，社会大众根本不会尊崇他们，他们的作为让百姓仇视和鄙夷。因此当时一般人是不愿意从事法律或司法相关工作的，也没有学习法律的兴趣和动力。在此家书的最后，柳开警告其兄学习法律的后果，即"先生苟不从开之言，而世之有识者，将谓先生非儒士也，曰法吏者也。"[2]有趣的是在《柳开集》中竟收录了柳开哥哥的回信《报弟仲甫书》，柳开哥哥责备他不理解他的选择，表示很伤心："每览汝之辞意，而转增吾之悲，复何尝能解吾心

---

[1]（宋）柳开撰，李可风点校：《柳开集》，中华书局2015年版，第99页。
[2]（宋）柳开撰，李可风点校：《柳开集》，中华书局2015年版，第100页。

之郁陶乎!"[1]这就是当时社会有志学习法律和从事法律工作的人所面临的尴尬处境,在传统的社会中,官和吏、儒士和法吏、文章和律判、经学和律学的地位判若云泥。

---

[1] (宋)柳开撰,李可风点校:《柳开集》,中华书局2015年版,第100页。

二、古代刑法文化散论

1. 幼儿杀人案件的处理

中国古代有宽恤幼儿犯罪的传统,早自《周礼》就有三赦之法,其中"壹赦曰幼弱"就是对年幼的罪犯的赦免。《礼记·曲礼上》中规定"八十、九十曰耄,七岁曰悼。悼与耄,虽有罪,不加刑焉。"[1]对于年幼者赦免的具体岁数,历代统治者的规定并不相同,比如秦代以身高作为承担刑事责任的标准,如睡虎地出土的秦简《法律答问》记载:"甲小未盈六尺,有马一匹自牧之,今马为人败,食人稼一石,问当论不当?不当论及偿稼。"[2]甲由于身高没有达到六尺,就不需要承担刑事责任,但需要承担民事责任。汉代统治者颁布了一系列宽宥犯罪儿童的法律规定,比如对不满十岁的儿童不行使髡耐的羞辱刑[3];汉成帝时规定:"年未满七岁,贼斗杀人犯殊死者,上请廷尉以

---

[1] 上海古籍出版社编:《十三经注疏》(上),上海古籍出版社1997年版,第1232页。
[2] 张晋藩主编:《中国法律史》,中国政法大学出版社2019年版,第93页。
[3] (汉)班固撰:《汉书》(一),中华书局1962年版,第85页。民年七十以上,若不满十岁,有罪当刑者,皆完之。

闻，得减死"[1]；八岁以下的儿童入狱皆不戴刑具；等等。[2]

唐律对未成年人杀人案件的判决分为三等：①十五岁以下，犯死罪的，和成年人的处罚无异，只有流罪以下犯罪，才可以收赎，即适用赎刑；②十岁以下犯反逆罪、杀人罪仍处以死刑，盗和伤人罪，允许收赎，其他罪行不追究；③七岁以下，除随家属反逆罪被株连外，其他都不追究刑事责任。[3]明清时期在年龄问题上犯罪的处理和唐律的区别不大，下面我们重点考察一下清代对未成年杀人案件的有关规定和判决：

首先，对七岁以下儿童的杀人案件，清律和其他朝代立法皆同，对当事人绝对免除刑事责任，司法实践一般也是照此判决的，比如《刑案汇览三编》记载的哈尔呢都杀玛勒塔玛勒案件。嘉庆十七年（公元1812年），黑龙江将军管辖下的一名年仅六岁的儿童哈尔呢都与另一个年仅九岁的儿童玛勒塔玛勒在玩耍中发生了冲突，哈尔呢都用刀戳伤玛勒塔玛勒致其死亡，司法官员依照"七岁以下虽有死罪不加刑"的法律规定免除了哈尔呢都的死罪。[4]其次，对于八岁至十岁儿童的犯罪为相

---

[1]（汉）班固撰：《汉书》（四），中华书局1962年版，第1106页。

[2]（汉）班固撰：《汉书》（四），中华书局1962年版，第1106页。汉景帝后三年（公元前141年）"其著令：年八十以上，八岁以下，及孕者未乳，师、朱儒当鞠系者，颂系之。"

[3]刘俊文撰：《唐律疏议笺解》（上），中华书局1996年版，第298—299页。诸年七十以上、十五以下及废疾，犯流罪以下，收赎。八十以上、十岁以下及笃疾，犯反、逆、杀人应死者，上请；盗及伤人者，亦收赎；余皆不论。九十以上，七岁以下，虽死罪不加刑。

[4]（清）祝庆祺等编：《刑案汇览三编》（一），北京古籍出版社2004年版，第118—119页。【六岁致毙九岁题请免罪】黑龙江将军咨：年甫六岁之哈尔呢都用刀戳伤九岁之玛勒塔玛勒身死一案。查律载：七岁以下虽有死罪不加刑。又例载：七岁以下致毙人命之案，准其依律声请免罪等语。今哈尔呢都与玛勒塔玛勒玩耍起衅，将玛勒塔玛勒刀戳殒命。是该犯年止六岁，与七岁以下虽死罪不加刑之律相符。该司将该犯依律免罪，恭候钦定，系属照例办理，应请照办。

对免除刑事责任年龄,其犯谋杀、故杀、斗杀,依法应处以死刑的,奏请皇帝裁决,其犯抢劫、盗窃及伤人的,收赎,其余的犯罪皆免除刑罚。最后,一般来说,对于十一岁至十五岁未成年的犯罪,只有流罪以下的,才适用收赎,其犯死罪为完全刑事责任年龄,依照法律不得减免刑罚,特殊情形只能奏请皇帝予以减免,皇帝审查案情时可以作出新判决来修正法律的规定。清代未成年人杀人案的处理方式以雍正时期的丁乞三仔殴死丁狗仔案比较典型。

丁乞三仔殴死丁狗仔案是发生在雍正时期江西省的一起案件。一个叫丁乞三仔的少年,年仅十四岁,和大其四岁的族兄丁狗仔一起挑土,丁狗仔欺丁乞三仔年幼让他挑运重筐,并且拾土块掷打他,丁乞三仔忍无可忍拾土块回打其族兄,不料正中其要害导致族兄死亡。审判官员按照《大清律例》的"斗殴及故杀人"条款判丁乞三仔"绞监候",雍正皇帝审案后觉得不妥,下旨说"丁乞三仔情有可原,着从宽免死,照例减等发落,仍追埋葬银两给付死者之家",要求九卿会商此案,最后判决将丁乞三仔杖一百,流三千里,追埋葬银二十两给受害人之家属。[1]

丁乞三仔案之所以很重要,是因为此案建立了对于十岁以上的未成年人杀人适用请旨减等收赎的先例。按照清代司法审判的程序性规定,十岁以上的儿童致人死亡同成年人一样,按照斗殴律文的规定给予绞监候的判决,再进入秋审程序由秋审各部官员一起决定此案是否进入"可矜"类别,最后经皇帝批准后才可以减等判决,一般不适用收赎的规定。雍正的谕旨规

---

[1] 杨一凡、徐立志主编,高旭晨、俞鹿年、徐立志整理:《历代判例判牍》(第七册),中国社会科学出版社2005年版,第18—19页。

定此类案件可以直接请旨减等收赎，有关官员对于十岁以上的未成年杀人犯的案件，均可"上请"皇帝减免刑罚或收赎，这为未成年人杀人犯罪提供了宽大处理的简便程序和强有力的法律依据，此后面对青少年杀人案件许多官员时常援引这一判例给予宽大处理。这一宽大程序在乾隆年间予以了限制，并在乾隆十年（公元1745年）成为清廷定例，即"十五岁以下杀人之犯，声明实与丁乞三仔情罪相等者，方准援照，声请通行。"[1] 刘縻子殴伤李子相身死案以后，乾隆皇帝对于未成年犯罪适用丁乞三仔案给予了更加严格的限制，下面我们来看看刘縻子案的具体情形：

刘縻子殴伤李子相身死案，发生于乾隆四十三年（公元1778年）的四川，是关于两个九岁的儿童之间的人命案。刘縻子讨要李子相的胡豆吃，李子相不给，二人产生冲突，互相推搡，刘縻子出手将李子相推倒在地，致其身亡。按照清律斗殴杀人条例应将刘縻子判以绞监候，按照之前丁乞三仔案所更改的条例，十岁以内儿童杀人的处理是可以上请皇帝奏裁减等发落的，所以刑部官员拟判杖一百，流三千里，照律收赎，以此拟判上报乾隆皇帝。对于此案的处理，乾隆皇帝很恼怒，他认为这个案件的性质非常恶劣，九岁的儿童出手这么狠毒，"其赋性凶悍可知"，而且向别人硬行讨要胡豆，也不站理，"其属理曲"，对此类儿童不宜马上赦宥，应先监禁几年"以消其桀骛不驯之气"，规定以后援引丁乞三仔案需要的条件必须是十岁以下殴毙之案，且死者须比凶犯年长四岁以上，年长的逞凶欺辱而殴毙人命的情形。其他情形如果斗殴儿童年龄相仿，

---

〔1〕（清）全士潮等纂辑，何勤华等点校：《驳案汇编》，法律出版社2009年版，第27页。

在三年以内,则不符合年长欺凌的情形。[1]乾隆皇帝所定的新例一反雍正时丁乞三仔案和其先前在律例中所确立的宽宥原则,由原来的十五岁以下直接降低为十岁以下才能适用收赎的规定,其规定更加严苛,偏重于惩戒,这对今后相关幼童杀人案的判决都具有重要影响。

嘉庆十年(公元 1805 年)发生的杜七推跌阎狗身死案中,七岁的杜七和同岁的阎狗在一起捉虫玩耍,两人发生口角争斗,杜七推搡阎狗后,阎狗跌下山崖摔伤,两日后身亡。嘉庆皇帝

---

[1] (清)全士潮等纂辑,何勤华等点校:《驳案汇编》,法律出版社 2009 年版,第 26—27 页。据四川总督文绶疏称,缘刘縻子与李子相年俱九岁,素识无嫌。乾隆四十三年四月二十日,均在河坝牧羊。李子相扯取自己地内葫豆令李润用火烧食。刘縻子见而向讨,李润给豆一颗。刘縻子复向取讨,李子相不给,出言詈骂。刘縻子回詈,李子相手推刘縻子胸膛。刘縻子用拳回殴李子相左肋,推跌倒地,被石垫伤右腰眼,旋即殒命。报验屡审,供认不讳。究系衅起一时,并无谋故别情,将刘縻子依律拟绞监候,并声明刘縻子年仅九岁,援例奏闻等因具题而来。应如该督所题,刘縻子合依"斗殴杀人者,不问手足、他物、金刃,并绞监候"律应拟绞监候,秋后处决。再查《名例》内载"十岁以下犯杀人应死者,议拟奏闻,取自上裁"等语,此案刘縻子年仅九岁,因向李子相索食葫豆不给,致相争詈。李子相手推刘縻子胸膛,刘縻子用拳回殴李子相左肋,跌地垫伤腰眼殒命。查与请之例相符,相应照例奏闻,恭候钦定。倘蒙圣恩准其减等,臣部行文川督将该犯杖一百、流三千里,照律收赎。仍毋埋葬银二十两给付尸亲具领等因。乾隆四十四年三月十四日题,十九日奉旨:"刑部进呈殴伤李子相身死之刘縻子拟绞监候,声明年仅九岁,可否减等,请旨一本,固属照例办理。但所指十岁以下,犯杀人应死者,或系被杀之人较伊年长,强弱不同,如丁乞三仔之案,自可量从末减。今刘縻子所殴之李子相,相同系九岁,且刘縻子因索讨葫豆不给,致将李子相殴跌,其理亦曲,若第因其年幼,辄行免死,岂为情法之平?况九龄幼童,即能殴毙人命,其赋性凶悍可知,尤不宜遽为轻宥。向因戏杀之案,曾谕令刑部,将该犯监禁数年,再议减等,以消其桀骜不驯之气。此等幼童自当遵照办理,且拟以应绞监候,原不入于情实,数年后仍可减等,何必亟于宽贷乎?嗣后遇有十岁以下,殴人致毙之案,如死者长于该犯四岁以上者,仍照例声明双请。若所长止三岁以上,则年齿相若,不得谓死者之恃强欺凌,或齿小者转较性暴力强,亦情事所有,纵不令其实抵,而监禁数年亦不为过。著刑部将此例另行定拟具奏,刘縻子即照新例行。"

下旨，杜七依律免罪，并修订了新的例文："七岁以下致毙人命之案，准其依律声请免罪，至十岁以下斗殴毙命之案，如死者长于凶犯四岁以上，准其依律声请；若所长止三岁以下，一例拟绞监候，不得概行声请。至十五岁以下，被长欺侮，殴毙人命之案，确查死者年岁，亦系长于凶犯四岁以上而又理曲逞凶，或无心戏杀者，方准援照丁乞三仔之例，声请恭候钦定。"[1] 这一规定确立了清代司法实践中未成年杀人犯罪定罪量刑的新的统一标准，从中可以看出对未成年人杀人案件的宽宥条件仍是比较严苛的。

清代陈友亮所撰写的《双佩斋文集》记述了他所处理的关于两个未成年人之间的杀害案件。当事人吴三红眼是一个十五岁的少年，周二蛋是一个十四岁的少年，周二蛋以卖饼为生，一日周二蛋卖饼剩下三个，吴三红眼跟他赊饼三个，并约定第二日还钱，当吴三红眼把饼吃完后，周二蛋反悔索要饼钱，吴三红眼要周二蛋和他同回家拿钱，周二蛋不依，用石头追打吴三红眼，吴三红眼夺石后，为摆脱周二蛋的纠缠拿石头打了周二蛋，周二蛋身亡。地方官认为这起案件属于年龄相仿的斗殴案件，按照斗殴致死律，应判绞监候。在秋审时，相关官员觉得吴三红眼虽然杀害周二蛋事件确实属于秋审中的"情实"项，但从具体情节上，死者周二蛋答应了又反悔，还追打嫌犯，不占理，应属于年纪相仿未成年人之间的斗殴致死，毕竟吴三红眼比周二蛋大了一岁，又不能归入秋审里的"矜"项，

---

[1] 参见杨一凡、徐立志主编，高旭晨、俞鹿年、徐立志整理：《历代判例判牍》（第六册），中国社会科学出版社2005年版，第572—573页；郭成伟主编：《大清律例根原》，上海辞书出版社2012年版，第144页。

所以应该归于"缓决"项，监禁后次年再决定。[1]这一案件的最后结果很可能是缓决后减等处罚，流三千里。

综合这些案例，我们可以看出法律对未成年人犯罪的规定属于原则性的，具体到各个案件还需要综合各个案件的具体情形再作出判决。撰写《秋谳志略》的阮葵生曾评述秋审时的定罪量刑："此种案情宜逐案细商，不能统列一例。虽系幼孩，而有知无知，力强力弱，有心无心，以及贫富良贱之间，并其父母之有无，一一想到，平心区别，方能平允。"[2]古代对未成年人案件的判决确实贯彻了"恤幼"的原则，对未成年人给予某些刑罚的宽免和照顾，依法从轻或免除处罚，但是适用法律时也结合了加害人和被害人之间的年龄差；身体和智力的发育程度；当事人的主观性，是故杀、斗杀或戏杀；情节的恶劣性；家庭贫富良贱等具体情形来处理，古人认为不顾主观意识、犯罪性质与情节轻重，简单适用减轻或赦免未成年人犯罪，不利于教育犯罪儿童，也对受害人不公，就像乾隆皇帝所说的一些儿童"赋性凶悍""齿小者较性暴力强，亦情事所有"，只有区

---

[1]《双佩斋文集》卷四（癸丑八月秋审班签商二起）之二，转引自陈重业主编：《折狱龟鉴补译注》，北京大学出版社2006年版，第878页。直隶一案：绞犯吴三红眼，旧欠周二蛋饼钱，经伊祖母认还。嗣该犯在地拾柴，遇周二蛋卖饼回归，复赊剩饼三枚，言定次日还钱，因而食毕。周二蛋复向立索，吴三红眼恳令同回给予。周二蛋不依混骂，并拾石赶殴。该犯夺石，复被揪衣碰头，情急图脱，用石殴伤其脑后殒命。负欠理屈，死系幼孩。吴三红眼应情实。看得吴三红眼，石由夺获，伤缘被揪，饼直无多，订还次日，周二蛋先依后悔，混骂追殴，其曲固在死者矣。再查殴死老人幼孩，均从情实，乃皇上怀safety之深念，欲使少犯老、长凌幼者知惩也。若以老殴老，以幼殴幼，似不得牵引此条。今死者年十四，而凶犯仅长一岁，均系童年，何为举彼而遗此。若谓十五为成童，十四为幼孩，遽入情实，设十四者殴死十五，则将概入可矜乎？彼三四十岁而殴杀幼孩者，又将何以加之？事属寻常斗杀，年非长幼悬殊。吴三红眼，应该缓决。

[2] 杨一凡主编：《历代珍稀司法文献》（第十三册），社会科学文献出版社2012年版，第25页。

别对待才能够平允，有利于稳定社会秩序和预防犯罪。清末修律大臣沈家本修订刑律时，在刑律草案中主张应吸收欧美及日本的关于未成年人犯罪的规定，未到刑事责任年龄犯罪的，不入刑。但也不是放任不管，需要对其进行感化教育，其规定"凡未满十六岁之行为不为罪，但因其情节，得命以感化教育。""所谓情节者，非指罪状轻重而言，乃指无父兄或有父兄而不知施教育者。感化教育者，国家代其父兄而施以德育是也。"[1]这一规定还是带有中国传统法文化的教化色彩，不仅仅是宽恤，而且还教化、惩恶，促使罪犯改过自新。

2. 老人和残疾人杀人案件的处理

传统中国法文化中一直有敬老和助残的传统，《周礼·秋官·司刺》"三赦"中的"再赦曰老耄，三赦曰蠢愚"就是针对老人和残疾人群的赦宥的规定。《礼记·曲礼上》载："八十、九十曰耄，七年曰悼。悼与耄，虽有罪，不加刑焉。"汉律规定，八十岁以上的老人，"非诬告杀伤人，皆勿坐"。[2]唐律将老人和残疾人分为三个等级，第一个等级是七十岁以上的老人和废疾，"犯流罪以下，收赎"；第二个等级是八十岁以上的老人和笃疾，"犯反、逆、杀人应死者，上请；盗及伤人者，亦收赎；余皆勿论"；第三个等级是九十岁以上的老人，"虽有死罪，不加刑"。明清律涉及老人和残疾人杀人案件的处理基本上沿袭了唐律的有关规定，我们选取清代的一些案件来看看清代处理老人

---

[1] 高汉成主编：《〈大清新刑律〉立法资料汇编》，社会科学文献出版社2013年版，第33页。

[2] （汉）班固撰：《汉书》（一），中华书局1962年版，第258页。朕惟耆老之人，发齿堕落，血气衰微，亦亡（无）暴虐之心，今或罹文法，拘执囹圄，不终天命，朕甚怜之。自今以来，诸年八十以上，非诬告杀伤人，佗（它）皆勿坐。

二、古代刑法文化散论

和残疾人犯罪的基本办法。

根据清代的法律,"八十以上谋杀之案,律应奏请收赎",即八十岁以上老人犯谋杀案,一般程序是需要上请皇帝给予"收赎"的宽大处理。据《刑案汇览三编》所记,乾隆四十三年(公元1778年)有一个八十岁以上的老人吴云章主使吴应元等人出卖堂侄吴狗俚,该案上报皇帝,吴云章拟绞刑,因吴云章年已八十有余,声请免死收赎,吴应元等拟罪流刑。皇帝批准,免除了八十多岁老人的死刑,适用收赎。嘉庆七年(公元1802年)一个八十岁以上的老人方鸣保谋杀他的妻子李氏,拟死,上请免死后,"减为杖一百,流三千里,照律收赎"。嘉庆九年(公元1804年)一个名叫邵英的八十岁老人谋杀了无亲属关系的李文魁,也上请皇帝,处理结果同方鸣保,即杖一百,流三千里,照律收赎。[1]

道光二年(公元1822年)一个名叫林聪的八十岁老人谋害族侄林由,又令林决诬告李暖致死,脱逃三年后被捕,后遇到大赦,免除了其逃跑罪,但其谋杀造意斩监候罪,因为其已八十岁,被上请免死,"杖一百,流三千里,照律收赎"。[2]可见八十岁老人刑事犯罪一般都能够获得宽大处理,免除死罪,照律收赎。

对于七十岁以上的老人,流罪以下按照法律规定是允许收赎的,死罪是不允许收赎的,即使法律规定可以收赎,但在具体司法实践中仍有一些因为情节比较恶劣,不许收赎的。如道光十二年(公元1832年)年过七十岁的老人"依诈教诱人犯

---

[1](清)祝庆祺等编:《刑案汇览三编》(一),北京古籍出版社2004年版,第119页。

[2](清)祝庆祺等编:《刑案汇览三编》(一),北京古籍出版社2004年版,第120页。

法",被判流刑。因为他"一言贾祸,致董添志等横遭抄抢,又酿成多人斩流重罪",不准收赎。但是因为在押期间患了重病,"两腿拘挛,已成笃疾",所以最后被允许收赎。[1] 允许收赎,是因为已经变成笃疾,跟八十岁以上犯罪是同一级别的,一般都是必须收赎的。

乾隆五十七年(公元1792年)发生了一件讼师许朝升教唆词讼案,依照《大清律例》应该判处流刑,因为年过七十岁,依照法律是允许收赎的,于是上请乾隆皇帝,乾隆不允许收赎,他解释说此条款立法的本意是基于当事人"精力已衰,不致复犯"的前提下制定的,但是讼师"智虑未衰",如果收赎,出来后还会"扰累乡愚",所以不允许按照清律收赎。[2]

另一个案子是嘉庆十四年(公元1809年)发生的官员亏空案,此官员叫杜钧,是云南的一个知县,在其任职内亏空厂铜和短交工本银一万八千多两,照例应该充军刑,由于其年龄已过了七十岁,向刑部请示是否可以收赎,刑部不允许收赎。然而在嘉庆九年(公元1804年)另一个案例中,七十岁官员却得到了收赎的批准。江西省的知县时本荣本被判徒刑,因其年纪已超过七十岁,得到刑部的批准可以收赎。由上述两件案子可知,七十岁的官员犯罪能否收赎取决于所犯罪行的具体情形和

---

[1] (清)祝庆祺等编:《刑案汇览三编》(一),北京古籍出版社2004年版,第129—130页。

[2] (清)祝庆祺等编:《刑案汇览三编》(一),北京古籍出版社2004年版,第120页。贵抚咨:许朝升教唆词讼,拟流,年已七十,可否收赎,请示一稿。奉谕令查有无办过似此之案,并应否收赎,核准回覆。遵查年老之人律准收赎者,原因其精力已衰,不致复犯,故特曲加原宥,以示矜全。至以毫不干己之事教唆诬告,其年虽老,智虑未衰,若亦准予收赎,幸免治罪,仍得扰累乡愚,似非所以儆刁健而息讼端也。检查各司虽无办过此等成案,而军流情重之犯,声明年老不准收赎者,亦所时有此例,既据该抚声称该犯情罪较重,似应不准收赎。

犯罪程度。[1]

自唐代就对残疾人程度有了比较深入的认识，已经将残疾分为三大类，第一类"残疾"，第二类"废疾"，第三类"笃疾"。《唐令拾遗·户令》对于这三类残疾有比较细致的归类。如残疾：一目盲、两耳聋、手无二指、足无三指、手足无大拇指、秃疮无发、久漏下重、大瘿瘤；废疾：痴痖、侏儒、腰脊折、一肢废；笃疾：恶疾、癫狂、两肢废、两目盲。对于第一类"残疾"，属于生活能够完全自理，残疾程度比较轻，主要是在分配土地和福利方面给予一定的照顾，其犯罪者并不享受刑事处罚的照顾和优待。第二类"废疾"，属于需要有人照顾和帮助，自己还能做一点事。第三类"笃疾"，则属于完全丧失劳作和生活的能力，需要人随时帮助和照顾。废疾和笃疾被认为伤残严重，其犯罪者在刑罚上要给予照顾和宽宥，前者"流罪以下，允许收赎"，后者是"犯反、逆、杀人应死者，上请；盗及伤人者，亦收赎，余皆勿论。"以后的各个朝代都是沿用这一标准，有所不同的是《大清律例》将"瞎一目"列入废疾。[2]值得注意的是在乡土社会时代，人们普遍认为聋哑、瞎一只眼、手脚指头残缺、长大瘤子是不影响正常走路和干农活的，而肢体骨折

---

[1]（清）沈家本撰：《历代刑法考》（四），中华书局1985年版；（清）祝庆祺等编：《刑案汇览三编》（一），北京古籍出版社2004年版，第126—127页。云抚咨杜钧应否准其收赎一案。查杜钧系已革知州，因于知县任内亏缺厂铜并短交工本银一万八千余两，照挪移例拟军，限满无完，自应即行发配。今该抚以该革员年逾七十，应否收赎，咨请部示。该司拟以不准收赎，核与嘉庆九年江苏省拟徒知县时本荣年逾七十，不准收赎之案相符，应请照该司所拟，不准收赎。至该革员杜钧事犯在本年正月初一日恩诏以前，自应开单请旨。该司竟拟不准减等，似未允协，应请改拟。

[2]（清）沈家本撰：《历代刑法考》（四），中华书局1985年版；（清）沈之奇撰，怀效锋、李俊点校：《大清律辑注》（上），法律出版社2000年版，第61页。其中废疾小注为"瞎一目，折一肢之属"。

类的是影响到人干活和行走的,因此前者的残疾并不受到刑罚的照顾。对于聋哑人,唐律有把两耳聋作为"残疾"类,对于哑没有规定,推定是轻于"残疾"类,在刑罚上并没有任何优待,这一点经常为人所误会,有些官员会把其当成废疾来对待。清朝乾隆五十九年(公元1794年)云南巡抚有"聋哑折一手皆为废疾"等语,刑部查询后认为法律上并没有规定,不应以废疾收赎。即使是瞎一目,犯了军流徒杖以上的罪,也"不得以废疾论赎"。因为聋哑和瞎一目的人,其行动和常人一样,所以不能概加宽宥。[1]

残疾人犯罪一般能享受某种刑罚上的照顾和宽宥,但在司法实践中,对残疾人的宽免并不是一直严格执行的,往往根据具体情形给予或轻或重的处罚。如乾隆三十四年(公元1769年)诸城县民姚小上扎伤赵小东身死案中的残疾人并没有享受到法律规定的优待。姚小上和赵小东皆是双目失明之人,皆以算命为生。赵小东一直在诸城算命,而姚小上是从外地前来算命的,并且口碑很好,赵小东听说后产生嫉妒和危机感,想把他驱逐走。一日姚小上正在算命,赵小东前来挑衅,让他给自己算。姚小上算后称赵小东也是残疾人,赵小东假装说姚小上算得不准,双方发生争吵以致斗殴,在殴打过程中,赵小东拉住姚小上的发辫,姚小上为摆脱,拔出身上小刀刺赵小东,结

---

〔1〕 (清)祝庆祺等编:《刑案汇览三编》(一),北京古籍出版社2004年版,第121页。惟该抚咨内声称,注云:聋哑折一手皆为废疾等语。遍查现行律注,并无此条。且查废疾之中如瞎一目之人,定例有犯军流徒杖,不得以废疾论赎。诚以若辈瞻视行动,皆与常人无殊,未便概行幸免,致启长奸之渐。口哑之人亦属无妨,动作非折跌肢体可比。是以本部遇有聋哑之人犯案,向俱不准收赎。今该抚以缓决减流人犯车老八自幼口哑,向老二左手骨断,可否准赎,咨请部示。查向老二左手骨断,实属废疾,自应准其收赎。其口哑之车老八应不准收赎,相应咨覆该抚,并通行各省一体遵办。

果赵小东受伤身死。山东巡抚认为，斗殴杀人在法律上应该判以绞监候，而姚小上双眼盲为笃疾，笃疾杀人犯按照清律是要上请皇帝给予收赎裁决的。最后皇帝认为被害人也是盲人，双方具有相同的身体条件，仍坚持绞监候，秋后处决。[1] 在这个案件中皇帝的判决对残疾人并没有什么宽宥，因为加害人和受害人都是盲人，所以加害人还是处以死刑。

　　残疾人中的精神病人杀人或者他们之间的相互伤害犯罪是否能享受刑事政策的宽宥福利呢？《周礼》中有"三赦曰蠢愚"的说法，汉代经学大师郑玄对这句话的解释是：对天生呆傻之人可以免除刑罚。《元典章》记载过一件关于"心疯杀人"的案件，最后对精神病家属"征烧埋银五十两"作为对被害人家属的赔偿了结此案。清廷曾规定如果一个精神病人杀了一家三口或三口以上的，要判死刑。下面我们看几个清代精神病人杀人案的具体案例。

---

〔1〕（清）全士潮等纂辑，何勤华等点校：《驳案汇编》，法律出版社2009年版，第25—26页。据山东巡抚富明安疏称，缘赵小东籍隶胶州，与安邱县姚小上均系瞽目，算命为生。两人本未熟识，并无嫌怨。赵小东又与瞽目王小僧交好，常在诸城县泊里集附近村庄合伙算命。乾隆三十四年三月间，姚小上亦至彼谋食。赵小东闻姚小上推算有准，恶其占夺生理，起意设法驱逐。四月二十八日，赵小东偕王小僧同坐赵炳门首，适姚小上踵至，赵小东问明姓名，令其推算八字，姚小上算系残疾之人。赵小东佯言不准，斥其不许哄骗人钱。姚小上不服，互相争吵。赵小东用明杖木杆殴打姚小上左腿，姚小上将赵小东扭结，赵小东揪住姚小上发辫，姚小上顺拔身佩小刀向扎，冀其松手，不意扎伤赵小东胸膛，倒地磕伤额颅，旋即殒命。报县验详，伤审供认不讳。将姚小上依律拟绞监候具题。应如该抚所题，姚小上"合依斗殴杀人者，不问手足、他物、金刃，并绞律，应拟绞监候，秋后处决。"该抚既称"王小僧亦系瞽目，不能劝阻，无庸议"等语，应无庸议。再该抚疏称"姚小上系双目笃疾，虽被杀身死之赵小东亦系瞽目，但衅非伊起，事属理直，相应声明请旨定夺"等语，查《名例》内开"笃疾犯杀人应斩绞者，议拟奏闻，取自上裁"，此原指殴死有目者而言。今姚小上虽系双目笃疾，但被杀之赵小东亦系双目笃疾，与"议拟奏闻"之例义不符，应将该抚声请之处无庸议等因。乾隆三十四年十二月二十七日题，十九日奉旨："姚小上依拟应绞，著监候，秋后处决。余依议。"

《刑案汇览》有一件关于清代精神病人杀人案件，即莱阳县民刘金良因疯割伤刘法身死案。乾隆四十九年（公元1784年）山东境内一个村民刘金良得了精神病，经常发作，其父亲刘桐和其邻居因为其并不扰民，便没向官府报告。乾隆五十年（公元1785年）七月初九刘金良精神病再次发作，其父亲也没太在意，和他的堂叔刘法到场园睡觉，半夜刘金良发病拿镰刀切断了刘法的喉管，其父亲惊醒后召来他人夺下刘金良手中的镰刀并制服了他。山东巡抚最初依"疯病杀人者永远锁锢，虽或痊愈，不准释放"判决刘金良永远锁锢，报到刑部和上请乾隆皇帝后，判决结果改为将刘金良判处斩监候，秋后处决。[1]在这个案件中，凶犯刘金良并未因其疯病得到宽宥。

从以上几个案件可以看出古代对老人和残疾人犯罪判罚的

---

〔1〕（清）沈家本撰：《历代刑法考》（四），中华书局1985年版；（清）全士潮等纂辑，何勤华等点校：《驳案汇编》，法律出版社2009年版，第345—346页。先据山东巡抚明兴咨称，缘刘金良系刘法缌麻服侄，素好无嫌。乾隆四十九年十二月间，刘金良忽得疯病，时发时愈。伊父刘桐并地邻人等因其并不滋事，故未禀报，亦未看守。五十年七月初九日，刘金良在地割草，疯病复发，刘桐亦不为意。是晚刘桐与刘法赴场园就寝，刘金良亦睡卧临街门首。起更时分，刘金良疯病愈剧，用刀割伤刘法咽喉上，致气嗓俱断。刘桐闻声惊醒，见刘金良站立场内，持刀跳舞。经刘桐喊同刘芝等将其拿住，夺获镰刀。岂刘法受伤深重，当时殒命。报验研鞫，该犯目瞪口呆，语无伦次。究诘再审，总属疯言。查刘金良割死刘法之处，据讯不特地邻人等金称委系疯发所致，并无挟嫌假装情事，即质之尸子刘文希，亦供无异词。其为因疯所致无疑。刘金良系刘法堂侄，但服仅缌麻，无庸仍照服制定拟。刘金良合依"疯病杀人者永远锁锢，虽或痊愈，不准释放"例应永远锁锢。仍照例，在于该犯名下追埋葬银一十二两二钱四分给付尸子刘文希收领，意味营养之资。地方郭敬业并不报官锁锢，又不严加看守，致戕人命，亦属不合，应与刘桐、刘芝、陶时等均照疯病之人，亲属邻佑人等容隐不报，不行看守，致死他人者，照"知人谋害他人不即阻挡首报"例，杖一百，各折责四十板。郭敬业仍革拟合咨达等因……应如该抚所题，刘金良改依"卑幼殴本宗缌麻尊属死者，斩"律拟斩监候，秋后处决等因。乾隆五十一年八月二十五日题，二十九日奉旨：刘金良依拟应斩，著监候，秋后处决。余依议。

认定。虽有敬老和"恤残"的法律规定，但是这些规定对残疾等级有着严格的划分，并针对不同等级给予不同的宽宥。对八十岁以上的老人是比较优待的，即使是死罪一般也采取收赎的照顾，对精神病患者杀人一般是永久禁锢。在适用这些宽宥的法律时，也有着"惩恶"的考量，慎重适用宽宥政策，设置了比较烦琐的程序进行审核和考量，以免"致启长奸之渐"，引发后人利用法律的侥幸心理。对七十岁以上的老人适用宽宥时条件比较严苛，即使到了法律规定宽宥的岁数，也会因其智力未衰，或者是官员犯罪而不准适用宽宥。再比如对于残疾人之间的杀人罪按照一般斗殴杀人罪处理，也要处以死刑。对于老人和残疾人相关案件的处理原则，在法理上中国法文化与西方法文化是有区别的，西方法律并无敬老的传统，对待残疾人一般也无特殊的宽宥政策，但是对待精神病人却有着网开一面的传统，他们认为刑罚的适用需要有犯罪人的主观要件，只有他有能力做出选择时才能因为他的选择而施加罪责和刑罚，精神病人因发病而伤人并不属于这种情形，所以不应归责，不应承担刑事责任。中国法文化传统有异于此，其对待老年人罪犯宽宥处理的出发点是依据敬老和孝老的传统，对残疾人罪犯宽宥是本着仁爱恤刑的原则，因他们已经失去了一定的生活能力而同情怜悯他们，这种宽宥是否实施还要取决于多方面的情形，从对老年人和残疾人犯罪的处理能够看出中国古代法文化的特征。

3. 疑罪的原则

现代刑法以疑罪从无为原则，其基本理念是不冤枉一个好人。传统中国法律对于疑罪问题奉行着疑罪从无从赦和疑罪从轻的两大原则，这些原则虽然和西方或现代的刑法疑罪从无的原则有着相似点，但还是有着不同的处理原则和处理办法。

(1) 疑罪从无从赦

中国古代社会对于疑罪也有和现代疑罪理念相类似的思想，一般来说秉持着慎刑恤刑的中道理念，对待疑罪问题比较慎重。古代统治者力主慎刑思想，不杀无辜，慎重对待生命，早在《尚书》中就已确立了慎杀原则，对于疑罪要予以宽免。《尚书·大禹谟》中就提出："与其杀不辜，宁失不经。好生之德，洽于民心。"[1] 这是中国古代针对疑罪处理最早提出的观点。《尚书·吕刑》里也规定："五刑之疑有赦，五罚之疑有赦，其审克之。"[2] 可见历朝历代对于疑罪基本主张被告人免予刑事责任。《左传》记载襄公二十六年（公元前547年），宋国使者声子与楚国令尹子木有段对话为我们理解"与其杀不辜，宁失不经"的含义提供了重要解读。声子说："善为国者，赏不僭而刑不滥。赏僭，则惧及淫人。刑滥，则惧及善人。若不幸而过，宁僭无滥。与其失善，宁其利淫。无善人，则国从之。《诗》曰：'人之云亡，邦国殄瘁。'无善人之谓也。故《夏书》曰：'与其杀不辜，宁失不经。'惧失善也。"[3] 其基本意思就是在表达宁可对"淫人"，即坏人宽大，也不能伤及善人，为了避免无辜者受罚，即使犯罪人逃脱处罚也是可以容忍的，这才是真正的立国之善策。

《尚书·吕刑》中"其审克之"或者是"阅实其罪"的含义是指一定要谨慎地确定及判明事实。如何谨慎地判明事实，是需要大家一起商议的，即《礼记·王制》所称的"疑狱，泛

---

[1] 上海古籍出版社编：《十三经注疏》（上），上海古籍出版社1997年版，第135页。

[2] 上海古籍出版社编：《十三经注疏》（上），上海古籍出版社1997年版，第249页。五刑之疑有赦，五罚之疑有赦，其审克之！

[3] 参见杨伯峻编著：《春秋左传注》（第三册），中华书局1981年版，第1120页。

与众共之，众疑赦之"。[1] 上古处理疑狱，先要广泛地与众人商议，如果众人也难以判明，就应该释放他，后来需要皇帝或中央专门的司法机关来商议决定。因为下级审判疑案的官员对待证据不足的囚犯也犯难，如果释放会有纵囚之隐患，如果按照有罪判刑，会有"失刑"之忧。他们常常拖延不判，造成疑罪者久系囹圄，所以在汉初时汉高祖建立疑狱上报制度，规定疑罪要层层上报，最终由皇帝或专门的上级司法机关集议决定。[2]

历朝历代常有规定，要求疑罪上报上级机关加以解决结案。唐开元年间的《狱官令》规定："诸若禁囚有推决未尽、留系未结者，五日一虑。若淹延久系，不被推诘，或其状可知而推证未尽，或讼一人数事及被讼人有数事，重事实而轻事未决者，咸虑而决之。"[3]《新元史》记载："（中统）五年（1264年），颁立中书省诏书内一款：诸州司县，但有疑惑，不能决断者，与随即申解本路上司，若仍有疑惑不能决者，申部。"[4] "大德五年（1301年）诏：凡狱囚禁系，累年疑不能决者，令廉访司申省台详谳。仍为定例。"[5] 这些内容基本都是对于疑罪案件的规定，若遇到疑罪案件，不能久拖不决，要及时上报有关机关给予解决处理。

汉代继承了疑罪从赦的思想，比如西汉贾谊就称"罪疑则

---

[1] 上海古籍出版社编：《十三经注疏》（上），上海古籍出版社1997年版，第1343页。

[2] （汉）班固撰：《汉书》（四），中华书局1962年版，第1106页。高皇帝七年，制诏御史："狱之疑者，吏或不敢决，有罪者久而不论，无罪者久系不决。自今以来，县道官狱疑者，各谳所属二千石官，二千石官以其罪名当报。所不能决者，皆移廷尉，廷尉亦当报之。廷尉所不能决，谨具为奏，傅所当比律、令以闻。"

[3] 转引自金钟："中国古代社会疑罪处理初探"，载《江苏社会科学》2015年第6期。

[4] 柯劭忞、屠寄撰：《元史二种》（上），上海古籍出版社2012年版，第475页。

[5] 柯劭忞、屠寄撰：《元史二种》（上），上海古籍出版社2012年版，第476页。

附之去"。[1]他主张的"疑罪从去"的疑罪从无原则，正是继承了《尚书·大禹谟》的"与其杀不辜，宁失不经。"《汉书·刑法志》记载汉文帝时"选张释之为廷尉，罪疑者予民，是以刑罚大省，至于断狱四百，有刑措之风。"可见，汉文帝时倾向疑罪从无的原则，减少了很多疑罪的认定。三国时期，魏国司马芝任大理正期间，遇到一个案子，有人偷盗了官府的丝织品放在厕所里，官吏疑是女工所偷，就将她收监入狱，司马芝向魏太祖建议不要继续追究，宽宥这位女工，否则可能造成冤狱。他说："刑戮之失，在于苛暴。今先得赃物，后讯其辞，若不胜楚掠，或至诬服，岂可折狱？且简而易从，大人之化也；不失有罪，庸世之治耳。今宥所疑，以隆易从之化，不亦可乎？"[2]司马芝的主张是对疑罪从无的理念的继承和应用。虽然古代主张疑罪从无的理念，但是并不意味着疑罪之人无条件地不负刑事责任。疑罪之人要获得赦免是有一定条件的，一般需要缴纳一定赎金才能免罪，也就是疑罪从赎。《尚书·吕刑》言："五刑之疑有赦，五罚之疑有赦，其审克之。墨辟疑赦，其罚百锾，阅实其罪；劓辟疑赦，其罪惟倍，阅实其罪；剕辟疑赦，其罚倍差，阅实其罪；宫辟疑赦，其罚六百锾，阅实其罪；大辟疑赦，其罚千锾，阅实其罪。"[3]有些朝代，疑罪的犯人甚至要

---

[1] （汉）贾谊撰，阎振益、钟夏校注：《新书校注》，中华书局2000年版，第339页。诛赏之慎焉，故与其杀不辜也，宁失于有罪也。故夫罪也者，疑则附之去已……故古之立刑也，以禁不肖，以起怠惰之民。是以一罪疑则弗遂诛也，故不肖得改也，故一功疑则必弗倍也，故愚民可劝也，是以上有仁誉而下有治名。疑罪从去，仁也；疑功从予，信也。

[2] 王税："论中国古代疑罪处理的中道思想"，载《新余学院学报》2021年第1期。

[3] 上海古籍出版社编：《十三经注疏》（上），上海古籍出版社1997年版，第249页。

服刑一定时期才能得到赦免。《大元通制》规定:"诸疑狱,在禁五年之上不能明者,遇赦释免。"[1]可见元代的疑犯需要承受几年的牢狱之灾后才会得到赦免。

在清代,一些证据难以取得的疑难案件一般都采用不予追究的方式处理,比如对于通奸的男女,需要在通奸场所捕获,如果不是在通奸场所捕获或者只是指控其通奸,一般就不予追究。[2]对私盐犯的定罪也需要人盐俱获,否则只获盐没有抓到人犯,或者只抓到人犯没有捕获到盐,都列为疑犯,不予追究。[3]

(2)疑罪从轻

《尚书·大禹谟》提出:"罪疑惟轻,功疑惟重。与其杀不辜,宁失不经"[4]的疑罪处理原则,这一原则为后代所沿用,如汉宣帝时的廷尉于定国,史载:"其决疑平法,务在哀鳏寡,罪疑从轻,加审慎之心。"对于疑罪,不同历史背景下的司法制度有不同的处理方式,但都遵循"罪疑惟轻"这一原则。然而对于"罪疑惟轻"如何适用,查阅史籍,并无统一的实质性规定,比如汉武帝和汉宣帝时对于疑罪的被告采取迁徙实边的处理方式,史载:"汉武时,始启河右四郡,议诸疑罪而谪徙之。十数年后,边郡充实,并修农戍,孝宣因之,以服北方。"[5]《皇明条

---

[1] (明)宋濂等撰:《元史》(九),中华书局1976年版,第2690页。

[2] (清)沈之奇撰,怀效锋、李俊点校:《大清律辑注》(下),法律出版社2000年版,第912页。非奸所捕获及指奸者,勿论。

[3] (清)沈之奇撰,怀效锋、李俊点校:《大清律辑注》(上),法律出版社2000年版,第340页。若事发,止理见获人盐。其下小注解释:如获盐不获人,不追,获人不获盐者,不坐。

[4] 上海古籍出版社编:《十三经注疏》(上),上海古籍出版社1997年版,第134页。

[5] (北齐)魏收撰:《魏书》(八),中华书局1974年版,第2874—2875页。

法事类纂·刑部类》载明成化二十三年（公元1487年）条例："查照各衙门见监重囚，中间果有强盗追无赃状、久不结正、人命无尸检验、诉冤枉者，务要从公究审是实"。对于重大刑事案件，赃状、尸体、证据清晰的才能定罪处刑，反之，"及系三年之上，如前赃状身尸之类不明者，终是疑狱，合无罪拟惟轻……发边远充军。"〔1〕明史也记载嘉靖年间明世宗主张"死罪矜疑，乃减从谪发……"清康熙五十三年（公元1714年）二月，"诏停今年秋审，矜疑人犯，审理具奏，配流以下，减等发落。"乾隆初年定例："续获强盗既无自认口供，赃迹亦未明晰，伙盗又已处决，无从待质，若即行拟结，诚恐冤滥，故引监候处决，以明罪疑惟轻之义。"〔2〕

综上，中国古代对于疑罪的处理坚持了中庸的立场，努力平衡被告人和被害人或其家属之间的利益。既不采取"疑罪从有"的处理方式，冤枉无辜的人，也不采取"疑罪从无"的处理方式，放纵真正的罪犯。在实际处理案件的过程中，司法官员即使将嫌疑人赦免，也会让其承受一些处罚，或让其缴纳赎金，或将其监押一些时日等。"罪疑惟轻"是帝王将相以及普通司法官员共同信奉的原则。嫌疑人若未获得赦免，面临的判罚往往是死刑、降等、充军、流放等。明末广东推官颜俊彦在审理一起盗窃案时，几个罪犯在招供时透露出其有同伙钟观成，因此钟观成成为该盗窃案的嫌疑人之一，但追查下去未发现钟观成的犯罪证据，并且钟观成拒不承认其参与盗窃案，最终判处

---

〔1〕 转引自刘海年、杨一凡总主编：《中国珍稀法律典籍集成乙编》（第五册），科学出版社1994年版，第484页。

〔2〕 （清）祝庆祺等编：《刑案汇览三编》（一），北京古籍出版社2004年版，第523页。

钟观成充军，并称"罪疑惟轻，谁曰不宜。"[1]从这个案件中可以看出，司法官员在遇到被告不认罪或证据不足之案时，其并不考虑案情的特殊性，只是按照"罪疑惟轻"的观念将犯罪嫌疑人判处充军，这种想当然的判决方式对嫌疑人来说是不公平的。

4. 对生命的态度："以命抵命"与"人命关天"

人类现存最早的法典《汉谟拉比法典》中提出了"以眼还眼，以牙还牙"。《圣经》中也有关于血亲复仇的内容。当然对于杀人事件，一些游牧民族比如日耳曼法中是以赔偿金的方式来解决杀人事件的，不同阶层的人按照不同的赔偿金处理，只有当事人的族群不接受赔偿金时，才采用血亲复仇的方式。

传统中国对待人命也有这样一种矛盾的观念，其中之一就是俗语所说的"欠债还钱，杀人偿命"，这种观点被认为是天经地义的公理，类似于《汉谟拉比法典》中的"以眼还眼，以牙还牙"。在中国古代，墨家学派和早期的法家学派都严格奉行这一观点。并且儒家大儒荀况所称的"杀人者死，伤人者刑，是百王之所同也"也表达了对该观点的认同。[2]

史载，战国时期墨家钜子腹䵍的儿子杀了人，秦国国君因为腹䵍年事已高，且仅有一子，就打算赦免他的儿子，但腹䵍说："墨家的法规规定：杀人的人要处死，伤害人的人要受

---

[1] （明）颜俊彦：《盟水斋存牍》，中国政法大学出版社2002年版，第252页。

[2] （清）王先谦撰，沈啸寰、王星贤点校：《荀子集解》，中华书局1988年版，第387页。

刑。"他拒绝了国君的提议,杀死其子以偿命。[1]李离伏剑的故事同样能说明"以命抵命"的观念。李离是晋文公时期的法官,主掌刑狱司法,因下属向其汇报案情错误而错杀了无辜者,发觉后准备用生命抵偿过失。晋文公劝他说:"官有贵贱,罚有轻重,不应该墨守成规,错案是下吏造成的,不是你的罪责。"李离说:"我拿着这么高的俸禄,也没分给下属,不能有错就推责给下属。君主把大理之职交给我,我就要承担相应的责任。司法机关有法律规定:杀人者死,伤人者刑。"最后李离自杀身亡,用生命实践了"杀人者死"的信仰和法律规定。[2]

这种"以命抵命"的观念虽然随着社会生活的复杂化慢慢有所变化,但它一直是社会底层所追寻的正义,甚至在古代法律上也有所反映。比如古代法律对于斗殴伤人致死的情形,一直有抵命的法律规定。如《唐律疏议·斗讼律》:"诸斗殴杀人者,绞;以刃及故杀人者,斩。"[3]斗殴造成他人死亡会被判处死刑,和故意杀人不同的只是行刑的方式,一直到清代相关立法也没什么变化。《大清律例·刑律》:"凡斗殴杀人者,不问

---

[1] 许维遹撰,梁运华整理:《吕氏春秋集释》,中华书局2009年版,第31页。腹䵍为墨者巨子,居秦,其子杀人。秦惠王曰:"先生之年长矣!非有他子,寡人已令吏勿诛矣!先生以此听寡人也。"腹䵍对曰:"墨者之法,杀人者死,伤人者刑。此所以禁杀伤人也。王虽为之赐而令吏弗诛,腹䵍不可不行墨者之法。"不许惠王而遂杀之。

[2] 《史记》载:李离者,晋文公之理也。过听杀人,自拘当死。文公曰:"官有贵贱,罚有轻重。下吏有过,非子之罪也。"李离曰:"臣居官为长,不与吏让位;受禄为多,不与下分利。今过听杀人,傅其罪下吏,非所闻也。"辞不受令。文公曰:"子则自以为有罪,寡人亦有罪邪?"李离曰:"理有法,失刑则刑,失死则死。公以臣能听微决疑,故使为理。今过听杀人,罪当死。"遂不受令,伏剑而死。

[3] 刘俊文撰:《唐律疏议笺解》(下),中华书局1996年版,第1478页。

手足、他物、金刃,并绞。故杀者,斩。若同谋共殴人,因而致死者,以致命伤为重。下手者,绞。元谋者,杖一百,流三千里。余人各杖一百。"[1]在中国古代神话小说《封神演义》中,陈塘关总兵李靖的三儿子哪吒因为打死了四海龙王的儿子,被龙王纠缠报复,文中描写哪吒厉声叫曰:"一人做事一人当,我打死敖丙、李艮,我当偿命,岂有子连累父母之理……我今剖腹、剜肠、剔骨肉,还于父母,不累双亲,你们意下如何?"四海龙王便放了李靖夫妇。哪吒右手提剑,先去一臂膊,后自剖其腹,剜肠剔骨,散了三魂七魄,一命归泉。[2]为报答父母生养之恩,哪吒以这种残忍的自杀方式抵偿他人命债是符合古代"以命抵命"的观念的。

美国汉学家卜德在《中华帝国的法律》一书中指出"抵命"的目的在于恢复宇宙间和谐的秩序。他在分析清代道光六年(公元1826年)说帖"王四等共殴杨大和、李宏怀身死一案"中说:"尽管这一条例形成于近代[该条例制定于嘉庆六年(公元1801年)],但其实质却根源于在中国具有悠久历史的宇宙论思想。该条例中有一个关键性词语:'抵命'。'抵命'的含义是:一个人的生命可作为另一个人的生命的替代或补偿。在该例条款当中,'抵命'一词似可自由解说,但在上引'准其抵命'一语中,其含义是确定无疑的。在古代中国人看来,人类与自然界之间,存在着和谐的秩序。人类的任何犯罪行为——尤其是杀人行为——都是对宇宙间和谐秩序的破坏。而要恢复宇宙的和谐秩序,只能通过对等性偿还的方式,才能达到——以

---

[1] (清)沈之奇撰,怀效锋、李俊点校:《大清律辑注》(下),法律出版社2000年版,第680页。

[2] (明)许仲琳:《封神演义》(青少版),中国画报出版社2013年版,第80页。

命偿命,以眼还眼。"[1]

"以命抵命"的理念作为传统中国的正义观,以钱赎罪的行为受到社会的普遍抵制,所以在中国古代一直没有出现过"命价金"制度。唐玄宗在天宝六年(公元747年)曾下诏废除死刑[2],但是这一政策并未被下级官吏接受,他们暗中抵制,并利用流放前的杖刑直接杖杀死刑犯。史籍记载:"(玄宗)慕好生之命,故令应绞、斩者皆重杖流岭南,其实有司率杖杀之。"

虽然中国古代有着"以命抵命"的民间信仰,甚至影响到了法律的制定,但是中国古代的法文化还有着"人命关天""好生之德"的追求。"人命关天"是指人命至重,关系天道,人命和天道联系到一起是儒家思想的一部分。儒家学派对生命有着天然的敬重,比如孔子对于不尊重生命的人殉现象怒斥:"始作俑者,其无后乎!"[3]孔子之所以斥责发明人俑的人,是因为孔子反对人殉,其认为人俑的陪葬引起了人殉现象。以孔孟为代表的儒家学派,继承了西周的民本思想,他们认为罪犯的产生并不全部是自身原因,很多也是统治者不尊天道、不守德行、不施教化所导致的,因此儒家先贤们对犯法被制裁的罪犯有着同情的态度,孔子的弟子曾子说过:"上失其道,民散久矣。如得其情,则哀矜而勿喜。"[4]以此告诫执法官员不要以抓获惩罚

---

[1] [美]D.布迪、C.莫里斯著,朱勇译:《中华帝国的法律》,江苏人民出版社2003年版,第216页。

[2] (宋)王钦若等编纂,周勋初等校订:《册府元龟》(校订本),凤凰出版社2006年版,第7070页。诏曰:朕承大道之训,务好生之德,于今约法,已去极刑。议罪执文,犹存旧日,既揣而不用亦恶闻其名。自今以后,所断绞、斩刑者宜除削此条,仍令法官约近例详定处分。

[3] 杨伯峻译注:《孟子译注》,中华书局1960年版,第9页。

[4] 上海古籍出版社编:《十三经注疏》(下),上海古籍出版社1997年版,第2532页。

罪犯为喜，要对其犯罪的根源和罪犯本人保有基本的同情心和怜悯心。

《汉书·刑法志》继承了儒家的民本思想，它介绍了从黄帝时期起至汉代的刑法的发展历史，主张约法省刑，反对滥施刑罚、滥杀无辜，其评论说："孔子曰：'古之知法者，能省刑，本也。今之知法者，不失有罪，末矣！'又曰：'今之听狱者，求所以杀之；古之听狱者，求所以生之。'与其杀不辜，宁失有罪。今之狱吏，上下相驱，以刻为明，深者获功名，平者多患害。谚曰：'鬻棺者欲岁之疫。'非憎人欲杀之，利在于人死也。今治狱吏欲陷害人，亦犹此矣。"

儒家主张"明德慎罚"，反对不教而诛，提出"善人为国百年，可以胜残去杀"的治国理念。到了西汉汉武帝时期，董仲舒进一步发展这一理念，将现实世界对生命的残害与自然界的灾异现象联系在一起，提出了天人感应和阴阳灾异学说。董仲舒主张："刑罚不中，则生邪气，邪气积于下，怨恶蓄于上，上下不和，阴阳缪戾，而妖孽生矣。此灾异所缘而起也。"也就是说当刑罚政策出现失误时，就容易产生邪气；邪气聚集在下面，怨恶聚集在上面，上下不和，就会阴阳错乱，自然界就会出现各种灾异现象。因此，汉代统治者时常发布赦宥的敕令，临刑赦免，清代沈家本在《历代刑法考》中有"赦宥考"十二卷，考证了从汉代到明代的赦宥情况[1]，可见赦宥制度贯穿了整个封建社会。元代杂剧家关汉卿所写的《窦娥冤》就有这样一个情节，孝妇窦娥在被斩首前曾许下三桩誓言：血溅白练、六月飞雪、大旱三年。窦娥死后果然出现六月飞雪，继而郡中大旱

---

[1]（清）沈家本撰：《历代刑法考》（二），中华书局1985年版，第569—644页。

两年,这异象引起了朝廷的注意,派太守调查其中缘故,最终为窦娥平反冤屈,杀牛祭奠,于是天降大雨。这个情节的设计,正是对"阴阳灾异学说"的反映。历代统治者大赦天下,修改刑法制度的目的即在于使自然秩序恢复和谐。

宋代经常颁布赦宥死刑的敕令,史载:"赦降之频,于古未有。"宋徽宗在位26年,"大赦二十六,曲赦十四,德音三十七。"《宋史·刑法志》中对大赦、曲赦和德音皆有描述,称:"凡大赦及天下,释杂犯死罪以下,甚则常赦不原罪,皆除之。凡曲赦,惟一路或一州,或别京,或畿内。凡德音,则死及流罪降等,余罪释之,间亦释流罪。所被广狭无常。"[1]嘉泰二年(公元1202年)刑部侍郎林粟言:"嘉泰改元,一年天下所上死案共一千八百一十一人,而断死者才一百八十一人,余皆贷放。夫有司以具狱来上,必皆可论刑之人,陛下贷其罪辜者,凡一千六百三十人,岂为细事!请诏秘书省修入日历,上以示陛下好生之德,下以戒有司用刑之滥。"[2]

无论是"以命抵命",还是"人命关天",都是自然界天道和谐所要求的,是中国传统宇宙和谐观念的体现。汉儒董仲舒说:"天道之大者在阴阳。阳为德,阴为刑,刑主杀而德主生。是故阳常居大夏,而以生育养长为事;阴常居大冬,而积于空虚不用之处。以此见天之任德不任刑也。"[3]《礼记·月令》记载:"(仲春之月)命有司省囹圄,去桎梏。"可见,春夏为阳,主张生,在春夏之际应该采取宽宥政策;而秋冬为阴,在秋冬之际,可以对犯罪之人行刑。这就是一种"则天象地"的刑法文化,正如《汉书·刑法志》所说的,"圣人取类以正名,而谓

---

〔1〕(元)脱脱等撰:《宋史》(十五),中华书局1985年版,第5026页。
〔2〕(元)马端临撰:《文献通考》(下册),中华书局1986年版,第1455页。
〔3〕(汉)班固撰:《汉书》(八),中华书局1962年版,第2502页。

君为父母,明仁爱德让,王道之本也。爱待敬而不败,德须威而久立,故制礼以崇敬,作刑以明威也。圣人既躬明哲之性,必通天地之心,制礼作教,立法设刑,动缘民情,而则天象地。"

"春夏为阳,秋冬为阴"的刑罚观念可以被称为中国式的"自然法",它体现了中国传统刑法的价值观,取法自然天道,要求法律"则天道以为治",寻求社会秩序和自然秩序协调共生的关系,体现了中国法追求"平衡与和谐"的价值取向。

5. 杀人并不一定偿命

一般来说杀人偿命,但是也有例外,杀人并不一定偿命。当代法律规定如果是紧急避险或者正当防卫情形下杀人是可以免除刑事责任的。在中国古代,杀人都是要负刑事责任的。比如两个人打架斗殴致其中一方死亡,法律就判定是斗杀,是要判处死刑的,因为古代法律中没有正当防卫这个说法。杀人无罪仅仅存在于几种稀少的情形中,比如追捕强盗或窃盗而致其死亡的情形,如《周礼·秋官·朝士》中规定,如果强盗聚众攻击抢劫乡村村落或平民家室,百姓奋起反抗,"杀之无罪"。[1] 历代法律对于盗贼的抓捕都有所规定,甚至要求旁人要见义勇为,如果不救助,需要承担刑事责任。[2] 如果被人殴打至折伤

---

[1] 上海古籍出版社编:《十三经注疏》(上),上海古籍出版社1997年版,第867页。凡盗贼军乡邑及家人,杀之无罪。注引郑司农说:"谓盗贼群辈若军,共攻盗乡邑及家人者。杀之无罪,若今时无故入人室宅庐舍,上人车船,牵引人欲犯法者,其时格杀之无罪。"

[2] 刘俊文撰:《唐律疏议笺解》(下),中华书局1996年版,第1967页。诸邻里被强盗及杀人,告而不救助者,杖一百;闻而不救助者,减一等;力势不能赴救者,速告随近官司,若不告者,亦以不救助论。

以上程度，以及侵害他人财产案件及强奸案件，旁人都要帮助抓捕罪犯送交官府，如果罪犯拒捕，按照拒捕法来处理，即如果罪犯持杖以上武器拒捕，或者逃跑拒捕，无论手中有无凶器，或者因为无法逃脱而自杀，这几种情形下杀人者都免除刑事责任。但是空手搏斗而杀，杀人者要被判处两年徒刑，已经抓获以及没有拒捕的，杀人者或打伤者按照斗杀伤罪论处。[1]

值得注意的是，明清律并无前代有关邻里抓捕并杀伤盗贼的法律规定，但在司法实践中仍然会发生不少平民杀伤盗窃者的案件，《刑案汇览三编》中记载了一些杀伤盗贼的案例。道光十三年（公元1833年）江苏潘阿多为章顺幅看管祖坟，晚上听到锯树的声音，发现王阿正将坟树锯断，肩扛逃离，于是潘阿多追赶，王阿正慌不择路"失足滚落河淹毙"。案件如何处理发生了争议，关于追捕致盗贼落河身死，法律并无明文规定，即"例无作何治罪明文"，有人要求按照例文判决，即"依贼犯黑夜偷窃市野有人看守器物，登时拒捕殴打致死例，杖一百，徒三年"。江苏巡抚上报要求按照徒刑判决，因为王阿正之死是潘阿多追捕所致。刑部最终认为潘阿多应该是无罪，"潘阿多应比依因别走，捕者逐而杀之。律勿论，以昭平允。"原因是"盖捕贼之时目击贼人携赃逃遁，势不能不直前擒捕，是追逐原非得已，跌溺实出不虞，与因争斗而追逐致死应罪坐所由者不同，若竟照殴打致死之例问拟满徒，则捕贼者俱罹法网，势必至观望不前，而贼匪益得肆行无忌，于弭盗安民之道殊有关系。"[2]

---

〔1〕 刘俊文撰：《唐律疏议笺解》（下），中华书局1996年版，第1956—1957页。诸捕罪人而罪人持仗拒捍，其捕者格杀之及走逐而杀，走者，持仗、空手等。若迫窘而自杀者，皆勿论。即空手据捍而杀者，徒二年。已就拘执及不拒捍而杀，或折伤之，各以斗杀伤论；用刃者，从故杀伤法。

〔2〕 （清）祝庆祺等编：《刑案汇览三编》（二），北京古籍出版社2004年版，第767—768页。

所以在这个偷盗死亡案件中，窃贼被追而被淹死，追捕者得到了无罪的判决结果。然而在《刑案汇览三编》记载的其他几个案件中，捕贼致窃贼伤亡者都不同程度受到了法律的惩罚。道光十一年（公元1831年）郭占银、郭得先偷窃王宇家的苞谷，并将看守的闵王氏、王何氏打伤后逃跑，事后王宇让其堂弟王呈祥、帮工邓得宽将郭氏二人押送官府，郭氏二人反抗，被王呈祥和邓得宽二人打伤致死，官府判王呈祥和邓得宽"罪人律俱拟绞监候"，而秋审后王呈祥、邓得宽"准减为杖一百，流三千里，死系罪人，毋庸着追埋银两"，王宇"依原谋量减徒之处"。[1] 道光二年（公元1822年）胡镕和帮工李清抓捕窃贼赵亚三，赵亚三持刀拒捕，李清将其刀打落并揪住其发辫，此时胡镕趁混乱之际将赵亚三砍死，官府在判决中考虑到罪犯赵亚三的刀已不在手，系徒手状态，贼黑夜偷窃，登时殴打窃贼赵亚三致死，将胡镕"改照不应重律杖八十，李清照不应轻律笞四十"判处。[2] 其他在本书中的致盗贼身亡的案件一般都是徒杖刑，另有一些情形，如嘉庆二十一年（公元1816年）贵州的一个窃贼白天偷窃被殴打致死的案件，嘉庆二十二年（公元1817年）盛京的一个窃贼偷禾还赃后又被殴死的案件，道光元年（公元1821年）云南一个窃贼事后被烧死的案件，当事人都被判处"绞监候"。[3]

中国古人有"夜入人家，杀之无罪"的传统，这一传统最

---

[1]（清）祝庆祺等编：《刑案汇览三编》（二），北京古籍出版社2004年版，第771—772页。
[2]（清）祝庆祺等编：《刑案汇览三编》（二），北京古籍出版社2004年版，第772页。
[3]（清）祝庆祺等编：《刑案汇览三编》（二），北京古籍出版社2004年版，第772—781页。

早出自汉律。汉律规定无故私入民宅并有犯罪行为者,杀之无罪。[1] 从汉代律文上看,这种禁止擅入民宅并非只限制在夜里、在住宅里,还包括白天在车和船等场所,但根据"居延汉简",对于政府官吏夜间进入民宅是严格禁止的,否则杀之亦无罪。[2] 唐律有个律条叫"夜无故入人家",其中规定,如果有人在黑夜无故闯入民宅,笞刑四十,主人当场将其杀死,免罪。但是主人已经捆缚闯入者,随后又打死他就不属于即刻杀死,是需要承担"加役流"刑罚的。这个规定一直延续到明清。[3]

清代法律中"夜无故入人家"从唐代的"笞四十"变为"杖八十",有所加重,家主人可以当场将闯入者杀死,无罪。主人已经将其捆缚而擅自杀伤,减斗杀罪二等,如果杀死闯入者,杖一百,徒三年。[4] 清代律学家沈之奇解释:"无故入人家,一不应罪耳,而附于盗律之内耳,谓其近于盗也。然必是黑夜,必是无故,必是家内,必是主家,必是登时杀死,方得弗论,有一不符,即当别论矣。"[5]

清末法学家薛允升指出根据夜禁的有关规定,"一更三点禁

---

[1] 上海古籍出版社编:《十三经注疏》(上),上海古籍出版社1997年版,第867页。注引郑司农说:"谓盗贼群辈若军,共攻盗乡邑及家人者。杀之无罪,若今时无故入人室宅庐舍,上人车船,牵引人欲犯法者,其时格杀之无罪。"

[2] 谢桂华、李均明、朱国炤:《居延汉简释文合校》,文物出版社1987年版,第551页。捕律:禁吏,毋夜入人庐舍捕人。犯者,其室殴伤之,以毋故入人室律从事。

[3] 刘俊文撰:《唐律疏议笺解》(下),中华书局1996年版,第1333页。诸夜无故入人家者,笞四十。主人登时杀者,勿论;若知非侵犯而杀伤者,减斗杀伤二等;其已就拘执而杀伤者,各以斗杀伤论,至死者加役流。

[4] (清)沈之奇撰,怀效锋、李俊点校:《大清律辑注》(下),法律出版社2000年版,第634页。凡夜无故入人家内者,杖八十。主家登时杀死者,勿论。其已就拘执而擅杀伤者,减斗杀伤罪二等。至死者,杖一百,徒三年。

[5] (清)沈之奇撰,怀效锋、李俊点校:《大清律辑注》(下),法律出版社2000年版,第635页。

人行,五更三点放人行。所以无故夜入人家,已犯禁令矣。是以杀之者无罪。"[1]必须是黑夜闯入他人住宅,白天无故进入他人之家则不构成犯罪。在乡土社会中,邻里无故串门是经常的事,即使在夜间,也有时会串门,所以薛允升指出:"今无所谓夜禁矣,夜至人家来往,视为常事,此律之所以不轻引用也。"[2]可见,古代判断一个人是否为私自进入他人住宅者是要结合具体情形而定的。

清代对于擅自杀死入室人员的案件,司法官员一般都作有罪处理。《刑案汇览三编》所记载的几个夜入民宅案件中,闯入住宅的人皆患有精神病,擅自打死他们一般都要承担刑事责任。乾隆四十九年(公元1784年)福建的巡夜兵丁张禄把黑夜跳入马八院内的疯犯赵统殴伤致死,按照杖一百、徒三年处罚。乾隆五十四年(公元1789年)河南傅岩士于二更时分闯进张黑驴家,抱住张黑驴腰身用头撞他的胸膛,张黑驴将其殴打致死,最后按照律文的"照夜无故入人家内,已就拘执而擅杀律定拟",也是处以"杖一百、徒三年"处罚。[3]嘉庆二十三年(公元1818年)一个犯疯病的妇女王杨氏黑夜掀开成继富的竹笆门,持棒走进成继富的屋内,成继富惊醒后用木棍殴伤王杨氏左臂并击倒她,同时又打伤她右后肋,邻居来后认出她,但不久后王杨氏身死,最后按律判成继富徒刑。[4]可见一般来讲

---

[1] (清)薛允升撰,怀效锋、李鸣点校:《唐明律合编》,法律出版社1999年版,第466页。
[2] (清)薛允升撰,怀效锋、李鸣点校:《唐明律合编》,法律出版社1999年版,第466页。
[3] (清)祝庆祺等编:《刑案汇览三编》(二),北京古籍出版社2004年版,第763—764页。
[4] (清)祝庆祺等编:《刑案汇览三编》(二),北京古籍出版社2004年版,第765—766页。

这种擅自杀死闯入住宅者的案件的判决结果都是杖刑加徒刑。

对于杀害闯入者也有一些判刑较重的案例。如嘉庆元年（公元1796年）浙江有林满妹黑夜误入王中院子，王中当即用棍子打伤林满妹并致其死亡。审判者认为林满妹只是"误入门内尚未入人家内"，所以没有直接适用"夜入人家"的律条对王中免罪，而是按照斗杀罪绞监候减一等拟罪流刑。嘉庆十三年（公元1808年）河南性情痴傻的崔南方被其母责骂后，黑夜误入程四的院子里，被呵斥逃跑，程四与其邻人一起将他捆绑殴打拷问，经多次殴打，崔南方身死。嘉庆十七年（公元1812年）和嘉庆十八年（公元1813年）江苏发生两起将有精神病的人捆绑殴打致死的案件，上述案件最后都是以比较重的刑罚审判的，即"依寻常共殴并威力制缚人致死本律，拟绞监候"，因为"其人业已就缚，不难详视辨认，乃辄将其殴毙，则是有意逞凶，死者又系疯发无知之人，予以绞抵，自不为枉。"[1]

古代中国"夜入人家，杀之无罪"的规定不是出于保护个人权益或私有住宅的价值要求，而是出于维护社会公共秩序和民间习惯的需要，在适用类似法律时会加有严格的限制，强调其即时性，清末法学家薛允升就曾说："此律之所以不轻辄引用也。"当事人如果过分保护个人利益，事后再采取暴力手段殴伤窃盗或疯病之人致死的，会承担相应的刑事责任。

---

[1]（清）祝庆祺等编：《刑案汇览三编》（二），北京古籍出版社2004年版，第765—766页。

三、古代物权和债法文化散论

1. 埋藏物的归属

现代法律对于埋藏物的规定分为三种,第一种是归国家所有,国家对发现者给予一定奖励,我国和苏联均采用此规定。第二种是发现人获得所有权,或在他人土地内发现埋藏物的,埋藏物的所有权一半归发现者所有,一半归土地所有人。法国、德国都是采用此规定。第三种是《瑞士民法典》规定,埋藏物归土地或动产的所有人所有,发现者有要求相当报酬的权利。

自唐代开始,中国就对埋藏物的归属有明确的法律规定。首先介绍一个涉及埋藏物的唐代判词,这一判词收录在李昉等人编纂的类书《文苑英华》里。案情讲述了一个人凿井获得古镜,他隐瞒不报官,被邻居告发,官员做了判词。判词称赞这个古镜是"珠星湛耀""神仙之兆"的宝物,对发现者的劳动给予了某种承认,说"乙乃劬劳是务,穿凿为功",但是唐律规定获得形制特别的古器应该送官,法律绝不允许这种私藏古器的行为,即"虽则私护,合送官司,爱而欲留,法将焉许?"

最后说当事人"自招其责,谁复哀矜",对其深陷官司不表同情,而赞叹邻居的揭发是"雅符公正"的高尚行为。[1]下面我们看看唐律对埋藏物的归属的规定。在唐时埋藏物称宿藏物,法律规定:"诸于他人地内得宿藏物,隐而不送者,计合还主之分,坐赃论减三等。若得古器形制异,而不送官者,罪亦如之"。《唐律疏议》还规定:"得古器、钟鼎之类,形制异于常者,依令送官酬直"。同时指出:"其私田宅各有本主,借者不施功力,而作人得者,合与本主中分,借得之人,既非本主,又不施功,不合得分"。若不送官,"罪止徒一年"。[2]法律表明在他人土地上未加任何劳作而获得宿藏物,对宿藏物没有任何所有权。而经过施加劳力获得的埋藏物应该和土地的主人各得一半的份额,如果隐瞒不报,将按照份额的价值以坐赃减三等处罚,其获得的古器物也需要上交官府,隐瞒私藏,也按照坐赃减三等处罚,这条法律明文规定了拾到古器物必须交公,否则按照最大量刑徒刑一年承担刑事责任。因此判词中邻居的举报行为,确实是唐律的有关要求,发现珍贵古器物要上交,不过官府需要给予相应价金。

早在先秦,就已出现埋藏物应该归属君王或贵族的规定,身份低贱的人不能持有一些贵重之物,发现该类物品,需要上交官府。和氏璧的故事就间接反映出这种规定。春秋时有个叫

---

[1] 见陈重业辑注:《古代判词三百篇》,上海古籍出版社2009年版,第75页。【案情】凿井得古镜,不送官司。邻告违法。【判词】玉甃浮辉,珠星湛耀。汉阴旧址,方除饰智之心;谯国开源,忽遇神仙之兆。乙乃勔劳是务,穿凿为功,暂因梧树之傍,遂览菱花之照。光芒骇目,裒明心,见飞鹊之时来,睹回鸾之屡舞。虽则私护,合送官司,爱而欲留,法将焉许?自招其责,谁复哀矜,邻人告之,雅符公正。

[2] 刘俊文撰:《唐律疏议笺解》(下),中华书局1996年版,第1937—1938页。

和氏的人,发现一块宝玉,献给了楚王,结果被认为是石头而遭刖刑,他不断上报,楚厉王和楚武王先后对他实施了刖刑,最后终于在楚文王继位后得到昭雪,楚文王将那块宝玉琢成举世闻名的"和氏璧"。[1] 此故事中并没有提及和氏将玉献给楚王的原因,后人推测很可能与当时"匹夫无罪,怀璧其罪"[2]的规定相关。身份卑贱的人持有玉是有罪的,玉器之类的贵重物品,一般平民是不能拥有的,是需要献出的。

东汉永平十一年(公元68年),庐江郡皖侯国(今安徽潜山)有两名男童陈爵、陈挺在湖边钓鱼,发现一个古代铜器,里面装有小金块。陈爵的父亲陈国(字贤)及邻居们闻讯赶来,共捞得十几斤重黄金。陈国报告了官府,庐江太守派吏取金,作为"祥瑞"护送上京。第二年,陈国上书汉明帝称:"贤等得金湖水中,郡牧献,讫今不得直。"汉明帝下诏质问庐江太守,太守辩解:"郡上贤等所采金自官湖水,非贤等私渎,故不与直。"汉明帝再下诏书,令太守"视时金价,畀贤等金直。"这个事件中,皇帝支持给予发现金块者合理的金价是符合将所发现的宝物、古器奇异之物进献给官府,酌情按照器物的价格给予发现者补偿的传统的。在唐宋律中,凡是将所得古器物送官,皆可获得相应的金钱补偿。在《通制条格》中也可以看到类似

---

[1] 这个故事最早见于《韩非子》,以后在汉代《新序》等书中都有记载。参见梁启雄:《韩子浅解》,中华书局1960年版,第98页。楚人和氏得玉璞楚山中,奉而献之厉王。厉王使玉人相之,玉人曰:"石也。"王以和为诳,而刖其左足。及厉王薨,武王即位,和又奉其璞而献之武王。武王使玉人相之,又曰:"石也。"王又以和为诳,而刖其右足。武王薨,文王即位,和乃抱其璞而哭于楚山之下,三日三夜,泣尽而继之以血。王闻之,使人问其故曰:"天下之刖者多矣,子奚哭之悲也?"和曰:"吾非悲刖也,悲夫宝玉而题之以石,贞士而名之以诳,此吾所以悲也。"王乃使玉人理其璞而得宝焉,遂命曰"和氏之璧"。
[2] 《左传·桓公十年》中有载:"初,虞叔有玉,虞公求旃,弗献。既而悔之,曰:'周谚有之:匹夫无罪,怀璧其罪。吾焉用此?其以贾害也。'乃献。"

的条款,元代官府对"得古器珍宝奇异之物,随即申官进献,约量给价",这样的规定保证了发现者将埋藏物上交官府的积极性。

元代对埋藏物的相关法律规定基本沿袭了唐律的内容,要求发现者与土地的主人均分。〔1〕另外,除发现人获得补偿外,对埋藏物出过力的人,也一并获得补偿。《通制条格》卷二十八《杂令》"地内宿藏"条记载:元贞元年(公元1295年)闰四月,"大都路杨马儿告,于梁大地内与杨黑厮刨土作窑,马儿刨出青磁罐壹个,于内不知何物,令杨黑厮坐着,罐上盖砖看守。马儿唤到母阿张将罐刨出,覰得有银四锭,银盏一个,私下不敢隐藏……拟合依例与地主梁大中分。却缘杨黑厮曾经看守,量与本人银三十两,余数杨马儿与地主两停分张。"〔2〕在这个案例中看守埋藏物的杨黑厮也得银三十两,罐内总共有银四锭,元代银锭一般是五十两一锭,所以共有银二百两,据此看守人得到了百分之十五的份额。

明清对于埋藏物的归属的规定,不同于唐宋元时期法律的规定。对于不太珍贵的埋藏物,明清律一般认定发现者为该物的所有人,并获得所有权。《大明律·户律·钱债》规定:"若于官私地内掘得埋藏之物者,并听收用。"〔3〕《大清律例·钱债

---

〔1〕 郭成伟点校:《大元通制条格》,法律出版社2000年版,第326页。至元十三年闰三月,中书户部呈:王拜驴等于贺二地内掘得埋藏之物,拟令得物之人与地主停分。案经中书省批准,并定例:今后若有于官地内掘得埋藏之物,于所得物内一半没官,一半付得物之人。于他人地内得物者,依上与地主停分。若租佃官私田宅者,例同业主。如得古器珍宝奇异之物,随即申官进献,约量给价。如有诈伪隐匿其物,全追没官,更得断罪。

〔2〕 郭成伟点校:《大元通制条格》,法律出版社2000年版,第326—327页。

〔3〕 张晋藩主编:《中国法律史》,中国政法大学出版社2019年版,第372页。

律》也同样规定:"若于官私地内,掘得埋藏无主之物者,并听收用。"[1]但是对于发现的珍贵文物仍然遵循前朝规定,须予以上交官府,并规定了不送官需要承担的刑事责任。然而对于自东汉至元代以来实行的"送官酬直"的传统不再提及,不再规定给予送官者相应的报酬,如《大明律》只规定"若有古器钟鼎符印异常之物,限三十日送官",否则"违者杖八十,其物入官"。《大清律例》也同样规定,"若有古器、钟鼎、符印异常之物,非民间所宜有者,限三十日内送官。违者,杖八十,其物入官。"可见,明清以后对埋藏物的归属权倾向于发现者所有,这在某种意义上是加强了对发现者私权的保障,是私有权利受到官府重视的表现,然而对于发现贵重的古器,只强调不送官的刑罚,不提及对此行为的奖励,这在一定程度上削弱了发现古器物之人上交官府的积极性。

2. 从拾金不昧到见者有份

在罗马法中对于拾到遗失物者,采取了不取得所有权主义,不允许拾到遗失物的人取得对拾遗物的所有权。当代各国法律一般都规定拾得者必须返还给遗失者,但可以给予拾得者一定的补偿,如果遗失物没人来认领,有的国家规定遗失物归拾得人所有,有的规定归国家所有。

中国古代法文化向来以德为先,道德是做人的必要条件,不能对他人的财物有觊觎之心,因此长久以来都要求拾到遗失物要归还失主,不得私自占有。当时评价一个社会是否走向大治的一个重要标准就是夜不闭户,道不拾遗。汉代贾谊在其

---

[1] (清)沈之奇撰,怀效锋、李俊点校:《大清律辑注》(上),法律出版社2000年版,第371页。

《新书·先醒》里就曾举楚庄王带来大治的例子，说他"内领国政，辟草而施教，百姓富，民恒一，路不拾遗，国无狱讼。"[1]西汉末年号称"通儒"的卓茂就任密县令，政绩突出，深受百姓爱戴，因为他的治理，密县"数年，教化大行，道不拾遗。"即使是法家，也同样主张通过严刑峻法来促使达到道不拾遗的理想社会。拾到遗失物不上交官府的被认定是犯罪，据传战国时期魏国的《法经》中就有这样一条规定："窥宫者膑，拾遗者刖，曰为盗心焉。"[2]仅仅因为拾遗者有"盗心"，就被处以刖刑的残酷刑罚。汉代史学家司马迁在其《史记·商君列传》中记述商鞅之法大获成功时，也是这么描述的："（变法）行之十年，秦民大悦，道不拾遗，山无盗贼，家给人足。"一些统治者为了追求所谓的"道不拾遗"，往往不惜大开杀戒。南北朝时期南齐的吴兴太守，"郡旧多剽掠，有十数岁小儿于路取遗物，杀之以徇，自此道不拾遗，郡无劫盗。"[3]为了宣扬"道不拾遗"的美德，对十几岁的少年处以死刑，可以说手段极其残忍。唐律对于捡到遗失物的规定还是比较平允的。《唐律疏议》卷二十七《杂律》规定："诸得阑遗物，满五日不送官者，各以亡失罪论；赃重者，坐赃论。私物，坐赃论减二等。"又补充曰："其物各还官、主。"[4]可见，在唐代的遗失物满五日不送官府，就意味着犯了"亡失罪"。唐律中将路遗之物正式命名为"阑遗物"。唐朝时期，对于遗失物，如果丢失人来认领，则归还给原主人；如果没有人来认领，遗失物归官府所有，对拾得人并未

---

[1]（汉）贾谊撰，阎振益、钟夏校注：《新书校注》，中华书局2000年版，第261页。

[2]（明）董说撰：《七国考》，中华书局1956年版，第366—367页。

[3]（梁）萧子显撰：《南齐书》，中华书局1972年版，第482页。

[4]刘俊文撰：《唐律疏议笺解》（下），中华书局1996年版，第1940页。

三、古代物权和债法文化散论

规定给予任何补偿。

清朝嘉庆年间有一个曹怀璞断案的故事，涉及了明清时代关于遗失物法律的规定。这个案例记载于清代梁恭辰《北东园笔录初编》的《曹循吏》篇中：清朝嘉庆年间，曹怀璞任福建闽县县令，一天在路上遇到两个人围绕着银子争论，追问下得知，失银者所丢失的银子数量与拾银者归还的不一致。拾到银子者说："我捡到了五十两银子回家给母亲，母亲说这银子数量太大，可能造成丢失人重大损失，不能留下私藏，于是我返回原处等待丢失人前来。"失银者返回后，拾银者将银子还给了他，没想到失银者拿到银子后却称还有五十两，让拾银者一并还给他，而拾银者称其捡到的银子只有五十两，随后二人发生争辩。曹怀璞质问失银者是否确实丢失一百两，失银者坚称丢失的就是一百两。曹县令最后断案说："你所丢的一百两不是这位拾银者所捡到的，拾银者可以先将银子拿回家，失银者你可以在这里等待，可能一会会有人送来。"失银者目瞪口呆，而围观者莫不称快。[1]

本案值得注意的是为什么失银者会反咬一口，说还差五十两。这其实和明清法律对拾到遗失物的法律规定有关，明清法

---

〔1〕（清）梁恭辰：《北东园笔录初编》（合集）卷四《曹循吏》（电子书），北京阅览文化传播有限公司授权北京当当科文电子商务有限公司制作并发行，2017年9月13日，第68页。一日，于途中遇两人争辩，执而问之，其一人曰："某拾得银一封，约重五十两，持归家呈母，母曰：'银数太多，倘此人急需此项，失之，恐有他变。亟应守其地而归之。'某因此守候，果遇此人寻至，即以原银还之，其人熟视许久，曰：'尚有五十两，汝应一并还我。'"盖其人即欲藉此讹诈也。曹诘失银者曰："汝所失银，实是百两乎？"曰："然"。又语得银者曰："渠所失系百两，与此不符。此乃他人所失，今其人不来，汝姑取之。"复语失银者曰："汝所失之百金，少顷当有人送还，可仍在此候之。"其拾银者持银竟去，失银者嗒然不能复置一辞，途中围观者咸称快。曹之断狱明决类如此。徐珂编撰的《清稗类钞》也记载了这个故事。

律与唐宋法律对遗失物归属有不同的规定。《大明律·户律·钱债》中"得遗失物"条有关于遗失物的法律规定:"凡得遗失之物,限五日内送官。官物还官,私物召人识认。于内一半给予得物人充赏,一半给还失物人。如三十日内无识认者,全给。"[1]明代法律继承了唐律拾遗人五天内报官的法律惯例,但是对于遗失物的称谓已从唐时的"阑遗物"变成明律的"遗失物",而且从唐律中的《杂律》篇变成《户律·钱债》篇,这一变化更加趋向于将拾得物定性为一个钱债方面的民事行为,而不是笼统地偏向于"惩盗"的刑事行为。更重要的是所有权的归属发生了改变,唐律认为遗失物的所有权或归遗失人或归官府,而在《大明律》中规定如果是私人财物,五日内按期上报官府,遗失人在三十日内未来认领的情形下,遗失物的所有权归捡拾人,如果遗失人三十日内来认领,那么他需要付给捡拾人所遗失财物价格一半的赏金。《大清律例》基本上是《大明律》的翻版,其内容基本相同,也就是说在明清法律中,拾遗人获得了其所拾到的财物至少一半的所有权。在本案中五十两银子在当时是一笔巨款,失银者在得到银两后,按照法律需要将其中的一半,即二十五两银子作为赏金答谢给拾银者,因此当事人心态发生了改变,不舍得将财物的一半分给拾银者,于是发生了"讹诈以免谢"的失德之事。

这个事例说明,明清时期私权得到了现实的承认,对拾遗人赋予更多的财产权利,重赏拾遗人,甚至在无人认领的情况下归拾遗人所有,无疑激励了人们上交所拾到财物的积极性,但是对于拾遗人的赏金来自所丢失财物价值的一半,这无形中

---

[1] (清)薛允升撰,怀效锋、李鸣点校:《唐明律合编》,法律出版社1999年版,第735页。

三、古代物权和债法文化散论

引起遗失人心理的失衡,从而发生欺诈的事件。在这件事情中,曹怀璞县令对于遗失人见利背德的行为予以严厉惩治,采取一种让其承担更大损失的手段去惩罚失德者。虽然法律的规定发生了变化,但司法者仍然继承了传统法文化的道德精神,维护了传统拾金不昧的美德。

3. 邻里边界的纠纷

邻里之间常会因地域边界划分不清或某一方的故意侵占而引起矛盾纠纷。根据《睡虎地秦墓竹简》的记载,在秦代时期,针对田界问题就已有了相关规定,如果侵占他人田地,就会被认为犯了"盗徙封",被判"赎耐"之刑。这条法律本意只是保护土地的私有产权,不过也可以用于解决邻里之间的地界纠纷。历代官府一般专设法条来管理街巷或者田间道路。如唐律规定,对于侵占道路的,杖七十,对于通过种植树木或谷物来实行侵占蚕食街道和他人领地的,笞五十并恢复原状。从自家房屋打洞排污,杖六十。如果仅仅是排水或种植东西,并未影响到他人,一般不作惩罚。如果负责的官员不禁止这类行为,与犯者同罪。[1] 在这个问题上明清基本上沿用了唐律,只是法律条文略有变化,更为明晰易懂,刑罚有所减轻,各自减去杖数十下,并将主管官员的责任从法条中免除。[2] 清代律学家薛允升评价说:"此条唐在《杂律》,与明律略同。而科罪稍异。唐律有主司不禁与同罪一层,明律不载,未知何故。"清代律文

---

[1] 刘俊文撰:《唐律疏议笺解》(下),中华书局1996年版,第1822页。诸侵巷街、阡陌者,杖七十。若种植垦食者,笞五十。各令复故。虽种植,无所妨废者,不坐。其穿垣出秽污者,杖六十;出水者,勿论。主司不禁,与同罪。

[2] (清)薛允升撰,怀效锋、李鸣点校:《唐明律合编》,法律出版社1999年版,第742页。凡侵占街巷道路而起盖房屋及为园圃者,杖六十,各令复旧,其穿墙而出秽污之物于街巷者,笞四十,出水者,勿论。

和明律相同，只是增加了条例，对京城内外街道有了更详细的规定，对于违反者的惩罚是"俱问罪，枷号一个月发落"。〔1〕清代条例所列举的保护对象京城内外街道、正阳门外、御桥南北、本门月城、将军楼、关王庙等，无一不属于官府，可见清代法律关于街道的规定更关注官方的财产和秩序，对于民间的地域纠纷只是视为民间细故，不予重视。《刑案汇览》中记载的关于侵犯边界的案例只有一例，嘉庆二十五年（公元 1820 年）有一个叫阎旺年的人，侵占了官府学宫的东围墙，最后被判处杖六十，枷号一个月。〔2〕可见涉及侵占街道或边界所发生的判决案例很少，仅是侵占了官府的财物才会予以足够的重视并加以处罚。

对于邻里之间占地的边界纠纷，传统中国社会一般认为这只是民间细故，将其归于民间调解，官方并不太重视这类问题，因此中国古代律典中缺乏一个强制的法律条文来规范和解决这类案件。中国传统法律文化强调"以和为贵"，重视"礼让"教化，在现实层面，往往通过宣传礼让、树立榜样、教育人们悉心向善来解决此类事件。"三尺巷"或"六尺巷"就是一个典型的案例：两家人围绕着宅基地边界问题相争不息，其中一家人给在京城做高官的亲人写信，希望其利用权力解决此事，但京城高官在给家人的回信中写了四句话："千里修书只为墙，

---

〔1〕（清）沈之奇撰，怀效锋、李俊点校：《大清律辑注》（下），法律出版社 2000 年版，第 1068 页。京城内外街道，若有作践，掘成坑坎、淤塞沟渠、盖房侵占，或傍城使车、撒放牲口、损坏城脚，及大明门前御道棋盘并护门栅栏，正阳门外、御桥南北，本门月城、将军楼、观音堂、关王庙等处，作践损坏者，俱问罪，枷号一个月发落。

〔2〕（清）祝庆祺等编：《刑案汇览三编》（三），北京古籍出版社 2004 年版，第 2257 页。晋抚咨：阎旺年因修理铺房，垒砌护墙，侵及学宫东围墙。比照"侵占街道盖房尾"律，杖六十，酌加枷号一个月。

让他三尺又何妨？万里长城今犹在，不见当年秦始皇。"家人听从了高官的话，把自家垣墙拆除，往后退了三尺，邻居家很感动，也把自己家的墙往后退了三尺，形成了六尺巷，村民可以自由通过，一时传为佳话。关于六尺巷的故事，有着多种版本，存在于不同朝代、不同人物、不同地点中，但是故事情节基本是相同的。有关于北宋王安石的三尺巷传说，明代万历年间兵部尚书李春烨的三尺巷传说，清代开国状元、秘书院大学士傅以渐山东聊城的三尺巷传说等，此外福建泰宁、河北、山西、四川等地都在传说相同的故事。这种传说的流行说明了传统法文化解决此类纠纷的常规做法。

当然对于街道边界的纠纷，提高社会的道德风尚有时并不能解决问题，这时就必须依靠官府的司法判决。通过下面的判词和司法判决，我们可以看看官府是怎么解决这类纠纷的。

唐人的判词受到六朝以来骈体文风的影响，书写者多使用大量华丽的辞藻，强调工整地对仗，而对于司法裁判的法理讲得比较少，实用性较弱。明崇祯年间编纂的《新纂四六合律判语》里记载了一份"侵占街道"的判词[1]，在此判词中，我们看到官员所关注的不是城市居住人群的相邻关系，而是城市街道管理和便利行人交通的问题。官员的判词中强调了侵占街道行为的道德问题，他指出"窃取天街之半"，用现在的话说是侵占了公共空间，阻碍了行人通行的便利，而且强

---

[1] 陈重业辑注：《古代判词三百篇》，上海古籍出版社2009年版，第152页。【判词】张良烧栈道于褒中，止因备盗；宋祖负险石于马上，欲便行人。孰云街道之中，可施侵占之计？今某无地起楼台，乃窃取天街之半；有心宽第宅，遂阴窥衢路之联。得寸得尺，岂同范雎之谋；让畔让途，故违西伯之化。不闻窦宪夺沁水园，贵戚几为雏鼠；罔思萧何请上林苑，元勋请就图圄。地取还官，人断以杖。

调侵占者并无土地的所有权,属于"无地起楼台",同时指出,"让畔让途"是传统的美德,这种自私自利的行为,是有违礼让道德和教化的,"故违西伯之化"。借用汉代元勋萧何、贵戚窦宪侵占他人私地带来祸患的事例,强调无论其有何背景和权力,都要遵照礼义道德行事,最后判决拆除违章建筑,恢复原状,将违法者处以杖刑,即"地取还官,人断以杖。"另一份判词来自《元氏长庆集》记载的"田中种树判",其内容为一个人在其田地里种植树木,邻居告其种植树木危害了其土地的庄稼谷物的生长,此人不服。法官的判词主要着重在哪一种作物于人的生计更重要,法官认为"五稼用天,于人尤急",其结论是五谷庄稼对于国家和社会更重要、更紧迫,虽然这些经济作物也是有用的,但是跟五谷农作物相比,其价值位阶则低了一个等级。"苟亏冒陇,焉用成蹊?纵有念于息阴,岂可俸于望岁",因此判词很明显是支持邻居的诉讼请求,而否定种植树木作物的行为,同时认为其在庄稼地旁种植树木不符合传统的农业种植习惯,"置在田畴,殊乖汉制"。要求种植树木的行为人不能延续其错误行为,"无或顺非",改正其错误。[1]

再看两个司法判例,记载于《名公书判清明集》中。这两个案例都是使用平实的语言记述的,不再着眼于华丽的文辞,更强调判决理由的阐述,这使法官的判决书显得非常专业和实

----

〔1〕 陈重业辑注:《古代判词三百篇》,上海古籍出版社2009年版,第63页。【案情】乙于田中种树,邻长责其妨五谷,乙乃不伏。【判词】百草丽地,在物虽佳,五稼用天,于人尤急。乙姑勤树事,颇害农收。列植有昧于环庐,播稙遂妨于终亩。虽椅桐梓漆,或备梓人之材;而黍稷稻粱,宜先后稷之稑。苟亏冒陇,焉用成蹊?纵有念于息阴,岂可俸于望岁?植之场圃,合奉周官;置在田畴,殊乖汉制。既难偿责,无或顺非。

用。第一个案例是傅良和沈百二的地界争议案。[1]审理此案的司法官员支持傅良关于地界的主张。首先,他提出了三个依据:一是"干照",即地界文契的标志,二是地势的走向,三是邻里的证词,这三者都证明了沈百二的主张没有依据。其次,司法官员又进一步分析此案发生的原因,这是案情官方陈述比较有趣的一点,官员指出此案的发生是因为傅良父亲健在的时候,两家人关系融洽,傅良的父亲曾经将这块争议地借给沈百二使用,当时不分彼此,并不计较得失,但是因为长久占据争议地,沈百二就认为自己具有所有权了,并且还要在上面建房,后来的业主傅良好言阻止,招致沈百二恶语相向,从而引起官司。再其次,官员明确表示应当"惟以道理处断",要求监督沈百二拆除所立的非法藩篱,按照文契上指示的地界归还所占地段。最后,官员又开始讲情,回归传统的礼让和不争原则,照顾邻里关系,主张"所争之地不过数尺,邻里之间贵乎和睦",主张

---

[1] 中国社会科学院历史研究所、宋辽金元史研究室点校:《名公书判清明集》,中华书局1987年版,第198—199页。傅良绍鲍家产业,沈百二承赁乔宅屋宇,交争地界互诉,委官审究。今详主簿所申,则沈百二之无道理者三。以干照考之,卢永执出乔宅契书,该载四至,其一至止鲍家行路。既曰至路,则非至鲍家明矣。今沈百二旋夹新篱,乃欲曲转钉于鲍家柱上,一也。以地势参之,非但高低不同,鲍家屋侧,古有水沟,直透官街,则一沟直出,皆是鲍家基地明矣。今沈百二转曲新篱,乃欲夹截外沟一半入篱内,二也。以邻里证之,沈九二等供,当来篱道系夹截于沈百二屋柱上,渠口在沈百二篱外,则沟属鲍家,篱附沈屋,众所共知,信非一日。今一旦改篱跨沟,曲折包占,纵傅良可诬,而邻里不可诬,三也。考之干照,参之地势,证之邻里,其无道理如此,何为尚欲占据?原其所以,傅良父在日,尝以此地借与沈百二,其时两家情分绸缪,彼疆此界,初不计较。久假不归,认为己物,且欲筑室其上,傅良乃以好意,欲归侵疆,而沈百二反以秽语肆行抗对,是以力争。事既到官,惟以道理处断,引监沈百二除拆新篱,只依干照界至,归还地段,庶可息争。然所争之地不过数尺,邻里之间贵乎和睦,若沈百二欲借赁,在傅良亦当以睦邻为念。却仰明立文约,小心情告,取无词状申。再不循理,照条施行。

如果沈百二仍欲租借这块土地，傅良仍应借给他，不过要"明立文约，小心情告"，官员对于此案，采取了"无词状申"的方式，就是指不采取公文体申状的方式，以调解申斥结案，并警告沈百二如果再不讲理，就应当按照法律办理，直接进入诉讼程序。

第二个案例是刘正甫擅闯周掌膳地界案。[1] 吏员出身的刘正甫家和士人出身的周掌膳家共用一个篱笆，有一天刘正甫在没有告知周掌膳的情况下，将原篱笆拆除，改换新篱笆，并且直接进入周家的苗圃地，这一举动引起周家的不满，要求刘正甫道歉，而刘正甫并不认为自己有错，拒绝向周家道歉，于是双方发生纠纷。对这一事件，审理官员也是采取了"无词状申"的方式进行训导调解，主张双方当事人不要过于追求篱笆所有权的问题，并要求刘正甫向周掌膳道歉，自行把地界划清。如果再争执不休，就按照法律"定行断科"。

综上所述，这几个所断之案，主管官员都还是持有一个比较公正的立场，阐明是非，有理有据。但他们也有一个共同的理念，就是更注重公共的秩序和利益，除了第一个案件占用城市街道，采用了刑罚手段，"地取还官，人断以杖"，给予侵权人以杖刑，其余三个案件都是将其作为民间细故，多采用"无词状申"的非正式方式结案，侵权人多以申斥责骂、停止侵害、

---

[1] 中国社会科学院历史研究所、宋辽金元史研究室点校：《名公书判清明集》，中华书局1987年版，第200页。厢官究实，其曲已全在刘正甫。两家共一藩篱，正甫如欲撤而新之，先当以礼告于周掌膳可也。今不告撤篱，直入其圃，周乌得而不怨。正甫此时尚能早辞逊谢，则可以全乡曲之义矣。复行抗骂，周又乌得而无词。况周为士人，刘为牙吏，亦当自识高下，岂应无礼如此。但周之所以召侮者，岂非以其地相连接，而怨刘之取赎乎。天地之间，物各有主，却正不必为此怀憾。未欲遽有施行，以亏比邻之好，再帖厢官，监刘正甫以礼逊谢，夹截界至，取无词状申。如再恃强，定行断科。

恢复原状、赔礼道歉了事，这样的结果多与古代法文化不重视私权的保护以及强调睦邻之好的思想观念有关。但是这样一味追求"以和为贵"的处理方式反而更容易引起争议，造成侵权事件频发。以傅良和沈百二争地的案子为例，正是因为傅良的父亲不计得失，缺乏对自己权益的保护，长期让沈百二借用争议地，引发沈百二的私欲，理所当然地认为这块地是属于他的私人财产。而审理官员在解决争议时，不要求侵权人对被侵权人所受到的损失进行赔偿，甚至主张当事人不要强调私权，应该为了维持良好的邻里关系而退让，即"然所争之地不过数尺，邻里之间贵乎和睦，若沈百二欲借赁，在傅良亦当以睦邻为念。"在刘正甫私闯周掌膳苗圃地的案件中，更多的是指责刘正甫缺乏礼数，并未对其侵权行为进行批判，甚至主张被侵权人过分保护自身的权利有损比邻之好，即"天地之间，物各有主，却正不必为此怀憾。未欲遽有施行，以亏比邻之好"。以现如今法律的眼光看，审理官员的判决结果无疑和当今主张的权利的价值取向相悖，对侵权人的惩罚力度不到位，有宽纵之嫌，对被侵权人的权利未尽到保护义务。但对于当时那个年代，这种判决可能有着天然的合理性和正当性。

4. 亲邻先买权——不动产所有权转让的限制

宋宁宗年间，有吕文定、吕文先兄弟二人，父母双亡后，分户而立。弟吕文先死无后嗣，其兄吕文定讼于官府，告堂叔吕宾占据田产，经审理，田产系吕文先于嘉定十二年（公元1219年）典与吕宾，嘉定十三年（公元1220年）八月投税印契，证据清楚，吕宾不能拥有该田产，吕文定"系是连分人，未曾着押"。官府根据亲邻的优先取得权，判吕文定

"听收赎为业",并"给断由为据"。[1] 在宋代的不动产转让或典卖关系中,亲邻具有优先购买权,吕文先在典田时,没有公开取问亲邻。其兄吕文定因当初不知情而错失此田产,后以"亲邻优先权"为依据起诉赢得了官司,获得了其弟的地产收赎权。

这个诉讼案件反映的是中国传统法律文化的特殊的不动产产权交易制度,即"亲邻先买权"制度,是由古老的习俗演变而来的。《折狱龟鉴·卷六·核奸》言:"卖田问邻,成券会邻,古法也。"北魏均田制规定亲邻有优先取得远流、户绝土地的权利,不过这条规定只是针对远流和户绝等特殊情况产生的问邻规定,唐代中后期明确出现了田宅交易的民间法的规定,即"先问亲邻",亲邻不买,方可出售。这在《唐乾宁四年(897年)平康乡百姓张义全卖舍契》和《唐天复九年(909年)安力子卖地契》中都可见相关表述。

五代的后周和宋朝的法律对亲邻先买权都有明确的法律规定。后周广顺二年(公元952年)敕:"请准格律指挥,如有典卖庄宅,准例房亲邻人合得承当。若是亲邻不要,及著价不及,方得别处商量,和合交易"。[2]《宋刑统·户婚律》规定,即"应典卖、倚当物业,先问房亲;房亲不要,次问四邻;四邻不

---

[1] 中国社会科学院历史研究所、宋辽金元史研究室点校:《名公书判清明集》,中华书局1987年版,第106页。吕文定、吕文先兄弟两人,父母服阕,已行均分。文先身故,并无后嗣,其兄文定讼堂叔吕宾占据田产。今索到干照,系吕文先嘉定十二年典与吕宾,十三年八月投印,契要分明,难以作占据昏赖。倘果是假伪,自立卖契,岂应更典。县尉所断,已得允当。但所典田产,吕文定系是连分人,未曾着押,合听收赎为业。当元未曾开说,所以有词,当厅读示,给断由为据,仍申照会。

[2] (清)董诰等编:《全唐文》(五),上海古籍出版社1990年版,第4476页。

要,他人并得交易。房亲着价不尽,亦任就得价高处交易。"〔1〕之后宋律又进一步细化了询问四邻的顺序,"凡典卖物业,先问房亲;不买,次问四邻。其邻以东南为上,西北次之,上邻不买,递问次邻。四邻俱不售,乃外召钱主。或一邻至着两家以上,东西二邻则以南为上,南北二邻则以东为上。"〔2〕如有不问亲邻而出典出卖者,在三年内可有赎回的权利。另据《名公书判清明集》载《庆元重修田令》规定:"诸典卖田宅满三年而诉以应问邻而不问者,不得受理。"〔3〕

根据亲邻先买权的规定,业主在准备购买或典当物业(房屋或田产)时,负有告知亲属和四邻的义务,在先买权法律关系中,涉及了三方主体:一是业主的亲属和四邻,他们是先买权的行使主体,又叫权利主体;二是业主,他是需要出卖房产或田产的当事人,也是先买权所要约束的对象,现在的法律术语可以叫相对人;三是出卖物业所面对的排除亲邻的其他社会交易对象,如果业主对亲邻未尽告知义务,那么他与社会上的任何交易对象成交后,其买卖契约可以归为无效,现在的法律术语可以叫第三方。

在这一法律关系中,业主和权利主体之间具有特定关系,或者是亲属关系或者是邻居关系,这一先买权的设定主要维护的是其亲属或邻居的权益,如果业主在出卖"物业"给其他人时未通知或告知他们,其后果是他们可以宣告业主与第三人所缔结的买卖或典卖的契约无效,可以直接要求第三人返还标的物并进行赎买,如前面案例的结果是判决吕文定"收赎为业",

---

〔1〕 (宋)窦仪等详定,岳纯之校证:《宋刑统校证》,北京大学出版社2015年版,第175—176页。
〔2〕 (清)徐松辑:《宋会要辑稿》(六),中华书局1957年版,第5448页。
〔3〕 张晋藩主编:《中国法律史》,中国政法大学出版社2019年版,第288页。

吕文定由此可以拿回田产，一般应该是按照原价。元代法律对此也有比较详细的规定，即"其业主亦不得虚抬高价，及不相本问而辄交易。违而成交者，听亲邻、见典主百日内依原价收赎，限外不得争告。欺昧亲邻、典主故不交业者，虽过百日，亦听依价收赎。"〔1〕

之所以唐末以后会出现这一特殊制度，与唐末以后特别是两宋时期出现的土地自由交易市场有关系。在唐代以前，国家一般采取抑制土地买卖的政策；而唐代采取国家控制土地，再通过均田制进行分配的政策，在这种情形下土地不可能作为商品大规模地进入商品市场，所以一般不会涉及先买权的问题。到了唐代中叶，安史之乱以后，均田制遭到破坏，两税制的施行加速了土地兼并的过程，"先问亲邻"的习俗慢慢生长出来；到了宋代，不限制土地买卖或不抑兼并，即"田制不立"，不动产交易开始兴盛，南宋袁采就指出当时"贫富无定势，田宅无定主。有钱则买，无钱则卖。买产之家当知此理，不可苦害卖产之人。"〔2〕面对这样一个活跃的土地房产交易的市场，官府颁布了"田宅买卖先问亲邻"的法律政策限制不动产买卖。这一政策的出台有以下几个原因：

第一，有助于避免家族财产的流失，维护族内团结。中国

---

〔1〕《沈刻元典章》（上），中国书店2011年版，第317页。诸典卖田宅及已典就卖，先须立限，取问有服房亲（先亲后疏），次及邻人（亲徒等及诸邻处分典卖者听），次见典主。若不愿者，限三日批退；愿者，限五日批价。若酬价不平，并违限者，任便交易。限满不批，故有遮占者，仍不得典卖，其业主亦不得虚抬高价及不相本问而辄交易。违而成交者，听亲邻、见典主百日内依原价收赎，限外不得争告。欺昧亲邻、典主故不交业者，虽过百日，亦听依价收赎。若亲邻、见典主在他所者，令以次人请问（谓亲邻、典主以次之人），若无人、并除程过百日者，不在争告之限。若遇饥馑灾患、丧凶争斗之事，须典卖者，经所属陈告给据交易。

〔2〕（宋）袁采撰，李勤璞校注：《袁氏世范》，上海人民出版社2016年版，第91页。

是以家族为主体的乡土社会，土地房屋是家族最重要的财产，土地在亲族手里，符合中国传统的孝道观念，如果土地房屋流转到外人手中，出卖人会有一个不肖子孙的名声，只要土地房屋留在族内，就可以对祖先有个交代，可以减轻社会舆论的压力。通过设立这样一个先卖权，有利于查清业主是否有权利出卖不动产、是否属于盗卖行为。且若干年后出卖人容易回赎，也给族内富裕之户提供了接济帮困和维系亲情的机会。

第二，有助于减少邻里纠纷。古代社会是熟人社会，亲属和熟人之间比较容易了解各自信息和具有一定的感情优势。陌生人购买土地后，和原来所居住的人互不了解，容易产生摩擦，从相邻权益的角度出发，为避免将来由于相邻田土的通行、灌水等问题产生矛盾，设定亲邻先买权，以减少矛盾的产生。在《名公书判清明集》中记载了一个"漕司送下互争田产"的案件，宋宁宗时的通判范应铃，对"取向亲邻"的立法本意进行了说明：一是子孙继承祖业，子孙的田地都汇集在一处，如若发生摩擦，容易协调，然而一旦转到外姓人手里，原来相互关联的水利灌溉和相互交错的田产边界都非常容易产生矛盾，"不无扞格"；二是如果外人接受田地，祖坟与其无关，用锄具挖掘田亩必无顾忌，如果转让给同宗亲族或者原来的邻居，必然不会产生这些新矛盾，从而避免或减少不必要的纠纷。[1]

第三，有助于提高业主交易成本，给土地交易市场降温以

---

[1] 周名峰校释：《名公书判清明集校释：户婚门》，法律出版社2020年版，第37页。然律之以法，诸典卖田宅，具帐开析四邻所至，有本宗缌麻以上亲，及墓田相去百步内者，以帐取问。立法之初，盖自有意，父祖田业，子孙分析，人受其一，势不能全，若有典卖，他姓得之，或水利之相关，或界至之互见，不无扞格。曰亲曰邻，止有其一者，俱不在批退之数，此盖可见。墓田所在，凡有锄凿，必至兴犯，得产之人，倘非所自出，无所顾籍。故有同宗，亦当先问。两姓有墓，防其互争，则以东西南北为次，尤为周密。二者各有所主，非泛然也。

减缓土地兼并之流弊。宋代统治者面对过热的不动产交易市场，有一定的担忧，因为土地交易的行为会影响到土地价格的上涨，容易造成社会失序、两极分化凸显、社会矛盾增大，不稳定的社会对统治者的管理也是一种挑战，所以立法在土地房屋典卖出让契约缔结的过程中设置"先问亲邻"的法定程序，必定能动摇业主和第三人交易的决心，某种程度上可以冷却土地交易的热度。先问亲邻的制度，符合乡土社会中的价值观念，深得人心，会得到大多数家族成员的支持，推行后不仅遇到的阻碍大大减少，而且能够激发家族其他成员和邻里主动维护这一规定的积极性。因此，亲邻先买权的土地交易制度是非常成功的中国式的不动产交易法。

这一制度盛行于宋元时期，到了明代以后国家法律不再设置亲邻先买权制度，但其一直作为民间习惯存在，延续到二十世纪中叶。亲邻先买权制度有着重要的历史影响，是中国传统法文化中一个极具文化特色的制度。

5. "永佃"和"一田二主"

永佃权的概念来源于古代罗马法，其含义是指以交付佃租为代价而取得的一种长久或永久使用、收益土地为主要内容的地上权。古罗马时，由于罗马的侵略和扩张，国家获得了大量的土地，罗马国家对新征服的地方的土地享有统治权。进入罗马帝国时期，国家开始把土地租给私人耕种，并征收"佃租"。四世纪中叶，罗马帝国继续将土地租给市民，租期以永久为原则，佃租权改称永佃权，并开始订立契约，只要交纳地税，便可以享有土地，可以对任何侵占其土地权益的占有人，甚至包括市政府本身提起对物之诉，此外一些私有的土地也可以设立永佃权。其法律关系包括以下内容：一是永佃权人有永久租用土地的权利,所有权人不得随意撤佃,也不得随意另行召佃;二是永佃权人有交租的义务,土地所有权人有收取地租的权利,如欠地租,所有权人可以撤佃,但必须交还佃价。罗马法规定,即使遇到不可抗力之事变致收益减少或全无,永佃权人也不得请求减少或免除租金,因为永佃权的期限很长,或是永久的,所以永佃权人可以以丰补歉。永佃权一般可以继承、转租、出让或抵押。

按照罗马法和大陆法系的物权原理,所有权是完整的和不可分割的,一物一权,每个物体只有一个所有权。而按照英美法系的物权原理,一物可以多权,按时间分割,可以分为将来地产权和现在地产权;按管理权能与收益权能分割,可以分为名义上的所有权人和享有占有、使用、收益权能的衡平法上的所有权,也可以按收益权能与担保权能分割。美国著名比较法学家梅利曼在《所有权与地产权》里对此有个比喻:"罗马式所有权可以被想象成一个写有'所有权'标签的盒子,拥有盒子的人就是所有人,在所有权完全无负担的情况下,盒子中包含了特定权利,占有、使用、收益、处分。主人可以打开盒子,拿出一个或一些权利转让给其他人,但只要盒子仍在,他就仍然是所有权人,即使盒子是空的。而美国则简单得多,没有所谓的盒子,有的仅是不同束的法律权益(sets of legal interests),有永久地产权(the fee simple)的人拥有最大束的法律权益,当他转移一束或多束给其他人时,那部分就没了。"[1]可见大陆法系和英美法系对于所有权的理念是不完全一样的。

中国的"永佃"和"一田二主"是否属于西方罗马法的永佃权概念?许多学者都认为我国的"永佃"和"一田二主"是

---

[1] [美]约翰·亨利·梅利曼著,赵萃萃译:"所有权与地产权",载《比较法研究》2011年第3期。

永佃权。[1]梁治平先生指出了"永佃"和"一田二主"都和永佃权不完全相同,他指出"永佃权"与"永佃"虽一字之差,其渊源、内涵及含义等却相去甚远。[2]中国的"永佃"和"一田二主"有着自己的特色,仅仅用永佃权的概念来概括是不太贴合的,至少永佃权的概念不能将"一田二主"完全覆盖。用梁治平先生的话讲,就是"无论哪种永佃权定义,简单地说,其权能均较'永佃'为大,比'一田二主'为小。而这是引起永佃权一词在使用上产生各种混淆的主要原因。"[3]

据法史学者戴炎辉研究,中国的永佃始自宋代,其中有诸多原因,有些永佃是地主将土地投献给皇室、豪族或寺观形成的,有些是自耕农将土地贱价典卖于豪强势要之家,情愿向其缴纳地租,当时叫"诡寄""托庇""投献"。有的是因为耕作已久而形成的,有的是私垦地放租而形成的。这些人形成了自己和所耕土地之间强烈和持久的联系,他们不能被原土地主随便撤佃,即使是原业主变动,其对土地的权利也可以对抗新业主,民间谚语所称的"倒东不倒佃"或"东换不换佃",一般这些人所耕土地的租额低廉,且不许升租。[4]

明清时期,东南地区普遍出现了"一田二主"的现象,甚至有些地方如福建还有"一田三主"的情形。所谓"一田二主",是指土地有两个主人,一个是"皮主",有"田面权"(上地上的权利),土地上层叫田面或田皮;一个是"骨主",有土地下层的权利,即田底权(下地上的权利),土地下层叫田底或田骨。皮主可以转让处分田皮,招佃收取皮租;骨主也可

---

[1] 参考戴炎辉:《中国法制史》,三民书局1966年版,第305—307页。
[2] 梁治平:《清代习惯法》,广西师范大学出版社2015年版,第89页。
[3] 梁治平:《清代习惯法》,广西师范大学出版社2015年版,第90页。
[4] 参见戴炎辉:《中国法制史》,三民书局1966年版,第306页。

以转让处分田骨,向政府缴纳赋税,收取定额地租(骨租、老租),但不能另行退佃、招佃,如要自耕或另行招佃,必须向皮主收取田皮,做到"皮骨归一"才行。因此,土地上的佃户具有更强的物上权利,佃户可以自由转让其手中的土地,而原业主只有收租的权利,却无撤佃的权利。佃户是否能将其佃业即"田面利益"自由和独立地转让于他人,这是"永佃"和"一田二主"之间最大的区别。

日本学者仁井田陞对"一田二主"有详尽的描述:"把同一地块分为上下两层,上地(称地皮、田面等)与底地(称为田根、田骨等)分属不同人所有,这种习惯上的权利关系就是'一田二主'。田面权(上地上的权利)与田底权(底地上的权利)并列,也是一个永久性的独立物权。底地所有人的权利,是每年可以从享有土地使用收益权的上地所有人那里收租(固定的得利),但是欠租一般不成为解约的原因。而且,上地底地的所有人,各自处分其土地时,互相间没有任何牵制,这是通例。也就是说,即使对上地转让出租,也可以任意作为,底地所有人的同意不是转让出租的要件。从而上地底地所有人的异同变化,不会引起其他一方权益的任何消长。"[1]

所谓"一田三主",是指一块土地有三个主人。第一个是苗主,即田底业主,是小租主,原土地所有人;第二个是赔主,即田面业主,是实际上的大租主,从土地所有人那里有偿取得收租权的人;第三个是佃户,支付了粪土银而取得土地耕种权的人。据万历《漳州府志》卷八《田赋考》记载:"同此田也,买主只收税谷,不供粮差,其名曰业主。粮差割寄他户,收留之税配之,受业而得租者,名大租主。佃户则出资佃田,大租

---

[1] 转引自梁治平:《清代习惯法》,广西师范大学出版社2015年版,第84页。

业税皆其供纳,亦名一主。此三主之说也。"[1]

　　明清时期的"一田二主""一田三主",一块土地上多人具有权利,颇与英美财产法中的"一物多权"制度类似,用罗马法或大陆法系的所有权或"永佃权"概念来描述这一现象似乎已不太贴切。这几个权利人权利都不相同,田骨业主（苗主、骨主）的收租权弱化,骨主可以转让处分田骨,有些地区还承担向政府缴纳赋税的义务,收取相对少量定额地租（骨租、老租）,但对田地的实际价值并不了解,所获也有限,大多已经沦为小租权,只能说有某种名义上的所有权。所谓田面业主（赔主、皮主）则掌握了更大的话语权。除须向田骨业主缴纳数量有限的定额地租外,原骨主不得干预皮主的对外买卖、转让、典押、转租行为,不得撤佃。田面业主可以永久占有土地,自由耕种、继承,向外典押、出租,收取较大的田租,有大租权,如果有政府赋税,则可以转让给第三方。民国版《南平县志》卷五《田赋志》就记载了这一情形:"赔主日与佃亲,其田之广狭肥瘠,悉已稔知。苗主不知耕佃,其田之荒垦上下,无从稽察。徒抱租簿内之土名,向赔收租,不审其田在何图里,坐何村落。"[2]这表明田面业主享有更充分的处分权,甚至可以说有实际的所有权。而最后承租的佃户,用"顶首""押租权""粪土银""流退钱"押租费用向地主买得耕种权。只有耕种权需要按照和田面业主签署的协议承担较重的田租,有可能还要承担政府税收,严格说来,佃户不拥有所有权,只拥有某些占有、使用和收益权。

---

[1]　柴荣:《中国古代物权法研究——以土地关系为研究视角》,中国检察出版社2007年版,第170页。

[2]　柴荣:《中国古代物权法研究——以土地关系为研究视角》,中国检察出版社2007年版,第161页。

"一田二主"或"一田三主"现象的出现是江南商品经济发展的结果,土地成为稀缺资源,佃权进入商品流通环节,参与地租和剩余产品的分割,增加投入,使土地增值,激活了土地交易市场,促进了经济的发展。但田面业主,坐收皮租,脱离生产经营,使作为直接生产者的佃农增加了重大的负担,造成了不合理的租佃关系。另外田地产权的分割也造成了主佃纠纷的增加。

如清乾隆十七年(公元1752年)发生在福建归化县的一个案件,谢帝伦是一块田地的业主,黄世同祖上用二十四两五钱银子将这块田地租去耕种,每年交租米九斗九升,黄世同家成为租户,因为业主谢帝伦缺钱,就把这块田地卖给了何祐,约定如果何祐将这块地用于自种,须还给黄世同二十四两五钱银子,然而何祐不愿意还给黄世同银子,造成纠纷,伤及黄世同的性命。[1]在这个案件中,谢帝伦和黄世同不是真正意义上的"一田二主"关系,黄世同祖上通过缴纳二十四两五钱的顶耕银获得了耕种权,虽然这不是完全意义上的永佃权,黄家还没有上升到"皮主"的地位,但是已获得了佃户的地位,要想解除其佃户的地位,必须退回其顶耕银。而何祐虽通过买卖获得了土地业主的地位,却擅自解除了与黄世同家的租佃关系,造成纠纷、引起伤亡,这正是民间田地产权的不明确或者说不遵守既有的规定所造成的纠纷。

---

[1] 中国第一历史档案馆、中国社会科学院历史研究所合编:《清代地租剥削形态》(下),中华书局1982年版,第381页。清乾隆十七年(公元1752年)一份刑部档案中被告谢帝伦的供词:这桃枝坑的田,原是小的(谢帝伦)祖上遗下,是黄世同祖上用银二十四两五钱顶去耕种,每年纳小的租米九斗九升,已经年久了。因小的年老家贫,将这田卖与何祐,得银二十三两。原向何祐说明……若要自耕,须还(黄)世同顶耕原价二十四两五钱,才好起回耕作。何祐不愿还顶耕银而强行夺佃,致伤人命。

对于"一田二主"所带来的弊端和引起的各种纠纷,官府倾向于直接否定皮主的所有权,不给予"一田二主"或"一田三主"的官方法律地位,官府一般通过发布告示禁止"一田二主"和"一田三主"。比如清代雍乾时期的《福建省例》卷十五《田宅例》记载:福建官府发布公告,要求"谨照从前通革之例,凡属皮租尽行革除,不许民间私相买卖,一切讼争告找告赎,概不准理,并令刊刻告示晓谕:佃户只纳田主正租,不许另纳皮租。若逋欠正租,听凭田主召佃。"从《福建省例》的规定可以看出,清政府从国家利益出发,试图阻止"一田二主"的发展,维护传统的租佃关系。

鉴于"永佃"和"一田二主"存在的弊端,我国古代法律一直没有确认其合法性。这种现象始终作为民间习惯存在。官府的立场大都是"任依私契,官不为理",只有在出现纠纷,导致人命杀伤案件时才进行裁决,或者有时出禁令加以限制。官府通过采取官方的政策和措施对其发展有宏观的控制,在一定程度上缓解了"永佃""一田二主"所带来的纠纷和弊端,保证了经济的健康发展和社会秩序的稳定。

6. 私契的效力

英国莎士比亚的著名喜剧《威尼斯商人》的故事讲述了威尼斯商人安东尼奥为了帮助朋友巴萨尼奥,与犹太商人夏洛克签订了三千金币的借款,以自己心脏的一磅肉作为履约担保。后来因为巴萨尼奥的商船沉没,到期无法还清欠款,夏洛克将安东尼奥起诉到威尼斯法庭,要求法官执行这份契约。法官劝解夏洛克,却受到夏洛克要上诉的警告。当时威尼斯的法律还没有如今天一般规定"如果契约有违国家法律或公序良俗时,合同无效"的有关条款,所以威尼斯法庭陷入两难的困境。不接受夏洛克的割肉请求，就违反了契约，违背了法律的尊严；接受割肉的请求，就意味着威尼斯法律将成为剥夺威尼斯良好公民生命的工具。这一困境最终被安东尼奥好友的未婚妻鲍西娅解决了，她冒着风险假扮律师，出庭为安东尼奥辩护，她提出的一系列问题让夏洛克无法辩驳，首先她指出"这契约上并没有允许你取他的一滴血，只写明'一磅肉'，在割肉的时候，不准流一滴血，也不准割超过或是不足一磅的重量"。她把夏洛克依据契约所产生的权利和安东尼奥本人的健康权和生命权并列，说明无论是流下一滴血，还是所割下的肉不足或超过一磅，都会使夏洛克的财产充公。最后援引了一条威尼斯法律，判定夏洛克作为犹太人有间接或直接谋杀威尼斯公民的动机和行为，要求判处没收夏洛克的财产，犯罪者的生命由总督处置。最后公爵作为法官饶恕了夏洛克的死罪，将夏洛克的一半财产充公。

在西方社会，私人主体之间签订的契约就是一种债，也叫"法锁"，是必须遵守和履行的，古罗马的法谚"合意创立法律"几乎也是中世纪全体欧洲通行的准则，契约等同于法律。而法律必须遵守，特别要为公共机关所奉行，同时法院受理当事人诉讼后，应该作出判决，并用公权力维护胜诉当事人的合法权益，为其追索债务。而鲍西娅通过用夏洛克坚持的最极端的法条主义解释了夏洛克理应适用的犹太律法的执法方式，用夏洛克的逻辑击败了夏洛克，这个故事比较好地展示了西方法律至上的精神以及契约和政府的关系。

在中国古代民间，私契同样具有法律效力。汉代的许多契约上都有要求签约方信守契约内容的条款，为显示契约的严肃性和不可变更性，甚至要求双方把契约当成国家律令，在契约文书中可以看到"正如律令""当律令"等法律用语。例如，浙江省所发现的东汉灵帝建宁元年（公元168年）的买地券，里面就有"建宁元年二月朔,有私约者当律令"的字样[1];1970年扬州发现的七角砖上的买地券也有"正如律令"的用语[2];中村氏藏有一个买地券也有"时旁人贾、刘皆知券约,他如天帝律令"的用语[3];一些合同的文字甚至用"即日丹书铁券为约"的用语,这些合同上的用语表明古代中国民间有着把契约当成法律的思想意识,不过这种文化意识只是一种民间的愿望,并未转化为官方的意识。以罗马法为渊源的西方国家,政府的公权力是保护私人契约的有力工具,其法院需要参与到因违约引起的民间诉讼的审理,然而在古代中国,官方对契约的态度是有所不同的。

古代中国法文化承认契约在私人经济关系上具有一定效力,但国家更多采取不予干预的态度,官方意识中从未将契约上升到等同于法律的地位,古代法律和契约是分属于两条线的。虽然有时官府会承认私约的法律效力,并在一定程度上以官方权力为履约提供一定的支持,但是民间契约和官方法律仍是有一定区别的,唐代敦煌文书中"官有政法,人从私契"的套语就是对这一现象的形象描述。"人从私契"的表达表明官方承认私契的一定效力,即私契确实是私人之间应当遵守的,但官府对

---

[1] 转引自宋格文:"天人之间:汉代的契约与国家",载高道蕴、高鸿钧、贺卫方编:《美国学者论中国法律传统》,中国政法大学出版社1994年版,第168页;[日] 仁井田陞:《中国法制史研究》(土地法·取引法),东京大学出版会1960年版,第420页。

[2] 转引自宋格文:"天人之间:汉代的契约与国家",载高道蕴、高鸿钧、贺卫方编:《美国学者论中国法律传统》,中国政法大学出版社1994年版,第169页;蒋华:"扬州甘泉山出土东汉刘元台买地砖券",载《文物》1980年第6期。

[3] 转引自宋格文:"天人之间:汉代的契约与国家",载高道蕴、高鸿钧、贺卫方编:《美国学者论中国法律传统》,中国政法大学出版社1994年版,第170页;[日] 仁井田陞:《中国法制史研究》(土地法·取引法),东京大学出版会1960年版,第419页。

于是否需要动用公权力来保障私契的各方权利却还是有所保留的。我们以唐代敦煌文书记载的两个契约为例来看看当时契约的用语和样式:

第一个民间私契是唐总章三年(公元670年)高昌张善熹举钱契[1]:

总章三年三月十三日,武城乡张善熹于左憧熹边举钱肆拾文,每月生利钱肆文。若左须钱之日,张即子本具还。前却不还,任掣家资,平为钱直。身东西不在,仰收后代还。两和立契,获指为记。(押)

钱主	
贷钱人	张善熹
保人(男)	君洛
保人(女)	如资
知见人	高隆还
知见人	王父师
知见人	曹感

第二个民间私契是唐总章三年(公元670年)高昌白怀洛举钱契[2]:

总章三年三月廿一日,顺义乡白怀洛于崇化乡左憧熹边举银钱拾文,月别生利一文。到月满日,白即须送利。左须钱之日,白即须子本酬还。若延引不还,听牵取白家财及口分,平

---

[1] 张传玺主编:《中国历代契约粹编》(上册),北京大学出版社2014年版,第308—309页。
[2] 张传玺主编:《中国历代契约粹编》(上册),北京大学出版社2014年版,第309—310页。

为钱直。仍将口分、蒲桃（葡萄）用作钱质。身东西不在，一仰妻儿酬还钱直。两和立契，获指为验。

钱主	左
取钱人	白怀洛
保人	严士洛
知见人	张轨端
知见人	索文达

　　从这两个私契来看，民间契约私下的约定是不同于国家法律的规定的。"官有政法"规定了限制高利贷的法律，一般利息不得超过百分之五、百分之六，即五分、六分。《唐杂令》规定，借贷合同中的利息每月不得超过六分。《唐六典》亦规定："凡质举之利，收子不得逾五分。"以此确保不会因利息过高而使债务人无法偿还。以上两个案例中，契约所签订的月息都是百分之十，可见民间契约有时并不完全符合国家法律的规定，但这种契约为民间所遵守和承认。债权人和债务人私契中一般都有"乡法酬生利，延引不还，听拽家财"，"若于限不还者，便着乡原生利"，"于月还不得者，每月于乡元生利""月别依乡法生利入史"等文字表述。另外，债权人和债务人的地位还是有所不同的，这在契约的文字上就有所体现，钱主或债主比较尊贵，不写名字或只写姓，而债务人必须写清全名。保人常常以家人代替，如第一个契约中的（男）君洛，（女）如资。为什么契约要标注性别？显然是代表着儿子和女儿充当了人质或保人，就是契约中"身东西不在，仰收后代还"和"身东西不在，一仰妻儿酬还钱直"条款的最终保证。此外还有物保，就是契约中的"前却不还，任掣家资"，"若延引不还，听牵取白家财及口分，平为钱直。仍将口分、蒲桃（葡萄）用作钱质。"

唐代对有利息的借贷叫"出举"或"欠负"。对于收取利息的贷款者，统治者认为其并不缺钱，借贷的目的是赚钱牟利，属于民间高利贷，因此当债务人无法清偿债务时，债权人的债权追索并不受到官府的支持，官府并不受理诉讼。《唐杂令》规定："诸公私以财物出举者，任依私契，官不为理。"可见这类借贷的偿还完全需要凭借私力救济，而不是公力救济。古代地方官不愿为富人讨债，他们认为这是有伤道德的行为。北齐有个地方官叫苏琼，任清河太守，当地有个寺院管事叫道研，时为济州沙门统，资产巨大，经常对外放贷"出息"，道研希望结识地方官吏为他讨债，所以经常去拜访苏琼。苏琼心里知道他的意图，于是每次都跟他谈经论道，讲一些严肃之事，致使道研每次都无法张口求助，道研的弟子问其原因，道研说："每次我跟太守谈话，他总把我带到'青云之上'，让我无法谈及地上之事。"[1]这一事件说明有一定节操的官僚士大夫都不愿意为商人、富人做追债之事，认为这是为富不仁，给自己的名誉抹黑。

另外一种借钱是没有利息的借贷，称为"负债"。负债一般数额较小，属于穷人之间的私相借贷，如果欠债人不还，债权人可以到官府状告债务人。对于这类债务，官府认为如果欠债不还，可能会危及债权人的正常生活，从而危及社会稳定和秩序，所以官府会帮助债权人追债，国家法律也有相关规定，对于欠债不还者，要负笞杖刑等刑事责任。《唐律疏议·杂律》设有"负债违契不偿"一罪，规定"诸负债违契不偿，一疋以上，

---

[1] （唐）李百药撰：《北齐书》，中华书局1972年版，第643页。道人道研为济州沙门统，资产巨富，在郡多有出息，常得郡县为征。及欲求谒，度知其意，每见则谈问玄理，应对肃敬，研虽为债数来，无由启口。其弟子问其故，研曰："每见府君，径将我入青云间，何由得论地上事？"

违二十日笞二十,二十日加一等,罪止杖六十;三十疋,加二等;百疋,又加三等。更令备偿。"[1]对于不向官府起诉,私自拿别人财物抵账超过了本金的,要以坐赃罪论处。《唐律疏议·杂律》规定:"诸负债不告官司,而强牵财物,过本契者,坐赃论。"疏议曰:"谓公私债负,违契不偿,应牵掣者,皆告官司听断。若不告官司而强牵掣财物,若奴婢、畜产,过本契者,坐赃论。"[2]

国家对于买卖或典卖的具体法律规定着重于与国家利益相关的事务,比如税收问题、过割问题、市场欺诈问题等,以《大明律·户律·田宅》为例:"凡典卖田宅不税契者,笞五十,仍追田宅价钱一半入官。不过割者,一亩至五亩,笞四十,每五亩加一等,罪止杖一百,其田入官。"从这一规定可以看出国家在制定关于契约的法律问题时,基本关注的是官府的利益和社会秩序的稳定,对于民间契约的具体运作并不关心。虽然这样不利于对个人权利的保护,但是为民间经济提供了自由发展的空间。

7. 典权制度

"典权"制度是中国传统农业社会的一个独特创造,它不同于罗马法的质押权或抵押权,它具有自己的特色。典权有以下特征:其一,典权是建立在不动产之上的物权;其二,典权人占有典物为要件的,其侧重于使用和收益,侧重于物权;其三,典权人要向出典人支付典价;其四,典物是可以回赎的,又分为约定期限和无约定期限,前者期限届满后出典人随时可以回

---

[1] 刘俊文撰:《唐律疏议笺解》(下),中华书局1996年版,第1803页。
[2] 刘俊文撰:《唐律疏议笺解》(下),中华书局1996年版,第1807页。

赎，后者则是钱到回赎，如果不能回赎，所有权变更为典权人所有。

值得注意的是，在不同时代"典"的含义有所不同。例如，唐代杜甫有"朝回日日典春衣"的诗句，宋代陆游有"且典春衣醉放颠"的诗句，都反映出唐宋时期典权是可以建立在动产之上的。《清稗类钞》里说："典质业者，以物质钱之所也。最大者曰典，次曰质，又次曰押。典、质之性质略相等，赎期较长，取息较少，押则反是。所收大抵为盗贼之赃物也。"[1]在这里"典"和"质"的区别在于物的价值不同。"典"的价值比较大，"质"所占有的财物价值稍小一些，当然多指不动产，但是也没有明确排除动产。"典"和"质"的赎期比较长，所收利息比较少，而"押"则赎期较短，所收的典息比较高。杨肇遇的《中国典当业》把中国典当划分为四类：典、当、质、押。"典"和"当"的区别在于，典对所典物的数额并无限制，典铺不能以财力不及拒绝受典物，而当铺可以不接受所当之物，至于"质"和"押"则规模比较小，还有就是纳税不同，在这四种征税比例上，一般"典"和"当"涉及财物的价值大，纳税相对就会多，而"质"和"押"纳税比较少。[2]当然有时官府会对绝卖和活卖（即典卖）的税负作不同的规定，一般说绝卖契时要纳税，而典当或活卖则免税。学者梁治平在其专著《清代习惯法》中指出，乾隆二十四年（公元1759年）定例："凡民间活契典当房产，一概免其纳税。而一切卖契，无论是否杜绝，俱令纳税。"可以想见，在这条法例发生作用的地方，人们将乐于采用典这一交易形式。[3]

---

[1] 徐珂编撰：《清稗类钞》（第三册），中华书局2010年版，第2289页。
[2] 杨肇遇：《中国典当业》，商务印书馆1929年版，第5—7页。
[3] 梁治平：《清代习惯法》，广西师范大学出版社2015年版，第100页。

对于明朝人来说，典和卖的主要区别在于一个是把物"质"于人，就是没有转移所有权，可赎；一个是把物"与"人，转移了所有权，不可赎。《明律集解·户律》"典卖田宅"条云："以田宅质人，而取其财，曰典。以田宅与人，而易其财，曰卖。典可赎，而卖不可赎也。"〔1〕"卖"其实在古代分为"活卖"和"绝卖"，《明律集解》里的"卖"专指"绝卖"，是不能回赎的，一般在契约内会有"永无找赎""永无葛藤"等字样，"活卖"在契约内往往有回赎的字样。卖而不绝一般仅限于不动产，特别是土地，这里的卖指的就是典卖。至少在清代，典和活卖的界限是模糊不清的。据学者杨国桢研究，清代的典和活卖含义基本相同。他说："典与活卖混同，契纸上只有微小的区别，有的在卖契文末写上典字，有的文字和卖契一样，但中人不画押，不加注意，是难以辨认的。"〔2〕

为什么中国古人要创立"典卖"这样一种制度呢？其主要原因可能与土地在中国农业社会中的重要性有关。古人安土重迁，土地对于家族的意义非常重大，土地在一个家族手中可能已经传递了很多代，因此这块土地凝聚着一个家族的情感，如果变卖祖产，会承担一个不肖子孙的罪名。因此我国的先人便创造出"典卖"的制度。这一制度最大的好处是出卖后能够回赎，卖而不绝，减轻出卖人的内疚感，给他们希望，日后生活宽裕时能够赎回所典之物，并且典卖物一般典价低于绝卖价，也对典权人有利。这一点学者郑玉波在其《民法物权》里有详细的阐述，特引如下："国人重孝而好名，出卖祖产，虽非不孝之尤，但亦败家之兆，不誉孰甚，故不能不力求避免，加以物

---

〔1〕 转引戴炎辉：《中国法制史》，三民书局1966年版，第312页。
〔2〕 杨国桢：《明清土地契约文书研究》，人民出版社1988年版，第42页。

之于人，原亦可发情感关系，因而永远舍业，情所不甘，倘日后经济情形好转，最好能备价收回。此在抵押或出质，他日固易于收回，但依此方式而筹得之款额，必较出卖为少，不足以应需要，于是遂创出典之制度，以济其穷，盖典为卖之变象（俗称典卖，而称出卖为杜卖或绝卖，以示区别），其办法，一面不放弃所有权，而保留回赎之机会，一面又能筹足需款（典价常接近卖价），不负出卖之名，而有出卖之实。如在典权人方面言之，虽无取得所有权之名，而亦有取得所有权之实（典权内容丰富，接近所有权，况尚有异日取得所有权之期待），诚一举而数得，故各地通行焉。"[1] 在这里郑玉波对典权产生原因的叙述是具有说服力的，只是有一点他称"典价常接近卖价"似乎并不合理，一般来说典价是明显低实际价值的，也就是说低于卖价才为合理。据学者梁治平研究，"典"产生之初具有一种借贷担保的性质。他指出："国人重孝好名之说理论上可以成立，但是仅此一点仍不足以说明创立典之制度的根由。民间典契辄写'银无起利，田不起租'，是其初为借贷担保的制度，典与卖接近而成典卖一词应当是其长期演变的结果。"[2]

典卖有着特殊的权利即回赎权，出典人在契约约定的期限届满后的一段时间内可随时以原价赎回田宅。宋朝法律规定出典人可以保留三十年的收赎权。当然有时回赎期并无规定，民谚有"一典千年活"的说法。民谚"典在千年、卖在一朝"与绝卖"一卖千休，寸土不留"形成鲜明对照。[3] 典的一个重大特征是，出典契约成立后，卖方仍可向买方追讨差价。当出典的土地价格上升后，出典人在回赎或绝卖之前向典主增找典价

---

[1] 郑玉波：《民法物权》，三民书局1958年版，第137页。
[2] 梁治平：《清代习惯法》，广西师范大学出版社2015年版，第99页。
[3] 参见戴炎辉：《中国法制史》，三民书局1966年版，第312页。

（找价、尽价加找补、拔价、添典），也可以在找价之后，将典产出卖与典主，这叫"找贴作绝"，是民间的习惯。找贴有时达到三四次不止，不过对于找贴的数额加原典价，卖家不能超过同一产业绝卖的时价。明朝中期以后，土地价格不断上涨，贫富分化加大，出典人以此为据要求找价日多，据明人范濂说，巡抚海瑞在任时非常支持小民告状找价，找价成了"定例"，海瑞此举鼓励了民间的找价之风，找价甚至达到了五六次之多，这一找价风潮被当时的士大夫所深恶痛绝。据当时明人笔记记载："田产交易，昔年亦有卖价不敷之说，自海公以后，则加、叹、杜、绝，遂为定例，有一产而加五六次者。初犹无赖小人为之，近年则士类效尤，靦然不顾名义矣，稍不如意，辄加扛抢奸杀虚情，诬告纷纷，时有'种肥田不如告瘦状'之谣。"〔1〕这种追求个人利益的找价行为，促使民间争讼和矛盾日益增多，明代的士大夫对于找价的行为持批评和不齿的态度。这里以明代谢肇淛的批评最为典型，他批评说："俗卖产业与人，数年之后，辄求足其直，谓之尽价，至再至三，形之词讼。此最恶薄之风，而闽中尤甚。官府不知，动以为卖者贫而买者富，每讼辄为断给。不知争讼之家，贫富不甚相远。若富室有势力者，岂能讼之乎？吾尝见百金之产，后来所足之价，每逾其原直者。余一族兄，于余未生之时，鬻田于先大夫，至余当户犹索不休，此真可笑事也。"〔2〕

找价所引起的争讼事件，持续到清代而不绝。以至于清代曾多次颁布法律规制这类事件，避免出现社会不稳定的局面。雍正八年（公元1730年），朝廷定例，凡卖产立有绝卖文契者，

〔1〕《笔记小说大观》（第十三册），江苏广陵古籍刻印社1983年版，第112页。

〔2〕（明）谢肇淛撰：《五杂组》，上海书店出版社2009年版，第79页。

即不准找赎，若系活业无力回赎，则许凭中找贴一次，另立绝卖契纸。乾隆十八年（公元1753年）定例又进一步要求分清典契与卖契，并针对此前典卖契未明之产，分别于三十年内、外规定了清理办法，但是这些措施并不可能完全解决找价问题。

四、古代信托、继承和侵权法文化散论

1. 古代的"检校"制度

"检校"本为查核、点校之意。唐代以后,官府派遣官员查验监管相关财产、核实有关事务,他们的这一行为被称为"检校"。如唐太宗贞观元年(公元627年)御史大夫杜淹奏:"诸司文案恐有稽失,请令御史就司检校。"到了宋代更发展为一种检验财产以便保护遗孤的财产制度。

从广义上讲,该制度是唐宋时官府对社会几种类型的财产如系官财产、寺观财产或私人财产进行核查、纠正、保管、分配和归还的制度。从狭义上讲,该制度是指官府对私人的户绝财产或孤幼财产的检查、清算、纠正、分配、保管和归还。《名公书判清明集》称:"所谓检校者,盖身亡男孤幼,官为检校财物,度所须,给之孤幼,责付亲戚可托者抚养,候年及格,官尽给还。"[1]日本学者加藤繁于1927年发表的《论宋代检校

---

〔1〕 中国社会科学院历史研究所、宋辽金元史研究室点校:《名公书判清明集》,中华书局1987年版,第228页。

四、古代信托、继承和侵权法文化散论

库》一文探讨了我国宋代检校库的基本情况，文中言检校库"除首都开封府外，地方各州已都存在"，检校库主要被用于保管孤儿的财物，尤其是保管金银现钱，类似于今天的信托制度，声称"检校库是在中国十世纪乃至十三世纪左右所实行的一种官营信托"。[1] 官府保管父母亡故后所留下的财产，照顾遗孤，并委托亲属作为监护执行人，官府从所代管的财产中拨出基本抚养费用给监护执行人，等被照顾的儿童长大成人后，官府再把保管的财产归还他，这有点类似于大陆法系的监护制度。

以下几种情形需要由官府介入行使检校，对当事人财产进行清查、管理和分配一般是由官府发布法令来决定的：一是父母去世后没有儿子的户绝情形，需要由官府介入行使检校，如唐代《丧葬令》规定："诸身丧户绝者，所有部曲、客女、奴婢、店宅、资财，并令近亲转易货卖，将营葬事及量营功德之外，余财并与女。无女均入以次近亲，无亲戚者，官为检校。若亡人在日，自有遗嘱处分，证验分明者，不用此令。"[2] 二是一些商旅人士身死客乡，无合适亲属家人照管的情形，国家检校和管理其财产，如唐《主客式》规定："诸商旅身死，勘问无家人亲属者，所有财物，随便纳官，仍具状申省。在后有识认勘当，灼然是其父兄子弟等，依数却酬还。"[3] 三是军士出征的情形，国家检校和代管其无亲族帮助照顾的财产，如《宣慰平卢军陷淮西将士敕》云："淮宁军将士等，顷自平卢，来赴国难"，

---

[1] 转引自刘云："北宋孤幼、户绝财产检校制度辨析"，载《广东农工商职业技术学院学报》2017年第1期；[日] 加藤繁：《中国经济史考证》（卷二），华世出版社1981年版，第681—684页。

[2] （宋）窦仪等详定，岳纯之校证：《宋刑统校证》，北京大学出版社2015年版，第169—170页。

[3] （宋）窦仪等详定，岳纯之校证：《宋刑统校证》，北京大学出版社2015年版，第170页。

"如有庄宅店铺奴婢六畜产业等,各任如旧,不得辄有侵扰。如全家殁在淮西,更无亲族为主者,即官为检校,待当主复,即时检付。"[1]

当出现法律没有规定的特殊情形时,由当事人请求官府进行检校,官员可以采用司法判决的方式决定是否行使检校。宋朝时有一户的男主人方天禄突然去世,妻子18岁,还没有生育,这就产生了户绝问题。对于户绝一般的解决办法是立嗣来继承产业。立嗣分为立继子和命继子,立继子是指父母一方在世时指定的养子;命继子是指父母双亡,由宗族内的近亲属指定的继子。在这个案件中,其兄方天福想让自己的独子作为方天禄的命继子继承方天禄的财产,而亲戚王思诚也觊觎方天禄的财产。官府觉得让方天福的独子作为命继子不妥,一是方天禄的妻子还在,"夫亡从妻",从法理上应该是立继子,而不是命继子;二是方天福只有一子,如果让其子成为命继子,那么其子到底是属于哪一脉就成了问题。而方天禄的妻子只有18岁,是否会外嫁并不确定,再加上王思诚对方天禄所留财产的垂涎,官府遂代方天禄妻子为其选择继承人,并将方天禄的财产与方天福的财产分开,对方天禄的财产进行检校管理。[2] 在这个案件中,官府通过判决将本未在法律规定中的检校情形列

---

[1] (宋) 宋敏求编:《唐大诏令集》,中华书局2008年版,第608页。

[2] 中国社会科学院历史研究所、宋辽金元史研究室点校:《名公书判清明集》,中华书局1987年版,第280页。方天禄死而无子,妻方十八而孀居,未必能守志,但未去一日,则可以一日承夫之分,朝嫁则暮义绝矣。妻虽得以承夫分,然非王思诚所得干预。子固当立,夫亡从妻,方天福之子既是单丁,亦不应立,若以方天福之子为子,则天禄之业并归天福位下,与绝均矣。先责王思诚不得干预状,违不从应,为杖断。仍将天福押下县,唤上族长,从公将但干户下物业均分为二,其合归天禄位下者,官为置籍,仍择本宗昭穆相当者立为天禄后。妻在者,本不待检校,但事有经权,十八孀妇,既无固志,加以王思诚从旁垂涎,不检校不可。

入检校,其判词也直接说明了这只是临时应变的举措,即"妻在者,本不待检校,但事有经权,十八孀妇,既无固志,加以王思诚从旁垂涎,不检校不可。"

在古代社会中,也有一些亲属希望通过检校来争夺亲戚的财产,主动向官府提起对某些人的财产进行检校,以达到侵夺他人财产的目的。宋朝有一个案例,张文更的父母去世,还有一个妹妹不到10岁,张仲寅作为堂叔想要管理张家兄妹父母留下来的财产,于是向官府提出检校,把张文更的妹妹交给他来抚养照顾。官府觉得此行为不合法,检校应该是在一个家庭户绝情形时使用,而张家儿子张文更已经30岁,能够担负家庭责任,照顾妹妹。所以"正合不应检校之条",不予检校,同时斥责张仲寅"心术之险,族义之薄",张家父母留下来的财产应该交给张文更,将来如有分家情形,按照法律办即可,"余人并不得干预。"[1]

"检校"制度适用于特殊情况的弱势群体,与信托制度受私人委托是有所不同的,检校制度是国家通过法律确定的针对一些特定对象的救济制度,并没有真正的委托人,而是国家主动承担帮助特定对象照顾其家属和其财产的责任,这有点像罗马法的监护制度。宋代官府针对孤幼人员,"使亲戚抚养之",每

---

[1] 中国社会科学院历史研究所、宋辽金元史研究室点校:《名公书判清明集》,中华书局1987年版,第228页。张文更父亡,张仲寅以堂叔之故,陈理卑幼财产,意在检校。揆之条法,所谓检校者盖身亡男孤幼,官为检校财物,度所须,给之孤幼,责付亲戚可托者抚养。候年及格,官尽给还,此法也。又准敕:州县不应检校辄检校者,许越诉。此又关防过用法者也。今张文更年已三十,尽堪家事,纵弟妹未及十岁,自有亲兄可以抚养,正合不应检校之条,张仲寅仗义入词,公耶?私耶?向尝谇间其母,致与父相离,今复挠乱其家,使不得守父之业,岂非幸灾以报仇,挟长以凌幼,用意何惨哉!法不可行,徒然扰扰,但见心术之险,族义之薄,天道甚还,岂可不自为子孙之虑也哉!今仰张文更主掌乃父之财产,抚养弟妹,如将来或愿分析,自有条法在,余人并不得干预。

季度供给所需，如果财产数额较小，还需要出举借贷生息来维持财产的保值增值，通过收取利息来供养孤幼等需要照顾的人员。[1]

这一制度因为完全是官府操作，缺乏民间监督，有时也会出现贪污腐败现象，一些官吏利用手中的权力勒索和侵夺私人财产，如南宋末年，袁州万载县丞石应雷"检校彭祥甫家卑幼业，勒取钱三千贯，又卖卑幼业人每田百把取钱百贯"，被江西路提举常平使黄震弹劾检举。也有官吏擅自支取挪用官府检校的财产，官府需要颁布法律和政策以惩治这一现象的发生。[2]

宋朝对一些孤儿也有其他的救济制度，宋代官府设提举常平司或在常平司里设立"慈幼局"用来抚养那些被贫穷父母遗弃的孩子。后期当官府不再设立专门领养孤儿的机构后，又发布政策允许村里的管事者替贫穷养不起孩子的人家申请政府救济，一旦出现遗弃子，鼓励民间收养，官府给收养之家粮食。[3]

由此看来，检校之法并非安排孤儿、弃子的唯一方法，皇帝处理臣属百姓的财产和子嗣继承的派生制度，与大陆法系的监护制度和英美法系的信托制度有很大的不同，"检校"制度的主要目的之一是巩固民间的宗祧继承，保证死者不会"绝支"，与"立继子"及"命继子"是紧密联系的，其主要功能在于调

---

[1] 转引自刘云："北宋孤幼、户绝财产检校制度辨析"，载《广东农工商职业技术学院学报》2017年第1期。

[2] 中国社会科学院历史研究所、宋辽金元史研究室点校：《名公书判清明集》，中华书局1987年版，第281页。但准敕：辄支用已检校财产者，论如擅支朝廷封椿物法，徒二年。又律：诈为官司文书及增减者，杖一百。

[3] 《宋史》载：初，常平有慈幼局，为贫而弃子者设，久而名存实亡。震谓收哺于既弃之后，不若先其未弃保全之。乃损益旧法，凡当免而贫者，许里胥请于官赡之，弃者许人收养，官出粟给所收家，成活者众。

整民间财产继承顺序，维护宗族传统价值，抑制宗族成员间的财产争夺，解决财产纠纷，避免宗族内因财产纠纷造成的不稳定局面，该制度在抚恤百姓的同时还能扩大税源，从而稳定国家和社会秩序。

2. 古代遗嘱

早在古罗马的《十二铜表法》中就有规定："凡以遗嘱处分自己的财产，或对其家属指定监护人的，具有法律上的效力。"该法赋予了被继承人处分自己财产的法律效力，允许被继承人用遗嘱处分他自己死后的财产，作为他处分财产权利的延续。只有当死者生前没有立遗嘱，或者所立遗嘱不合法律规定、不具有法律效力时，才会按照法定继承办理。这一原则为近现代法律所继承，它包括下列两点内容：一是遗嘱自由的原则。立遗嘱人完全可以按照自己的意愿安排处分自己的遗产，除了法律规定的"特留份"，遗嘱人可以自由确定继承人人选、继承顺序和继承份额，继承者可以是法定继承人，也可以通过遗赠的方式给予法定继承人以外的个人或团体。二是遗嘱继承优先原则。其效力高于法定继承，无遗嘱或所立遗嘱无效时才能适用法定继承，法定继承一词的拉丁文原意就是"无遗嘱继承"。

然而中国古代的继承原则与此正相反，至少在西汉时期民间已经存在诸子均分的继承习俗，即每一个儿子平均分配家庭的财产，史书记载了西汉初年陆贾分金的情形：陆贾生前将其财产预先做了安排，五个儿子基本平分了其财产，五个儿子共同承担他的养老，他轮流居住在每个儿子家中，最后死在哪个儿子家，就由其安排丧葬事宜。安排丧葬的儿子可以得到他的车马、奴仆等额外的财产。[1]

唐代时期将"诸子均分"的习俗纳入法律之中,《唐律疏议·户婚律》"同居卑幼私擅用财"条疏议曰:"应分田宅及财物者,兄弟均分。妻家所得之财,不在分限。兄弟亡者,子承父分,违此条文者,是为不均平……坐赃论,减三等。"[2]诸子均分制为历代法律所沿用,"诸子"包括妻、妾、婢的儿子,他们都是财产均分制的享有者。明清时期称私生子为奸生子,奸生子也获得了一定的继承权,可以分得其他诸子份额的一半。如果家里没有其他儿子,只有奸生子,那么应该立嗣子,嗣子和奸生子平分家财。只有没有嗣子的情形,才允许奸生子承继全部的家财。[3]

为什么我国古代没有采用古希腊、古罗马以及近代西方的遗嘱继承优先原则,而是坚持"诸子均分"的法定继承优先原则?这与中西不同的生产方式和家族(庭)形态密切相关。古希腊、古罗马和近现代西方都是以工商业为主要生产方式,公民个人是经营工商业的主力军,国家是以公民个人作为基本单位形成的,个人私有财产受到较多的尊重和保护,国家承认个人对自己财产的占有、使用、收益和处分的权利,在个人去世后其个人的处分意愿被承认和保护也就成为题中之义。然而古代中国社会实行以农业为主的自然经济生产方式,依靠家族或

---

[1] 《史记》载:(陆生)乃病免家居。以好畤田地善,可以家焉。有五男,乃出所使越得橐中装卖千金,分其子,子二百金,令为生产。陆生常安车驷马,从歌舞鼓琴瑟侍者十人,宝剑值百金,谓其子曰:"与汝约:过汝,汝给吾人马酒食,极欲,十日而更。所死家,得宝剑车骑侍从者。一岁中往来过他客,率不过再三过,数见不鲜,无久慁公为也。"

[2] 刘俊文撰:《唐律疏议笺解》(上),中华书局1996年版,第960页。

[3] (清)沈之奇撰,怀效锋、李俊点校:《大清律辑注》(上),法律出版社2000年版,第217—218页。嫡庶子男,除有官荫袭先尽嫡长子孙,其分析家财田产,不问妻、妾、婢生,止以子数均分。奸生之子,依子量与半分,如别无子,立应继之人为嗣,与奸生子均分;无应继之人,方许承继全分。

四、古代信托、继承和侵权法文化散论

家庭集体协作才能维持这种经济的运行和发展，社会的基层组织是以家族或家庭为纽带进行运作的，国家是以家族为基本单位进行组织的，整个社会推崇的是家族的荣耀而不是个人的荣誉，个人的奋斗目标是光宗耀祖，为家族争取荣光。家族内成员居住的基本方式是"同居共财"，《唐律疏议·擅兴律》"征人冒名相代"条疏议曰："称同居亲属者，谓同居共财者。"[1]所谓"同居"，是指整个家族成员聚集在一起，甚至出现三世同堂或四世同堂的局面，国家的法律禁止"别籍异财"，凡是未经家中尊长同意的分家另过，就是不孝行为，唐代的法律责任是徒刑三年[2]，明清的法律责任是杖一百。[3]所谓"共财"，是指家族财产共有制，不仅卑幼不能擅自处理，而且家族也不能任意处分。违背尊长的教令，卑幼私自分割财产或别立户籍的，要承担刑事责任。唐律规定："诸同居卑幼，私辄用财者，十疋笞十，十疋加一等，罪止杖一百。即同居应分，不均平者，计所侵，坐赃论减三等。"这种对私用家财的惩罚条款，延续到了清律。值得注意的是，清律加大了对尊长分配财产不均的处罚，其律文规定："同居尊长应分家财不均平者，罪亦如之。"分配家财不均的问题在唐律中并没有直接写明针对尊长，家财不均的获得者构成侵占财产问题，将按照所多得的财产价值坐赃论减三等处理，这似乎并非针对尊长责任的处罚，而明清律的规定直接针对同居尊长，很明显是直接规定了家长的责任，律文中将尊长分财不均和子女私擅用财的责任同等并列，都属于对

---

[1] 刘俊文撰：《唐律疏议笺解》（下），中华书局1996年版，第1176页。
[2] 刘俊文撰：《唐律疏议笺解》（上），中华书局1996年版，第936页。诸祖父母、父母在，而子孙别籍、异财者，徒三年。
[3] （清）沈之奇撰，怀效锋、李俊点校：《大清律辑注》（上），法律出版社2000年版，第215页。凡祖父母、父母在，而子孙别立户籍，分异财产者，杖一百。

共同财产的侵犯并加以同等处罚。可见,古代中国法文化关于遗产分配更关注的是家族利益,而不是家长的权利或权益。

同居共财制下,首先,财产是家族共有的,其财产的取得也可能是家庭中一部分成员的贡献,并不一定完全是家长的贡献,不能看成是家长的私有财产,家长只具有管理和支配权。如果家长死后完全按照他的意愿去处置财产可能产生不公平,违背整个家族的利益,所以家长通过遗嘱私自处分财产是得不到社会舆论的支持的。其次,死者或家长本人的遗产和家族的财产无法区分,共有人对家族财产享有所有权,因此继承只能是"同居应分",或者只能在家族亲属范围内传递,死者不能自由处分财产。如果家长不按照这一原则继承,违反了习惯和法律,同卑幼私分家财一样,也是要负法律责任的。在古代传家习惯和王朝法律之下,家长自由处分财产是没有空间的,所以法定继承优先原则成为中国古代继承制的必然选择。这一继承制严格要求家长把财产在儿子之间均分,因为女儿要出嫁,成为所嫁之家的户籍成员,所以除嫁妆以外,女儿在法理上是不能参加本家族的财产继承的,在婆家她们也是依附其丈夫或儿子来占有财产。

因此在古代中国法定继承制是第一位的,但遗嘱继承也是存在的。我们古代史籍中屡屡出现"遗言""遗嘱""遗命""遗令""遗训""遗诫"等词,迄今所知最早的"遗嘱"一词的文献记载来自《汉书》,汉称遗嘱为"先令",颜师古注曰:"先令,为遗令。"南宋著名学者袁采曾撰一书《袁氏世范》,这是一部可与《颜氏家训》相提并论的著名家训,其中就谆谆告诫早立遗嘱,不能等到风烛残年再来起草,而且强调遗嘱一定要公平,否则必然引争讼而破家。"遗嘱之文,皆贤明之人为身后之虑。然亦须公平,乃可以保家。如劫于悍妻黠妾,因于后妻爱子中有偏曲厚薄,或妄立嗣,或妄逐子,不近人情之事,不

四、古代信托、继承和侵权法文化散论

可胜数,皆所以兴讼破家也。"[1]

古代中国确实存在着遗嘱,但中国式的遗嘱并不完全处于自由的状态。遗嘱的效力受到多方面的限制。

第一,遗嘱的适用是有前提的,一般是在没有法定继承人的情形下发生的,唐代制定的《丧葬令》规定:"诸身丧户绝者,所有部曲、客女、奴婢、店宅、资财,并令近亲转易货卖,将营葬事及量营功德之外,余财并与女。无女均入以次近亲,无亲戚者,官为检校。若亡人在日,自有遗嘱处分,证验分明者,不用此令。"[2] 这个法条直接指明当出现了户绝的情形,就可以依据"证验分明"的遗嘱处分财产。所谓户绝,就是指没有子嗣,在一个人无子嗣后代的情形下,遗嘱就有了法律效力,遗嘱所规定的继承人即可享有继承权。

第二,遗嘱在后代立法上越来越丧失应有的法律地位。户绝时可以直接适用遗嘱的原则只有唐宋律有明确的规定,元明清以后的立法并没有继承唐宋时期的法律规定,这使遗嘱继承的正当性在法律上更显模糊。如《大元通制条格》卷三"户绝资产"条规定:"随处有身丧户绝,别无应继之人(谓子侄弟兄之类),其田宅、浮财、人口、头疋拘没入官。"[3] 可以看出元代法律率先在国家立法层面删掉了户绝财产应服从遗嘱的处分的规定,明清律延续了这个规定。《大明令·户令》规定:"凡户绝财产,果无同宗应继之人,所生亲女承受,无女者入官。"[4]

---

[1] (宋)袁采撰,李勤璞校注:《袁氏世范》,上海人民出版社2016年版,第36页。

[2] (宋)窦仪等详定,岳纯之校证:《宋刑统校证》,北京大学出版社2015年版,第169—170页。

[3] 郭成伟点校:《大元通制条格》,法律出版社2000年版,第28页。

[4] 见《大明律》卷四《户律·户役》"卑幼私擅用财"律下引《大明令》条文,转引自俞江:"家产制视野下的遗嘱",载《法学》2010年第7期。

清代对于遗嘱没有任何规定，可见元明清立法中都没有给遗嘱任何位置，遗嘱缺乏官方的关注，大多依据民间习惯来处理。

第三，遗嘱对财产的处分需要限定在一定范围内的亲属，否则可能不会被官府认定其有效。如南宋《户令》规定："诸财产无承分人，愿遗嘱与内外缌麻以上亲者，听自陈，官给公凭。"[1]宋代嘉祐遗嘱法规定："财产别无有分骨肉，系本宗不以有服及异姓有服亲，并听遗嘱。"[2]这里法律规定的"内外缌麻以上亲"和"本宗不以有服及异姓有服亲"都是指遗产的继承人必须是亲属，否则将不具有法律效力。

第四，遗嘱所处分的财产份额经常会受到限制。至少在宋代法律会对遗产的处分金额给予一定的限制，据《续资治通鉴长编》记载："其后献利之臣，不原此意，而立为限法，人情莫不伤之。不满三百贯文，始容全给，不满一千贯，给三百贯，一千贯以上，给三分之一而已。"这种对遗嘱人处分自己遗产数额的限制也受到后代写史之人的批评，认为是"献利之臣"的主意，是与民众争利的法律，伤了天下孤老者之心，有违原来立法的"财产无多少之限，皆听其受也"的本意，有害于仁义。[3]

---

[1] 中国社会科学院历史研究所、宋辽金元史研究室点校：《名公书判清明集》，中华书局1987年版，第304页。

[2] （清）徐松辑：《宋会要辑稿》（六），中华书局1957年版，第5904页上。

[3] （宋）李焘撰：《续资治通鉴长编》（16），中华书局2004年版，第9325页。臣伏以天下之可哀者……此遗嘱旧法，所以财产无多少之限，皆听其与也；或同宗之戚，或异姓之亲，为其能笃情义于孤老，所以财产无多少之限，皆听其受也，因而有取，所不忍焉。然其后献利之臣不原此意，而立为限法，人情莫不伤之。不满三百贯文始容全给，不满一千贯给三百贯，一千贯以上给三分之一而已。国家以四海之大、九州之富，顾岂取乎此？徒立法者累朝廷之仁尔。伏望圣慈，特令复嘉祐遗嘱法，以慰天下孤老者之心，以劝天下养孤老者之意，而厚民风焉。如蒙开纳，乞先次施行。

四、古代信托、继承和侵权法文化散论

第五，遗嘱的效力受到法定继承基础法理的限制，其有效性和解释权在官府。当遗嘱的内容和基本继承法理原则有所冲突时，官府一定会采取有利于传统继承法理的方式来解释。女儿在家庭财产上基本没有话语权，当没有儿子继承时，女儿留在娘家需要找入赘女婿，然后通过其父的遗嘱才能确立他们的权益。可是有时会出现意外，父亲纳妾或突然有了儿子，年幼弟弟的出现会与原来女儿、女婿的财产预期相悖，其利益出现了冲突，于是原家长一般会在遗嘱中指定女儿、女婿可以继承全部或大部分的家财来换取他们照顾幼小的弟弟。弟弟长大后，往往会要求给予他们应有的财产继承权。比如《太平御览》记载的汉代何武断剑的案例〔1〕、《折狱龟鉴》记载的宋代名臣张咏"三分与婿"的判案〔2〕、清朝光绪年间胡文炳所汇辑《折狱龟鉴补》所记载的张姓富翁遗书券案〔3〕、《名公书判清明集》中记

---

〔1〕 又曰：沛中有富豪，家訾三千万。小妇子是男，又早失母。其大妇女甚不贤。公病困，恐死后必当争财，男儿判不全得。因呼族人为遗令云："悉以财属女，但以一剑与男，年十五以付之。"儿后大，姊不肯与剑，男乃诣官诉之。司空何武曰："剑，所以断决也；限年十五，有智力足也。女及婿，温饱十五年，已幸矣！"议者皆服，谓武原度事得其理。

〔2〕《宋史》载：有民家子与姊婿讼家财。婿言妻父临终，此子裁三岁，故见命掌赀产；且有遗书，令异日以十之三与子，余七与婿。咏览之，索酒酹地，曰："汝妻父，智人也，以子幼故托汝。苟以七与子，则子死汝手矣。"亟命以七给其子，余三给婿，人皆服其明断。

〔3〕 陈重业主编：《折狱龟鉴补译注》，北京大学出版社2006年版，第85页。有富民张老者，妻生一女，无子，赘某甲于家。久之，妾生子，名一飞，育四岁而张老卒。张病时谓婿曰："妾子不足任，吾财当畀汝夫妇，尔但养彼母子，不死沟壑，即汝阴德矣。"于是出券书云："张一非吾也，家财尽与吾婿，外人不得争夺。"婿乃据有张业不疑。后妾子壮，告官求分，婿以券呈官，遂置不问。他日奉使者至，妾子复诉，婿仍前赴证。奉使者又更其句读曰："张一非，吾子也，家财尽与，吾婿外人，不得争夺。"曰："尔父翁明谓'吾婿外人'，尔尚敢有其业耶？诡书'飞'作'非'者，虑彼幼为尔害耳！"于是断给妾子，人称快焉。

载的柳璟遗产案[1]、南宋人施德操《北窗炙輠录》所记录的幼子继承案等[2],这些案例都是属于儿子出生时非常幼小,而遗嘱将财产的全部或部分归属女儿、女婿。当儿子长大后争夺财产时,在法官的眼中,原来将财产归属女儿、女婿的遗嘱违背了儿子继承遗产先天权利,遗嘱的内容是当事人迫于形势所做的非常态的财产安排,是无奈或权变之举,在何武断剑案、张咏案、张老遗产案、施德操所记的遗产分配案中都是为了换取女儿和女婿承担抚养小儿子的责任而立遗嘱分家财给女儿、女婿。柳璟案则是为了换取成年侄子们的关照,免受欺凌,通过遗嘱的形式将遗产的一部分分期遗赠给几个侄子。这些遗嘱并不属于立遗嘱人的真实意思表示,因此法官根据具体情形,依据某种方式予以了否定或改变。法官们在这些案件中都承认了遗嘱的真实性,但是都否认这是立遗嘱人的真实意图,是智者的巧计或是迫于形势的

---

[1] 中国社会科学院历史研究所、宋辽金元史研究室点校:《名公书判清明集》,中华书局1987年版,第291—292页。柳璟兄弟四人,久矣分析,各占分籍,素无词讼。三兄俱亡,有侄凡四。璟死之日,家业独厚,生子独幼,遂以四侄贫乏,各助十千,书之于纸,岁以为常。今才五、七年,而璟之妻子乃渝元约,诸侄陈论,意欲取索,就其族长索到批贴,系璟亲书,律以干照,按续支付,似无可辞。第探其本意,实有深意。昔人有子幼而婿壮,临终之日,属其家业,婿居其子之二,既而渝盟,有词到官。先正乖崖以其善保身后之子,而遂识乃翁之智,从而反之,九原之志,卒获以伸。柳璟之死,子在襁褓,知诸侄非可任托孤之责,而以利诱之。观其遗词,初念生事之薄,而助之钱,终以孤儿寡妇之无所托,而致其恳,且言获免侵欺,瞑目无憾。执笔至此,夫岂得已!此与古人分付家业之事,意实一同,其所措虑,可谓甚远。诸侄不体厥叔之本意,历年既远,执券索偿,若果固有。不知璟之子受年日以多,璟之妻更事日以熟,门户之托,既有所恃,则以利人,无嫌诸责。合当仿乖崖之意行之,元约毁抹。自今以始,各照受分为业,如有侵欺,当行惩断。

[2] 上海古籍出版社编:《宋元笔记小说大观》(三),上海古籍出版社2001年版,第3320页。又有一富人,亦有一子,方孩,无母,乃有一婿,将死,属其婿曰:"吾以子累君,幸君善抚之。他日吾子长,当使家资中分之。"乃出父母手泽付其婿。及其长,不肯依父约,其婿乃以手泽诉于县。明道,乃密谓其子曰:"女父,智人也。虽如是,某人亦贤也。不然方汝幼时,岂不能杀汝取其全资耶?"其子悟,遂半分之。

无奈之举。何武断剑案、张老遗产案通过文字的引申解释或者不同的断句,甚至更改同音字,从而作出有利于儿子继承的"真实意思"的解释,张咏案、柳璟案则干脆不顾及文字的含义,直接用当时的处境推断出遗嘱当事人为无奈之举。法官对遗嘱的解释是否真的忠实于立遗嘱人的原意无从得知,然而因为其符合当时社会的一般习惯和伦理道德,广为世人所接受和推崇,甚至被奉为办案经典。南宋的《折狱龟鉴》作者郑克曾评价何武断剑案和张咏案皆是深合法理人情的"严明之政"。"夫所谓严明者,谨持法理,深察人情也。悉夺与儿,此之谓法理;三分与婿,此之谓人情。(何)武以严断者,婿不如约与儿剑也;(张)咏之明断者,婿请如约与儿财也。虽小异而大同,是皆严明之政也。"[1]在施德操所记载的案件中,立遗嘱人作出儿子和女婿平分的意思表示,该法官认为遗嘱内容中儿子和女婿平分遗产是合乎情理的,毕竟女婿尽到了收养照顾小儿子长大的责任,分给女婿一半的财产是对其善意和付出的奖励,也没有完全侵犯小儿子的继承权。并且在该案中,法官考虑到如果一味地否定遗嘱的效力性,可能会违反人世间的基本信义,付出的女儿、女婿如果最终什么都得不到,可能会丧失照顾幼小儿子的责任感和欲望,甚至会产生杀害幼儿来夺取全部财产的心态,这样更加不利于幼小儿子的根本利益,所以这位法官劝告长大后想夺取全部家财的小儿子尊重父亲的遗嘱,和其姐夫平分财产。

上述案例中可以看出女儿、女婿在家庭财产分配中处于弱势地位,甚至历史上出现过已经获得家产分配的女儿因为儿子的归来交还财产的情形。江苏仪征胥浦 101 号西汉墓中出土的《先令券书》被认定是流传下来的最早的遗嘱,但实际上这个竹

---

[1] 梁治平:《法意与人情》,中国法制出版社 2004 年版,第 235 页。

简并不是严格意义上的遗嘱,因为墓主朱凌的《先令券书》所处分的并不是自己的财产,而是其母名下的财产,类似于现代归还财产的证明文件。从这一文件看,首先,在没有父亲健在的情形下,长兄如父,对于财产的处置长兄朱凌有很大的权利,甚至母亲的意志也被其左右。其次,在家庭中女儿的继承权利低下,但是母亲念及女儿们生活贫穷将另一个早年离家未归的儿子公文的财产分配给了两女。许多年后,由于公文返乡并且贫苦落魄,作为兄长的朱凌觉得有愧于弟,又立下券书重新夺回分给两个妹妹的财产。朱凌并没有考虑弟弟公文很早就已离开家,并且从没有给家里拿回一文钱,没有对家庭做过任何贡献,两个妹妹同样也是贫无产业的事实,强行立下券书将分给两个妹妹的财产又夺回分给其弟弟公文,并且召集县、乡三老,都乡有秩和邻里亲属前来见证,显然这一行为是获得了官府和民间的一致支持的。[1]

在家族内无子的妾对于家庭的财产也是没有话语权的。《折狱龟鉴补》一书中记载了这样一个纠纷,立遗嘱人在遗嘱中表示妾可以和其正妻的二子平分其家产,但是两个儿子却想将妾排除在继承家产之外,其诉讼理由是"妾无分法",因为在民间习惯和法律上妾如果没有儿子,是没有任何财产继承权的,她的继承权利只能依靠遗嘱的方式安排。最后官员杜杲支持了立遗嘱人的遗嘱,同时也限定妾死后或改嫁,其财产由正妻的两个儿子获得,而妾本身是没有立遗嘱处分此财产的权利的。[2] 宋人

---

〔1〕 王勤金等:"江苏仪征胥浦101号西汉墓",载《文物》1987年第1期。
〔2〕 陈重业主编:《折狱龟鉴补译注》,北京大学出版社2006年版,第59页。杜杲,字子昕,邵武人。知六安县,民有嬖其妾者,治命与二子均分。二子谓妾无分法,杲书其牍云:"《传》云'子从父令',《律》曰'违父教令',是父之言为令也,父令子违,不可以训。然妾守志则可,或去或终,当归二子。"

赵鼎当族人宣布:"三十六娘,吾所钟爱,他日吾百年之后,于绍兴府租课内拨米二百石充嫁资。仍经县投状,改立户名。"[1]从文义上推断三十六娘是赵鼎的小妾,赵鼎允许待自己死后其可改嫁,并给予米二百石充当嫁妆,因怕他人侵夺排挤,故预先通过家训形式做此安排。

此外义子、养子或同居之人也可以通过遗嘱获得一定的财产分配。如《宋会要辑稿·食货》记载:甲午,雄州言:"民妻张氏户绝,田产于法当给三分之一与其出嫁女,其二分虽有同居外甥,然其估为缗钱万余,当奏听裁。"[2]可见同居外甥就是通过遗嘱获得了一定的家财。

总之,从以上案例我们可以看到儿子的继承权益获得社会舆论和法律的强力支持,基本上是不需要遗嘱进行保障的。古代中国遗嘱主要保障弱势的家庭成员,如女儿、赘婿、妻妾或子侄等其他同居人的继承权益,当然这种继承权益的实现是在户绝的情形下通过遗嘱来实现的,是法定继承之外的补充安排,这是中国古代遗嘱继承的特殊性。

3. 过失案件的处理

古代最早对因过失犯罪的规定是记载在《尚书·尧典》里,其文为"眚灾肆赦,怙终贼刑",解释为:对偶然或过失犯罪者要宽大赦免,而对怙恶不悛者则施以极刑,对改恶从善之人也要从宽处理。周礼有"三宥"之说,《周礼·秋官·司刺》言三宥为:"一宥曰不识,再宥曰过失,三宥曰遗忘。"汉代经学家郑玄对此解释为:第一种不识就是不审慎,是错误的认识。

---

[1] 朱易安等主编:《全宋笔记》(第三编)(六),大象出版社2008年版。
[2] (清)徐松辑:《宋会要辑稿》(六),中华书局1957年版,第5902页。

他举例说就像复仇者把乙当成甲错杀了一样。所以"不识"就是当事人由于认错了对象而误杀他人。第二种过失就好比砍伐者斧子脱落伤人的情形，应当属于超越当事人的认识而发生的一种意外事件。第三种遗忘，郑玄举例说就像中间隔着一层帘，因忘记里面有人在用箭投射致人伤亡。也即当事人看到有帐幕在，应当预见可能有人在里面，却忘记帐幕的存在。[1]"三宥"制度说明当时人们不但区分故意与非故意，而且注意到了过失与意外事件的差异，并对二者进行了区分，但这种区分并不科学，只是笼统地说应该给予一定宽免，关于具体操作、宽免情形却语焉不详。西晋明法掾张斐曾注解《晋律》，在其上表中对故意和过失等情形又做了技术上的细分，他说："其知而犯之谓之故，意以为然谓之失……两讼相趣谓之斗，两和相害谓之戏，无变斩击谓之贼，不意误犯谓之过失……二人对议谓之谋"。[2]张斐的区分技术在唐律中得到应用，根据杀人的不同情形划分为"六杀"，即：谋杀、故杀、斗杀、误杀、戏杀、过失杀。现在的刑法理论对犯罪行为一般只区分为故意伤害或过失伤害。魏晋隋唐法律对于故意和过失的细分在刑罚责任上并未有太大改变，无论斗杀、误杀、戏杀、过失杀都被认为是当事人具有一定的主观过失，只是法律规定过失杀可以收赎，即可以用财产来换取刑罚的免除，财产的数额根据过失的具体情形而定，唐律规定："诸过失杀伤人者，各依其状，以赎论。"《唐律疏议》对于各种过失有比较深入的分类解释，例如："谓

---

[1] 上海古籍出版社编：《十三经注疏》（上），上海古籍出版社1997年版，第880页下。关于三宥郑玄注解为：不识，谓愚民无所识则宥之。过失，若今律过失杀人不坐死。玄谓，识，审也。不审，若今仇雠当鞠甲，见乙诚以为甲而杀之者。过失，若举刃欲斫伐而轶中人者。遗忘，若间帷薄忘有在焉，而以弓矢投射之。

[2]（唐）房玄龄等撰：《晋书》（三），中华书局1974年版，第928页。

耳目所不及，假有投砖瓦及弹射，耳不闻人声，目不见人出，而致杀伤；其思虑所不到者，谓本是幽僻之所，其处不应有人，投瓦及石，误有杀伤；或共举重物，而力所不制；或共升高险，而足蹉跌；或因击禽兽，而误杀伤人者，如此之类，皆为'过失'。称'之属'者，谓若共捕盗贼，误杀伤旁人之类，皆是。"[1]除此以外，《唐律疏议》还在其他律条中对过失的情形进行了阐述，通观《唐律疏议》有关过失犯罪的法律术语主要有"过失""失""误""戏""不知情""不觉""亡失""迷误""错认"等表达，根据不同的情况使用不同的字词，显然唐代对过失犯罪情形的认识无疑大大丰富，这样的立法体例和刑事主张为后代的律典所相沿用，未有大的变化。如《大清律例》有一专门律条"戏杀误杀过失杀伤人"[2]，其规定与唐律的规定几乎相同。

古代过失案件非常丰富，但属于类似不可抗力的意外案件却并不常见，本节将对唐代两个涉及此类的判词着重进行介绍和分析，以展示古人对此类案件的认识：

第一个是"取檙致殂判"，这是唐代敦煌文书中《文明判

---

[1] 刘俊文撰：《唐律疏议笺解》（下），中华书局1996年版，第1602页。
[2] （清）沈之奇撰，怀效锋、李俊点校：《大清律辑注》（下），法律出版社2000年版，第689页。凡因戏（以堪杀人之事为戏，如比较拳棒之类。）而杀、伤人，及因斗殴而误杀、伤旁人者，各以斗杀、伤论。（死者并绞，伤者验轻重坐罪。）其谋杀、故杀人，而误杀旁人者，以故杀论。（死者，处斩。不言伤，仍以斗殴论。）若知津河水深泥泞而诈称平浅，及桥梁渡船朽漏，不堪渡人而诈称牢固，诳令人过渡以致陷溺、死伤者，（与戏杀相等）亦以斗杀、伤论。若过失杀、伤人者，（较戏杀愈轻）各准斗杀、伤罪，依律收赎，给付其（被杀伤之）家。（过失，谓耳目所不及，思虑所不到，如弹射禽兽，因事投掷砖、瓦，不期而杀人者。或因升高险足，有蹉跌，累及同伴。或驾船使风，乘马惊走，驰车下坡，势不能止。或共举重物，力不能制，损及同举物者。凡初无害人之意，而偶致杀伤人者，皆准斗殴杀、伤人罪，依律收赎，给付被杀、被伤之家，以为营葬及医药之资。）

集》残卷中记载的一个案例判词。[1]其故事是郭泰和李膺同乘一条船,途中遭遇风浪,船翻人落水,共同抢一只船桨,郭泰力大,抢到了船桨,李膺失去了船桨,后来被水淹死。李膺的妻子阿宋指责其丈夫的死亡是因为郭泰,要求郭泰负责。但判词却认为这个死亡事件主要原因在于李膺的落水,而落水原因是风浪天灾,不能归咎于某个人,而且二人同争船桨,"各有竞桡之意,俱无相让之心",至于推搡主要目的是拿到船桨,只是力量有强有弱,李膺力量较弱才使其没有抢到船桨,李膺身死的原因是落水和猛浪,"彼溺不因推死",应该属于天灾意外,所以郭泰无罪,不负刑事责任,对于阿宋的控诉也不认为是诬告,不判处反坐。这一判决颇似今天的紧急避险或不可抗力的情形,可以免除责任。

第二个是"古镜摔碎案"。这是宋初类书《文苑英华》里记载的一份判词。记录的是唐宋时发生的古镜摔碎案,原文称之为"对获古镜判"。[2]甲游玩嵩山时,获得了一枚古镜,其镜

---

[1] 见陈重业辑注:《古代判词三百篇》,上海古籍出版社2009年版,第10页。郭泰、李膺同船共济。但遭风浪,遂被覆舟。共得一桡,且浮且竞。膺为力弱,泰乃力强,推膺取桡,遂蒙至岸。膺失桡势,因而致殂。其妻阿宋,喧讼公庭,云其夫亡,乃由郭泰。泰共推膺取桡是实。【判词】郭泰、李膺同为利涉,扬帆鼓枻,庶免倾兔。岂谓巨浪惊天,奔涛浴日。遂乃遇斯舟覆,共被漂沧。同得一桡,俱望济己。且浮且竞,皆为性命之忧;一弱一强,俄致死生之隔。夫妻义重,伉俪情深。悴彼沉魂,随逝水而长往;痛兹沦魄,仰同穴而无期。遂乃喧诉公庭,心雠郭泰。披寻状迹,清浊自分。狱贵平反,无容滥罚。且膺死元由落水,落水本为覆舟,覆舟自是天灾,溺死岂伊人咎。各有竞桡之意,俱无相让之心。推膺苟在取桡,彼溺不因推死。俱缘自命,咸是不轻。辄欲科辜,恐伤猛浪。宋无反坐,泰亦无辜。并各下知,勿令喧扰。

[2] 转载于陈重业辑注:《古代判词三百篇》,上海古籍出版社2009年版,第63页。【案情】甲游嵩山,获古镜,文彩极异,陈于县。县宰因窥忽破。甲诉阙进,令科诬罔。【判词】君子效官,岂轻举措?下民编户,须任指挥。甲于维嵩,得之古镜,宛转盘龙,自多符彩;翩翩䴔鹊,是怀纳用。先呈铜印,宜照舞鸾;旋临玉

四、古代信托、继承和侵权法文化散论

"文彩极异",按照唐宋法律,在他人土地上发现宿藏物(今埋藏物)要与土地的所有人平分其价,如果隐瞒不报,按照"坐赃论减三等"。如果发现的是古代器物或者形制特异的物件,要上报官府,官府也要按照古器的价值对发现人给予酬谢。如果隐瞒不报官,按照器物的价值,同样判"坐赃论减三等"的处罚。[1]于是甲上报给县衙。古镜可能因年代久远,已经朽坏,县令在查看时镜子突然裂为两半,甲为此不断诉讼,要求索赔,有人主张对索赔之人按照诬告欺诈论罪。受理官员认为,审判时应该慎重断案,不应轻率地认定甲欺诈污蔑。但是判词也认为这个古镜的损害既不是因摔落,也不是因击打造成的,"裂非因坠,是则难诬;破不缘击,欲尤谁过?"所以不是人为造成的,是造化弄人、无法控制的现象,"空桑之里,尚且移人;历阳之都,犹闻化鳖。况时经历代,固不可量,物罕保常,能无自损?"用今天的法律术语说,就是古镜的破损是不可抗力的因素造成的,所以县令并无过错,而告状人应该是一种认识的偏差,如同把"亥"字误认为"豕"字,应该感到惭愧,对其教育就行,把他的行为判定为诬告欺诈,不是慎刑之举,即"令科其妄,终非慎罚。"在这个索赔案件中,判案人对诉讼索赔人表达了一定的同情和理解,认为其行为是认识错误所致,所以仅

(接上页)掌,坐如半月。昔年挂竹,应宠全形;今日翻菱,惟看碎影。裂非因坠,是则难诬;破不缘击,欲尤谁过?但空桑之里,尚且移人;历阳之都,犹闻化鳖。况时经历代,固不可量,物罕保常,能无自损?难为照胆,理可缄心,仍敢浮词,尚论阙进!事同惭豕,累匪厚颜。何得牵迷,公为嫁祸。令科其妄,终非慎罚。

[1] 刘俊文撰:《唐律疏议笺解》(下),中华书局1996年版,第1937—1938页。诸于他人地内得宿藏物,隐而不送者,计合还主之分,坐赃论减三等。若得古器形制异,而不送官者,罪亦如之。《疏》议曰……注云"若得古器形制异,而不送官者",谓得古器,钟鼎之类,形制异于常者,依令送官酬直。隐而不送者,即准所得之器,坐赃论减三等,故云"罪亦如之"。

判其败诉结案。

上述两个案件司法官员都认为属于一种天灾,当事人不应承担任何责任。对于一般过失案例,根据古代法律是可以收赎的,以财物赎罪,而在这种类似天灾的意外案件中,司法官员有见的地认为当事人没有过失,所以不用承担任何责任。

4. 所养所驾动物伤害事件的处理

《汉谟拉比法典》是迄今所知人类最早的制定有关动物伤害法条的法律,其第 250 条规定:"倘牛行于街道,抵触自由民致死,则此不足作为起诉的依据。"第 251 条规定:"倘自由民之牛有抵触之性,邻人以此告知,而此人既未钝其角,又未系其身,如牛抵自由民之子而致死,则彼应赔偿银二分之一名那。"第 252 条规定:"倘死者为自由民之奴隶,则彼应赔偿银三分之一名那。"罗马法也规定了畜产伤人的赔偿办法。《法学总论——法学阶梯》第四卷第九篇"四脚动物造成的损害"对动物给人所造成的损害有规定。如果是一般所豢养的动物伤人,需要交出动物以赔偿损害,动物主人可以免除责任,对于烈性的动物则不必交出动物,因为已非主人所能控制。[1] 而对于政府规定不许养动物的场所,如果当事人违反规定畜养并造成伤害,除对违法者主张市政官的诉权如刑事罚金之诉,还可以对动物主人提起

---

〔1〕〔罗马〕查士丁尼著,张企泰译:《法学总论——法学阶梯》,商务印书馆 1996 年版,第 223 页。如非理性动物由于冲动、激怒或凶猛而造成损害的,根据十二表法,产生交出加害者之诉。例如马以足踢,牛以角触造成的损害。如交出动物以赔偿损害,主人即免除责任,十二表法就是这样规定的。但是这种诉权只有在动物违背其本性行动时才有发生可能;对于烈性动物,不适用这种诉权。因此,如有一头熊从其主人处脱逃而造成损害,不得对主人起诉,因为主人于野兽逃窜后,即不再成为野兽的主人。动物造成的损害,指无不法意图造成的损害,因为无理性动物,不能说具有不法意图。以上是关于交出加害者之诉。

动物所造成的损害之诉，要求其给予赔偿。[1]

《白氏长庆集》中记载了一份"甲牛抵死乙马案"的判词。甲的牛把乙的马抵死了，乙要求甲赔偿其马的全价。甲辩称其事发在放牧地点，只能赔偿马的半价，乙不接受。对于这个案件，白居易的判词是既然马和牛都在放牧的地方，相互抵触厮打是正常的事情，双方的主人并没有任何故意放纵牛马的动机，"情非故纵，理合误论"。所以判词认可甲的主张，只赔偿马的半价给乙，对乙提出的其他请求予以驳回。[2]

这份判词和唐律的相关规定略有不同，唐律有"犬杀伤畜产"的律条[3]。关于牲畜之间相杀伤的律条规定，狗杀伤他人的牲畜，加害犬的主人需要赔偿其所加害动物的减价，"减价"据刘俊文的笺释记载："按偿减价者，谓赔偿损失之价值也。本卷《故杀官私牛》条疏云：'减价，谓畜产直绢十匹，杀讫，唯直绢两匹，即减八匹价。或伤止直九匹，是减一匹价。杀减八匹偿八匹，伤减一匹偿一匹之类。'"法律还规定，如果

---

[1] [罗马]查士丁尼著，张企泰译：《法学总论——法学阶梯》，商务印书馆1996年版，第223—224页。市政官的告示禁止任何人在公共道路附近养狗、公猪、野猪、熊或狮。如有违背禁令因而对自由人造成损害的，得由审判员裁断，对动物的主人作出判决；如造成任何其他损害，则判令加倍赔偿。除发生市政官的诉权外，还可对主人提起动物造成的损害之诉，因为基于同一原因的几种诉权——尤其是刑事罚金诉权——均不因提起一种诉讼即妨害提起他种诉讼。

[2] 见陈重业辑注：《古代判词三百篇》，上海古籍出版社2009年版，第57页。【案情】得甲牛抵乙马死，乙请偿马价。甲云：在放牧处相抵，请赔半价。乙不伏。【判词】马牛于牧，蹄脚难防，在故误而宜别。况日中出入，郊外寝讹；既谷量以齐驱，或风逸之相及。而牛孔阜，奋骍角而莫当；我马用伤，踠骏足而致毙。情非故纵，理合误论。在皂栈以来思，罚宜惟重；就桃林而招损，偿则从情。将息讼端，请征律典。当赔半价，误听过求。

[3] 刘俊文撰：《唐律疏议笺解》（下），中华书局1996年版，第1116页。诸犬自杀伤他人畜产者，犬主偿其减价；余畜自相杀伤者，偿减价之半。即故放令杀伤他人畜产者，各以故杀伤论。

是动物之间自己相斗而造成的杀伤，赔偿减价的半价。如果是动物主人故意放纵其牲畜所造成的他人牲畜的死伤，按照故意杀伤罪论处，计减价准盗论，杖八十，各偿其所减价。就本案件而言，既然都在牧场上放牧，牲畜之间自然的争斗应当属于法条上的"余畜自相杀伤者，偿减价之半"，所以按照法条的规定，判词应该让甲赔偿乙马的减价之半，这才符合唐律的真正律义。

上文是唐律关于动物之间的杀伤法条，对于自己豢养的动物杀伤人类时，唐律有"畜产抵踢啮人"法条。[1]凡是豢养动物的人，"标帜羁绊"（畜产抵人者，截两角；踢人者，绊足；啮人者，截两耳。）不符合法律规定，或者有狂犬不杀，豢养人就会受到笞四十的刑罚；如果因此其动物杀伤了人，将按照过失罪论处；如果是故意放纵其动物杀伤他人，减斗殴杀伤人罪一等。如果受害方是被雇请来给动物治疗疾病或者是故意招惹动物而受到伤害的，动物的主人是没有责任的。

唐律关于驾驶车马杀伤人也有规定，即"街巷人众中走车马"条。[2]此律条规定，在城内街巷里或者人群聚集的地方，如果有人没有特别原因驾驶车马疾行，要受到笞五十的刑罚；如果有人因此受到伤害，按照斗杀罪减一等处罚；如果是有公私要速者需要快速通过则不负任何责任。所谓"公私要速"，疏

---

〔1〕 刘俊文撰：《唐律疏议笺解》（下），中华书局1996年版，第1118—1119页。诸畜产及噬犬有抵踢啮人，而标帜羁绊不如法，若狂犬不杀者，笞四十；以故杀伤人者，以过失论。若故放令杀伤人者，减斗杀伤一等。即被雇疗畜产被情者，同过失法。及无故触之，而被杀伤者，畜主不坐。

〔2〕 刘俊文撰：《唐律疏议笺解》（下），中华书局1996年版，第1783页。诸于城内街巷及人众中，无故走车马者，笞五十；以故杀伤人者，减斗杀伤一等……若有公私要速而走者，不坐；以故杀伤人者，以过失论。其因警骇，不可禁止，而杀伤人者，减过失二等。

四、古代信托、继承和侵权法文化散论

议解释为"公谓公事要速及乘邮驿,并奉敕使之辈。私谓吉、凶、疾病之类,须求医药,并急追人。而走车马者,不坐。"[1]如果因此伤害了他人,将会按照过失杀伤罪一等处理。如果是因马受惊或无法遏制马的原因杀伤路人,按照过失罪减二等处理,这大概是最早的交通法规。疏议曰:"虽有公私要急而走车马,因有杀伤人者,并依过失收赎之法。其因惊骇,力不能制,而杀伤人者,减过失二等,听赎,其铜各入被伤杀家。"一般来说,其他涉及收赎金的法条规定,赎金当然是归官府所有,而在"街巷人众中走车马"的律条中,受害人及其家属是这笔赎金的受益者,是早期的损害赔偿的特例。在城里街巷之所和稠人广众之中飞驰车马的行为会伤及很多人的性命及财产安全,这种行为在现代社会不仅涉嫌违反交通法规,甚至还可能触犯刑法上的危害公共安全罪,所以定罪量刑要严重得多。

明清律中并没有制定新的有关动物之间杀伤的律条,其基本延续了唐代"畜产抵踢啮人"[2]和"街巷人众中走车马"[3]的律义。虽然律文大致相同,但是在"街巷人众中走车马"类案件中,民事赔偿的方法略有不同,唐律中伤亡之家都能得到

---

[1] 刘俊文撰:《唐律疏议笺解》(下),中华书局1996年版,第1783页。
[2] (清)沈之奇撰,怀效锋、李俊点校:《大清律辑注》(上),法律出版社2000年版,第512页。凡马、牛及犬有触抵、踢、咬人,而记号、拴系不如法,若有狂犬不杀者,笞四十;因而杀伤人者,以过失论;若故放令杀伤人者,减斗殴杀伤一等……而被杀伤者,不坐罪。若故放犬令杀伤他人畜产者,各笞四十,追赔所减价钱。
[3] (清)沈之奇撰,怀效锋、李俊点校:《大清律辑注》(下),法律出版社2000年版,第699页。凡无故于街市镇店驰骤车马,因而伤人者,减凡斗伤一等,致死者杖一百,流三千里。若(无故)于乡村无人旷野地内驰骤因而伤人(不致死者不论)致死者,杖一百。(以上所犯)并追埋葬银一十两,若因公务急速,而驰骤杀伤人者,以过失论(依律收赎给付其家)。

民事赔偿，收赎之铜入受害伤杀之家，而清律中只有死亡者的家属才能获得民事赔偿，需要付给家属埋葬银十两。上面介绍的是法律规定的情形，下面根据清代刑部案件的记录，考察一下清代动物伤害案件的具体司法判案。

《刑案汇览三编》卷十二共记载了四个畜养牲畜咬踢人致死的案例，第一个是"牧养畜产不如法虎城走失虎只啮毙人命"案，第二个是"贩马奸商纵马践食田禾"案，第三个是"畜产咬踢人误认失马争夺惊跑踢毙人命"案，第四个是"狭处赶骡任意驱策踢毙人命"案。[1]《续增刑案汇览》卷五记载了两个"畜产咬踢人"案件，即"生员畜养猴狲咬毙人命"案和"驱牛犁田打牛惊跑撞毙人命"案。[2] 以上共六个关于畜产咬踢人案件，我们分别进行描述和分析：

第一个"牧养畜产不如法虎城走失虎只啮毙人命"案，发生在嘉庆二十五年（公元1820年）。园户德泰是看守虎城当班之人，之前上报围虎的铁圈有生锈，但并没有人前来修理，有一天晚上没有加意防守，致使老虎走失，并咬死人。刑部认为如果仅仅按照动物"拴系不如法因而杀人律，准过失杀收赎"，或者比照"牧养官马损失、罪止满徒律加等拟流"，都不足以杜绝今后类似事件的发生，所以建议"将德泰枷号两个月，发吉林当差"，最后皇帝觉得惩罚过重，加恩免其发遣，只是枷号两个月。

第二个"贩马奸商纵马践食田禾"案，发生于嘉庆二十二年（公元1817年）。直隶地区马贩子妥文兴白天把马群圈起来，

---

[1] 第一个至第四个案件记载于（清）祝庆祺等编：《刑案汇览三编》（一），北京古籍出版社2004年版，第430—432页。

[2] 第五个和第六个案件记载于（清）祝庆祺等编：《刑案汇览三编》（四），北京古籍出版社2004年版，第103页。

四、古代信托、继承和侵权法文化散论

晚上将马放出来随意践踏和啃食他人田地里的禾苗，被村民发现并报官，官府将马贩子"照例治罪，其所贩马匹全部没收，充当营驿公用"。

第三个"畜产咬踢人误认失马争夺惊跑踢毙人命"案，发生于道光元年（公元 1821 年）。旗丁司帼安误认磐保圈里的马驹是他家丢失的那匹马驹，欲牵拉报官，磐保不依从，双方争夺马驹。司帼安起意纵放马驹，希望马驹自己跑回家，不料磐保把马缰绳系在自己腰间，马受惊奔跑后，将磐保踢拉身死。黑龙江将军提议按照"故放马牛杀人律拟流，抑或照斗杀律拟绞"，刑部认为司帼安仅仅是抢夺马驹，并非和磐保斗殴，其意图是让马驹跑回自家，按照斗殴杀人罪拟罪不妥，所以最后判处"将司帼安依马牛触抓踢人，若故令杀人者减殴杀人一等律，杖一百，流三千里。"

第四个"狭处赶骡任意驱策踢毙人命"案，发生于道光二年（公元 1822 年）。记载于《刑案汇览三编》，也同时记载于《刑部比照加减成案》，吴保娃赶骡驮炭与文黄氏在狭窄的路上相遇，文黄氏雇工刘世潮大喊让吴保娃让路，而吴保娃不管不顾撞死文黄氏，刑部按照清律"畜主故放令杀人减斗杀一等律"判处吴保娃流放。[1]

第五个"生员畜养猴狲咬毙人命"案，发生于道光八年（公元 1828 年）。生员陈卯买了一只猴，用皮绳拴系，后来猴子咬断绳子跑入李胡氏家中咬伤李胡氏两个正在睡觉的孙女李大妮和李二妮，李二妮伤重身死。刑部判决"比照马牛拴系不如法因而杀人者，以过失论，准斗杀律收赎，追银给领。猴狲业

---

[1]（清）许梿、熊莪纂辑，何勤华等点校：《刑部比照加减成案》，法律出版社 2009 年版，第 57 页。

经陈卯打毙，应毋庸议。"

第六个"驱牛犁田打牛惊跑撞毙人命"案，发生于道光四年（公元1824年）。陈二娃驱牛犁田，鞭打牛致牛惊，撞伤傅三娃左太阳身死。刑部"将陈二娃比照马牛拴系不如法因而杀人者，以过失论，依律收赎，追银给领。"

《刑案汇览三编》还记载了两个驾驶车马杀伤人案例[1]，第一例是发生于嘉庆二十年（公元1815年）。王六骑马在西街上奔跑，正好遇上陆潆从巷子里走出，王六大喊避让，陆潆年老耳聋，没有听到，被奔马撞倒身死。最后刑部"将王六依街巷驰马因而伤人致死律，拟杖一百，流三千里。"另一个案例也是发生于嘉庆二十年（公元1815年），旗人纪长春赶车拉土进城，有个年仅五岁的孩子根柱儿迎面跑来，纪长春躲闪不及，将根柱儿轧死。刑部认为纪长春"实属疏忽，并非耳目所不及，思虑所不到，应照街市驰车因而伤人致死律，杖一百，流三千里，系旗人照例折枷鞭责。"

综上所述，所养动物对他人造成伤害的案件，如果是拴系马牛等动物不符合法律规定的，如德泰老虎走失、陈卯养猴、陈二娃放牛等，一般以过失论，可以通过收赎的办法来处理；如果是故意放纵动物所造成，如故意放纵马牛造成伤害的，属于有一定恶意，判罚就会重一些，如司帼安案、吴保娃案和驱使车马在街巷奔跑的两个案件，都以判处流放而结案。在唐代的交通肇事案中，一般都会给予受害人或其家属收赎金，但是在清代的两个案例中，对于加害人只有刑事处罚，没有任何关于受害人及家属得到补偿的记载，连清律所规定的十两埋葬银

---

[1]（清）祝庆祺等编：《刑案汇览三编》（二），北京古籍出版社2004年版，第1211页。

都未见记载。上文提到的八个案件中，只有两个案件有出现过"追银给领"的字样，大概是按照法律给予十两纹银的赔偿，可见明清司法实践中缺乏对受害人的民事赔偿。

5. 医疗责任

唐朝以前，医疗责任或纠纷一般通过民间调解来解决，唐朝开始正式为医疗责任立法，对于借诊病为由骗取钱财的人，按照盗窃财产论。[1] 因客观原因没有按照医方行医，致人死亡的，判徒刑二年半。如果是故意不按照医方诊病，致人死伤的，按照故意杀伤人罪论处，即使没有出现伤亡，也要杖六十。如果是卖药的，不按照正规的医疗处方，造成人受伤或死亡的，按照故意杀伤人罪处罚。[2] 也就是说，当时的医疗事故罪致人死亡，最严重的处罚是两年半徒刑，当然是属于意外或事故等非故意的情形，这是当患者是一般人时对于医生的法律责任的规定。如果患者是皇帝，医生的责任要大得多，如果用药错误就可能会触犯大不敬罪，医生会受到绞刑的处罚；如果医生选择中药材料不精，判处一年的徒刑；如果有药没有进献，也要杖一百。有监管责任的人，都要受到医生责任的减一等的处罚。[3]

宋代法律沿袭了唐代对于医疗事故责任的有关规定。元代

---

[1] 刘俊文撰：《唐律疏议笺解》（下），中华书局1996年版，第1754页。诸医违方诈疗病，而取财物者，以盗论。

[2] 刘俊文撰：《唐律疏议笺解》（下），中华书局1996年版，第1795—1796页。诸医为人合药及题疏、针刺，误不如本方，杀人者，徒二年半。其故不如本方，杀伤人者，以故杀伤论；虽不伤人，杖六十。即卖药不如本方，杀人者，亦如之。

[3] 刘俊文撰：《唐律疏议笺解》（上），中华书局1996年版，第740页。诸合和御药，误不如本方及封题误者，医绞。料理简择不精者，徒一年。未进御者，各减一等。监当官司，各减医一等。

法律对于非法行医的人只是查禁，违禁者"仰所在官司究治施行"，具体的处罚因事而定。[1] 明代法律对于"合和御药"有误的处罚比唐代法律大为减轻，唐律可以到判处绞刑，而明律只规定杖刑。这一点就连清代著名律学家薛允升都言"未知何故"。[2]

清代法律对于医生的误诊更加除罪化，引入第三方医生对医疗事故进行独立鉴定和审查的制度，以此确立医疗责任。即确立致人死亡的该医生的责任之前，需要先找官府指定的其他医生（别医）查看是否有故意之嫌疑，如果没有，就按照过失杀人处理，按照法律收赎，需要将收赎金交付死者之家，然后判令医生终身禁止行医。如果是欺诈行医、骗取财物，按照盗窃罪计赃处罚，如果致人死亡或故意用药杀人，处以斩刑。[3]《大清律例会通新纂》有言："庸医杀人必其病本不致死，而死由误治显明确凿者，方可坐罪。如攻下之误而死，无虚脱之形；滋补之误而死，无胀懑之迹，不使归咎于医者；其病先经他医，

---

〔1〕 郭成伟点校：《大元通制条格》，法律出版社2000年版，第275页。至元五年十二月，钦奉圣旨：据提点太医院奏，开张药铺之家，内有不畏公法者，往往将有毒药物如乌头、附子、巴豆、砒霜之类，寻常卖与人，其间或有非违，致伤人命；及有不习医道诸色人等，不通医书，不知药性，欺诳俚俗，假医为名，规图财利，乱行针药，误人性命；又有一等妇人，专行堕胎药者，作弊多端，乞禁约事。准奏。仰中书省遍行随路，严行禁约。如有违犯之人，仰所在官司究治施行。

〔2〕（清）薛允升撰，怀效锋、李鸣点校：《唐明律合编》，法律出版社1999年版，第177页。凡合和御药，误不依本方，及封题错误，医人杖一百。料理拣择不精者，杖六十。薛允升在其注解中说："唐律均拟绞罪，以其大不敬也。饮世子之药而殒命，昭王南征而不复，可为寒心。明律俱改为杖罪，未知何故？"

〔3〕（清）沈之奇撰，怀效锋、李俊点校：《大清律辑注》（下），法律出版社2000年版，第701页。凡庸医为人用药针刺，误不如本方，因而致死者，责令别医辨验医饵穴道；如无故害之情者，以过失杀人论，依律收赎给付其家，不许行医；若故违本方，诈疗疾病而取钱物者，计赃准窃盗论；因而致死及因事故用药杀人者，斩监候。

断以不治,嗣被别医误治至死,形迹确凿,虽禁行医不治其罪,以其病属必死也。"〔1〕所以对于因失误致人死亡的医生,法律的原则是"不治其罪",只承担吊销营业执照和一些财产上的赔偿责任。

清朝立法打击一些通过法术或借助某些宗教来行医的人,如果致死,犯者将处绞监候。清律的条例规定:"凡端公道士及一切人等作为异端法术医人致死者,照斗殴律拟绞监候;未死者一百,流三千里,为从各减一等。"〔2〕除了考察医疗责任有关立法的情形,我们还需要通过案例来查看司法实践中是如何处理医疗责任案件的。有十个涉医案件记载于《刑案汇览三编》卷三十三中〔3〕,还有五个案件记载于《续增刑案汇览》卷九〔4〕,我们具体看一看这些案例,以便进一步了解清朝是如何处理这些医疗案件的。

就《刑案汇览三编》的十个案例而言,大致有这样几种判罚结果:其一,医术不精,致人死亡,按照过失罪收赎处理。嘉庆十七年(公元1812年)安徽巡抚上报刑部,医生叶重光治疗薛传年之子薛家煜致其身死,按照庸医杀人律拟绞收赎,对于薛传年不服来京城告状,按照申诉不实罪拟杖一百。嘉庆二十一年(公元1816年)四川总督上报刑部,刘武受误卖药材给刘士庚致其中毒身死,判处刘武过失杀人罪,按律收赎。还有

---

〔1〕 转引自郭霭春编:《中国医史年表》,黑龙江人民出版社1984年版,第181页。
〔2〕 马建石、杨育棠主编:《大清律例通考校注》,中国政法大学出版社1992年版。
〔3〕 (清)祝庆祺等编:《刑案汇览三编》(二),北京古籍出版社2004年版,第1211—1215页。
〔4〕 (清)祝庆祺等编:《刑案汇览三编》(四),北京古籍出版社2004年版,第274—275页。

两例是由于医生致死多于一条人命,刑罚略重于收赎,乾隆五十六年(公元1791年),四川都督上报,医生李秀玉给吴贵祥等人服用川乌药致二人死亡,判处李秀玉依法"倍追赎金之外,从重杖一百,加枷号两个月"。嘉庆十年(公元1805年),云南都督上报,丁二娃疗病致张成见等三人身死,情节比较严重,判处"除追赎银三分外再加枷号三个月,杖一百,以示惩儆。"其二,完全无照行医或者假托鬼神画符给人治病的,一般情节轻微的未造成严重后果的可照例收赎。嘉庆二十四年(公元1819年),直隶总督上报,一名叫丁沙氏的妇女谎称蛇精附体,给人焚香、饮茶,为人治病,并未造成死亡,"将丁沙氏依邪术医人未致死拟流例量减一等,杖一百,徒三年,照律收赎。"其他则依照情节轻重,不准收赎,处以杖刑、徒刑或流刑之刑罚。嘉庆二十三年(公元1818年)浙江巡抚上报,一位妇女杜张氏给他人扎针看病,致人死亡,刑部认为依律收赎不足以惩戒,所以判处其"照违制律杖一百,不准收赎折责发落。"嘉庆二十二年(公元1817年)河南巡抚上报,当地一名叫冯张氏的妇女假托神灵,用茶叶抱龙丸给人治病,未见伤害,但其"称有武当老祖并涂画假符疗病,殊属妄诞",判处其"杖一百,徒三年,不准收赎。"嘉庆二十四年(公元1819年),江西巡抚上报,吴东周画符为人治病,实属骗钱,"将吴东周依邪术医人未致死拟流例量减一等,杖一百,徒三年。"嘉庆十八年(公元1813年)山东巡抚上报,当地一个叫赵炳的人制造了两个男女雕像,欺骗百姓对雕像拜祭、唱歌可以治病,以此骗取百姓钱财,"将赵炳比照端公道士及一切人等作为异端法术医人未致死例,拟杖一百,流三千里。"嘉庆五年(公元1800年)陕西巡抚上报,杨生春用"圆光术"的法术为他人治病,最后刑部建议对杨生春、李绪宗"照斗杀绞罪量减一等拟流,为从再减一

四、古代信托、继承和侵权法文化散论

等,拟杖一百,徒三年,代为引荐生意,听从同行之刘柱银应于杨生春满徒上减一等,杖九十,徒二年半。"[1]

《续增刑案汇览》中所记载的五个相关案例,其内容都是关于利用巫术等封建迷信给人治病的案例,也都是依照情节和后果的严重性分别判处收赎、徒刑、流刑或绞监候的处罚。道光四年(公元1824年),陕西巡抚上报,一名叫张章氏的妇女为人接生,处理不当,致母子二人死亡,作出"将张章氏比照庸医误不依本方因而致死"的法律判决,"以过失杀人论依律收赎,追银十二两四钱二分给尸亲具领。"道光五年(公元1825年)贵州巡抚上报,一个叫刘庆会的人照玉匣记画符给人治病骗钱,官府认为,"玉匣是民间习用之书,不在例禁",他只是"照书描写"画符,"与实在诈伪异端法术捏造符篆者"有所区别,所以从轻判罚,"应照异端法术画符等类医人未致死拟流例量减一等,杖一百,徒三年。"道光十年(公元1830年)广东提督上报,伊赵氏出家为尼,念咒书符给人治病,判决其"勒令还俗,照端公道士作为异端法术,医人未致死例,杖一百,流三千里。"道光十三年(公元1833年)陕西巡抚上报,杨添贵为许苗氏算命,企图骗奸,为其画符祈求子嗣,最后"将杨添贵比照端公道士及一切人等作为异端法术如圆光画符等类,医人未致死例,杖一百,流三千里。"最后一个案例因巫术致人死亡判罚最重,道光八年(公元1828年),河南巡抚上报,韩重为孙举妮医病,不按方用药,画符念咒针刺,让其妻孙李氏代受针刺,刺伤孙李氏致其死亡。最后"将韩重比照端公道士作为异端法术,医人致死,照斗杀律拟绞监候。"

---

〔1〕 (清)祝庆祺等编:《刑案汇览三编》(二),北京古籍出版社2004年版,第1211—1215页。

从清代涉及医疗责任的案例看，完全无照非法行医或利用宗教迷信行医的案件占了大多数，十五个案件中，十个案件与此情形相关，发生医疗事故的医生一般都能通过收赎的办法免于刑罚，只有造成多人死亡时才会受到法律的惩处，除了赔偿他人损失，也就只是受到杖一百、枷号三个月的刑罚。而通过巫术、邪术行医的案件，则至少是杖刑，一般是徒刑，不能收赎，如果致死，则会受到绞监候这样的惩罚。

6. 传统版权

版权的英文是 copyright，就是我们常说的著作权。著作权、专利权、商标权都属于知识产权，著作权或版权的对象就是由文字、音乐、美术等构成的作品以及作品传播者（出版社、表演者、电视台等）的"邻接权"。现代版权强调作者的权利。我国现行《著作权法》第 62 条规定："本法所称的著作权即版权。"出版者版权只能由著作权人授予而产生，而著作权是基于文学、艺术和科学作品依法产生的权利。在我国，当作品创作完成后，只要符合法律上作品的要件，著作权即产生。这一权利是个人的权利，它与专利权和商标权不同，它无需国家批准，连形式上的注册登记都不需要，作品一旦形成，只要符合法律规定的作品属性，著作权就自动产生，为了照顾公共利益，著作权可以在一定条件下合理使用，这是著作权和自由使用作品的公共利益之间相互妥协平衡的结果。

中国古代也有自己文化特色的版权。中国古代的版权并非著作权，而是指出版刊印者的权利。版本之称始于宋代，宋代雕版印刷业兴盛，因此雕版印本被称为版本。近人吴则虞所作的《版本通论》对此的解释是："雕版行，锓椠之木称'版'，抚印之文称'本'。所以，版本一词的本义就是：用雕刻好文字

四、古代信托、继承和侵权法文化散论

的木版印制而成的图书本子,其目的不过是为了与当时社会上流行的写本、拓本(碑本、石本)相区别而已"。[1] 古代版权的产生和人类科学技术的发展有关,在印刷术发明以前,人们主要以抄书、讲诵的方式来传播文学、艺术作品,不存在大量复制,因此也不存在版权保护的问题。隋唐以后,雕版印刷术兴起,多应用于印刷佛经、日历等,雕版印刷技术的出现使作品大量复制成为可能,于是民间有了谋利的商机,也就产生了版权保护的法律政策。如唐文宗大和九年(公元835年)东川节度使要求皇帝禁止民间私印历法,史载:"准敕禁断印历日版。剑南、两川及淮南道,皆以版印历日鬻于市。每岁司天台未奏颁下新历,其印历已满天下,有乖敬授之道。"[2] 这时的版权禁令还只是为了保护司天台皇家机构的体面,禁止民间私自复制日历、历书,其版权统归中央,对于没有许可的刊印"禁擅镌",这应属于版权保护,只是这一时期所保护的版权,属于保护公权,不属于对私权或私人版权的保护。

到了宋代雕版印刷术被广泛应用,印刷成本降低,图书需求增加,图书成了一种商品,在市面上流通,大量书坊随之出现,文学艺术作品被大量复制,版权保护的需要愈加突出。为了维护图书市场的秩序、抵制盗版,出版者在图书出版前经常主动向中央官府或者地方官府申请版权保护,获得批准后,官府发布"禁止翻版"的公据(官府文告)或告示,保护出版者的权利。宋光宗绍熙年间(公元1190年—公元1194年)王称在《东都事略》有一处版记:"眉山程舍人宅刊行,已申上司,不许

---

[1] 转引自王兰萍:"中国古代著作权法律文化之源",载《华东政法学院学报》2005年第2期。
[2] (清)董诰等编:《全唐文》(三),上海古籍出版社1990年版,第2791页。

覆版。"〔1〕这是眉山程舍人申请的公据，可以说是最早保护私人版权的记录了。以后各种官府所发行的公据保护日益增多，而且内容详尽。宋淳祐八年（公元 1248 年）二月国子监颁发禁止翻版《丛桂毛诗集解》公据。其内容为：

行在国子监，据迪功郎新赣州会昌县丞段维清状，维清先叔朝奉昌武，以《诗经》而魁秋贡，以累举而擢第春官，学者咸宗之。印山罗史君瀛尝遣其子侄来学，先叔以毛氏诗口讲指画，笔以成编。本之东莱《诗记》，参以晦庵《诗传》，以至近世诸儒。一话一言，苟足发明，率以录焉，名曰《丛桂毛诗集解》。独罗氏得其缮本，校雠最为精密。今其侄漕贡樾锓梓，以广其传。

维清窃惟先叔刻志穷经，平生精力毕于此书，倘或其他市场肆嗜利翻版，则必窜易首尾，增损音义。非惟有辜罗贡士锓梓之意，（笔者注：刻印者）亦重为先叔（笔者注：著作者）明经之玷。今状披陈，乞备牒两浙路、福建路运司备词约束，乞给据付罗贡士为照。

未敢自专，伏候台旨。呈奉台判牒，仍给本监。除已备牒两浙、福建路运司备词约束所属书肆，取责知委文状回申外，如有不遵约束违戾之人，仰执此，经所属陈乞，追板劈毁，断罪施行，须至给据者。

右，出给公据付罗贡士，樾收执照应。

淳祐八年七月□日给。〔2〕

---

〔1〕叶德辉著，吴国武、桂枭整理：《书林清话：附书林馀话》，华文出版社 2012 年版，第 41 页。
〔2〕转引自周林、李明山主编：《中国版权史研究文献》，中国方正出版社 1999 年版，第 4 页。

需要指出的是古代版权的概念和保护目标与现代版权有所不同，现代版权以促进保护作者权利为目标，其保护的是著作人的署名权利和财产权利，而中国古代没有知识产权的概念和意识，其所保护的版本权利更多是出版者的权利，是以保护印刷出版专有权为基础的。从今天版权理论上看，出版权属于著作邻接权，并不能代表著作权或版权，它仅仅是著作权或版权的一部分，在古代完全私法意义上的版权并不存在。

古代版权之所以重点保护出版刊刻者的利益，原因之一是在图书出版过程中，出版印刷者付出了巨额的成本。古代雕版在整个书籍生产成本中占有极大比重。有学者指出：明万历年间印刷《嘉兴藏》第七卷有 47 652 字，抄写费用是 1906 两银子，刊版费用 16 678 两银子，63 块用于雕刻的木板用了 2500 两银子。[1] 从中可以看出刻工的费用占比很大。"嘉靖三十四年（1555）无锡顾氏奇字斋刻《类笺王右丞诗集》，书共五六百页，用工写勘 3 人，雕梓 24 人，装潢 3 人"[2]。这些史料皆说明了出版刊刻者付出了巨大成本，所以版权更多的与出版者利益相关。明万历二十九年（公元 1601 年）刻本的《唐诗类苑》的版记有"陈㮣藏板，翻刻必究"字样[3]，古籍扉页上常刊印"某堂藏板"，这一用语意味着书板的当前所有者不一定是著作人，也不一定是最初的刊刻者，可能是现在的刊刻者，也可能是书板的购买者。所以这里的版权似乎并不包括著作人，更多是指出版的刊刻者，甚至可能是书板的收藏者或购买者。

---

〔1〕 陈正宏、梁颖编：《古籍印本鉴定概说》，上海辞书出版社 2005 年版，第 106 页。

〔2〕 蔺文锐："商业媒介与明代小说文本的大众化传播"，载《戏曲艺术》2005 年第 2 期。

〔3〕 周林、李明山主编：《中国版权史研究文献》，中国方正出版社 1999 年版，第 2 页。

古代版权只重视保护出版刊刻者的权利,原因之二在于出版者不耻于言利,而著作权人却常常耻于言利。中国传统文化中不崇尚个体创新,缺乏权利意识,崇尚继承和传播道德教化,其价值观不崇尚个人名利。西方传教士林乐知是最早在中国提出版权立法要求的人,他在《万国公报》发表的《版权之关系》一文中写道,版权乃"著书者、印书者自有之权利","保护乃国家之责任,而非其恩私也。"[1]在传统文化理念中,中国没有"权利"这一概念和名词,不认为撰述是一个权利,其所关心的是用文字行使教化、劝人向善的效果。通过著书进行思想创见并不被提倡,孔子就是这样一个人。他从事教育,但不自己著书立说,只是继承周礼,编辑整理五经,主张"述而不作,信而好古"。古人认为文章图书是千古事,是传承礼教文明、增进教化的神圣工具,这一理念影响了后世的观念。钱存训在《纸和印刷》一书中说:"中国社会长期受儒家学说所支配,其所关心的主要是借助道德和伦理教育维持正常的人与人之间的关系和社会,而不是追求物质上的改善和社会上的重大变革。"[2]无论儒家还是法家都否定个人的利益,儒家孟子曾批判杨朱学派"拔一毛而利天下,不为也"。汉儒董仲舒曾言:"正其谊不谋其利,明其道不计其功。"到了明清,宋明理学"重义轻利"的思想更是大行其道,士人对追求报酬和版权利益越来越难以启齿。版权对于个人权利的保障往往需要以宗族作为后盾,个人很难单独主张自己的权利。南宋著名学者朱熹的后朱氏宗族族谱中规定,凡是每个《朱子文集》的刊刻者,无论是

---

[1] 周林、李明山主编:《中国版权史研究文献》,中国方正出版社1999年版,第17页。

[2] 杨屹东:"中国古代版权意识与现代版权制度辨析",载《图书馆学研究》2006年第1期。

四、古代信托、继承和侵权法文化散论

否出自朱氏家族,都必须把所印刷书籍的十分之一缴纳给朱氏宗族,如果刊刻者是朱氏宗族以外的人,必须有一个朱姓人参与其事,如果是书铺以盈利为目的,缴纳比例更高。[1]在古代版权中,只有在作者和出版刊刻者具有密切关系时,才会涉及保护作者著作权利的内容,如前文提到的段维清为其已故叔父段昌武撰写、其侄漕贡段樾根据罗贡士的精校的善本加以刊印的《丛桂毛诗集解》的事例就是这类性质。申请保护者、出版刊刻者、作者都是属于一个家族,借助家族的力量,著作权人才有保护自己利益的一定可能性。

中国古代版权保护的方式和方法与现代版权保护方式和方法相比,是有着很大不同的。首先,现代版权保护一般是立法上进行统一的规定,它是一种全国性的、普遍性的保护,同时在执法和司法上都给予相互配合和及时救济。然而古代版权保护是个别保护,没有形成普遍遵守的律令,中国古代不仅在正规法典如《唐律疏议》《宋刑统》《元典章》《大明律》和《大清律例》中没有版权保护的相关规定,而且在其他法律规定如敕、令、格、式、例等中也都缺乏版权保护的规定。因盗版而受害的当事人一般申请当地官府即地方衙门发布文告,或者销毁盗版者的版本。从宋代到晚清文告一直是版权保护的主要形式。文告是一种行政措施,而不是普遍性的律令。文告方式和现代保护方式相比有三个缺点:一是时间有限,张贴后受到自然环境的影响容易脱落、让人遗忘;二是空间有限,只限于文告张贴所在地;三是文告内容的随意性,如何保护、处罚措施等,没有统一的规定和要求,只是官府的临时决定。正如叶德辉

---

[1] 参见谢水顺、李珽:《福建古代刻书》,福建人民出版社1997年版,第103页。

先生所指出的，这种版权保护没有形成普遍遵守的"人人所必遵"的"令甲"。文告的方式不是正式的法律形式，带有特殊性和临时性，不存在对社会成员一体保护的规范制度，并非人人可得，所得到保护的多是与官府有一定关系的人，往往是"特有力之家"。叶德辉先生在其《书林清话：附书林馀话》中指出："当时一二私家刻书，陈乞地方有司禁约书坊翻版，并非载在令甲，人人所必遵。特有力之家，声气广通，可以得行其志耳。"〔1〕

这种版权保护的方式，一直持续到清末。对于外国传教士的版权保护，清政府也只是发布文告。清末时外国传教士林乐知的《中东战纪本末》遭到疯狂盗版。美国佑总领事写信给沪道刘麒祥："西例，凡翻人著作，掠卖得资者，视同盗贼之窃夺财产，是以有犯必惩。中华书籍亦有翻刻必究成案。因面禀美国佑总领事函请刘道宪出示谕禁，并行上海县暨英、法公廨一体申禁。"受到美国佑总领事的压力，上海道台刘麒祥随即发布文告："尔等须知，教士所著前项书籍，煞费经营，始能成编行世，既曾登明告白，不准翻印，尔等何得取巧翻版，希图渔利。自示之后，切勿再将前书翻印出售，致干究罚。切切特示。"〔2〕

历史上作者谴责盗版行为并不是因为个人的权利受到侵犯，而是因为个人的文字内容和主张被篡改和歪曲。如北宋大儒李觏编写的《皇续稿序》中，曾记录了这样一段无奈又郁闷的文字："庆历癸未秋，录所著文曰《退居类稿》十二卷，后三年复出百余篇，不知阿谁盗去，刻印既甚差谬，且题《外集》，尤不

---

〔1〕 叶德辉著，吴国武、桂枭整理：《书林清话：附书林馀话》，华文出版社2012年版，第45页。

〔2〕 周林、李明山主编：《中国版权史研究文献》，中国方正出版社1999年版，第17页。

四、古代信托、继承和侵权法文化散论

跬。"[1] 北宋司马光在《记历年图后》写到其著作《历年图》原稿"杂乱无法,聊以私便于讨论,不敢广布于他人也。"不料此书遭到他人摹刻。于是他说这一翻刻"颇有所增损,仍变其卷帙,又传写多脱误。今此浅陋之书既不可掩,因刊正,使复其旧而归之。"[2] 在中国古代,对于盗版现象,大多数作者缺乏主动保护著作权的观念和意识,少部分作者版权意识较高,但是面对社会现象也无计可施。清朝文人袁枚(公元1716年—公元1798年)著《随园全集》遭到大量盗版,只能以诗戏讽:"余刻《诗话》、《尺牍》二种,被人翻板,以一时风行,卖者得价故也。近闻又有翻刻《随园全集》者。"[3]

在传统社会中,只有李渔等少数作者清醒地维护自己个人的财产权利,并且具有与盗版者"决一死战"的勇气和决心。李渔是明末清初的小说家,他曾在文章中向盗版者宣战。康熙十年(公元1671年),李渔出版《闲情偶寄》,在该论著中提出要尊重其发明并印制的《芥子园笺谱》。他说:"是集中所载诸新式,听人效而行之。惟笺帖之体裁,则令奚奴自制自售,以代笔耕,不许他人翻梓,已经传札布告诫之于初矣。倘仍有垄断之豪,或照式刊行,或增减一二,或稍变其形,即以他人之功冒为己有,食其利而抹煞其名者,此即中山狼之流亚也,当随所在之官司而控告焉,伏望主持公道。至于倚富恃强,翻刻'湖上笠翁'之书者,六合以内不知凡几,我耕彼食,情何以堪?誓当决一死战,布告当事,即以是集为先声。总之天地生

---

[1] (宋)李觏:《李觏集》,中华书局1981年版,第282页。
[2] (宋)司马光撰,李之亮笺注:《司马温公集编年笺注》(三),巴蜀书社2009年版,第467页。
[3] 转引自冯念华:"元明清时期我国书籍的版权保护",载《大学图书馆学报》2007年第6期。

人，各赋以心，即宜各生其智，我未尝塞彼心胸，使之勿生智巧，彼焉能夺吾生计，使不得自食其力哉！"[1]李渔这一声明直接表明盗版"翻梓"之人是侵犯了他的"智"，是"食其利而抹煞其名"，侵犯了他的名誉权和财产权，这一行为直接结果是"我耕彼食"，指责盗版人不劳而获。李渔主张保护著作权已经非常接近今天的知识产权保护了，不过在传统的中国社会，李渔的声音毕竟是微弱的，并没有在整个社会中引起改变，甚至没有激起一丝涟漪。

传统中国的意识中对文人逐利的行为是普遍厌弃的，致使司法官员对作者权利不加以保护，甚至把维护著作权当作是渔利行为，不给予支持。清末讽刺小说《官场现形记》第三十三回有一情节说书坊通过关系到藩台衙门要求"专利"，禁止翻刻书籍，书商请求："想要再求大人赏张告示，禁止收贾翻刻，只准卑局一家专利"，而藩台对此却严词拒绝，其理由是"我们做大宪的人，只能禁人为非，那能禁人向善"[2]。晚清时期，味闲庐盗印点石斋刊印的《淞隐漫录》遭到指责，味闲庐主登报作答："称思文章为天下公器"，并陈述说："大著尤中外所钦佩。"味闲庐对于自己盗取别人成果不但丝毫无歉意，而且称自己的行为是传播新知、教化民众。[3]

明代曾出现一起与现代版权或著作权相关的署名权案件。永乐年间，河南渑池县丞王廉，写了一部解说经义的《四库详说》，由于自己出任山西左布政使将稿子留在了曹端处，不久，

---

[1]（清）李渔著，江巨荣、卢寿荣校注：《闲情偶寄》，上海古籍出版社2000年版，第255—256页。

[2]（清）李宝嘉：《官场现形记》，中华书局2013年版，第358页。

[3] 文娟："试论早期申报馆的小说出版事业及其影响"，载《中文自学指导》2007年第3期。

曹端也出任山西霍州学正。后王廉以公事过失论死，苏州知府况钟得到了《四库详说》的书稿，一向倡导兴学的况钟便以官府名义刊刻《四库详说》。明初开始以八股文科考，这部书好比今天的教辅书，畅销一时。曹端在霍州见到该书后向况钟投牒申诉，说此书乃是自己所著，王廉已死，申辩无人，结果此书"版权"归于曹端。曹端在辩词中称自己是《四库详说》的著作人的论据是，王廉是犯官，不应享有解说经书的荣誉，而自己是山西霍州学正。[1] 这个案件的判决从侧面反映了中国古代著作权人的署名权并未得到真正的保护。

孔子"述而不作"的思想对古人署名影响是非常大的，很多著作都是以匿名形式流传，常见到一些很好的作品署名皆是无名氏，即使是四大名著《红楼梦》《水浒传》《西游记》《三国演义》的作者目前仍是一个争论不休的话题，署名权的不重视是中国古代主流文化意识形态。

---

[1] 海天："六百年前的版权争执"，载《文史杂志》2000年第5期。

五、古代案件侦查和审判文化散论

1. 蒙眼的法官和明察秋毫的法官

无论是埃及神话、希腊神话,还是罗马神话,代表正义与司法的神祇一直都是女神,是"Goddess of Justice",而不是"God of Justice"。正义女神最直接的源头是罗马神话中的朱斯提提亚(Justitia),更深一层的源头可以追溯到三位更为古老的神祇:埃及神话中的玛特(Maat),以及希腊神话中的忒弥斯(Themis)和狄刻(Dice)。玛特是古埃及神话中真理和正义之神,这位女神在阴间"杜阿特"(Duat)审判中有着重要的地位,她的法器是一根鸵鸟的羽毛和一个天平。古埃及人认为人死以后要受诸神的审判,天平一端放着死者的心脏,另一端放着玛特的鸵鸟羽毛作为砝码,若心脏比羽毛轻或等重,说明死者无罪;反之则说明有罪,鳄头狮身怪物阿米特就会把有罪的死者吞噬。在古希腊神话中,象征司法公正的正义之神也是一位女神,她叫忒弥斯,与宙斯(Zeus)之女狄刻都是希腊神话中的正义女神。狄刻的形象是手持棒槌、表情严肃的女子,她充当宙斯的谋士,监视人间的生活,并向宙斯报告不公平的事情,在希腊广受崇拜，曾被视为法律的人格化。在古罗马神话中，朱斯提提亚是正义/司法女神，这位女神的造型混合了希腊的忒弥斯、狄刻、阿斯翠亚（Astraia）三位女神的形象。在罗马法复兴运动中，朱斯提提亚以一手持宝剑、一手持天平的形象出现在各个城市的法院门前。这个时期正义女神还没有"蒙眼布"，"蒙眼布"来自1494年的一张诗配画《愚人船》，在这张画中正义女神的双眼被一个小丑用布蒙住，以此讽刺法官不辨是非、胡乱审判导致司法不公，此时人们对于蒙眼布的评价是负面的。然而到了16世纪，人们对它的评价发生了根本性的转变，1593年意大利图像学家利帕（Cesare Ripa）在其《图像学》一书中对正义女神的形象进行了重新解释，"蒙眼布"也有了新的含义。"正义。其形象为一蒙眼女性，白袍，金冠。左手提一秤，置膝上，右手举一剑，倚束棒……白袍，象征道德无瑕，刚直不阿；蒙眼，因为司法纯靠理智，不靠误人的感官印象；王冠，因为正义尊贵无比，荣耀第一；秤……比喻裁量公平，在正义面前人人皆得所值，不多不少；剑，表示制裁严厉，绝不姑息，一如插着斧子的束棒，那古罗马一切刑罚的化身。"[1]从此这一解释为许多人所认同并发挥。耶鲁大学法学院教授柯维尔（Rovert Cover）在他的名著《程序》中描述了这样一段故事："天庭上的众神失和了，世界处于灾难的边缘。谁来调解仲裁？血气方刚的容易受水仙女的勾引，老于世故的却不敢对权势直言。天上地下找遍了，也没有合适的人选。最后，天帝身旁站起一位白袍金冠的女神，拿出一条手巾，绑在自己眼睛上，说：我来！众神一看，不得不点头同意：她既然蒙了眼睛，看不见争纷者的面貌身份，也就不会受他的利诱，不必怕他的权

---

[1] 转引自冯象：《政法笔记》，江苏人民出版社2004年版，第144页。

势。'蒙眼不是失明，是自我约束'……是刻意选择的一种姿态……程序是正义的蒙眼布。"[1]

蒙眼布解释的变化反映了人们脱离了被神权掌控的蒙昧时代，追求理性之光，不受王权、教廷、贵族的管制，不依靠国王或神的意旨，主张法律行业自治，依靠理性指导司法，依靠程序来划定自己的行为边界，保持"中立"的立场，打消冲突中各个阶层的疑虑，塑造司法"一视同仁"的公正形象，最终赢得社会各个阶层的信任和合作，帮助律师争取行业自治和业务垄断，名正言顺地促进司法独立。这种趋势最终发展为现代法治的意识形态。这种意识形态是基于对人性弱点的发掘，是性恶论的产物，需要利用某种程序遮蔽人性中对欲望的追求和对危险的恐惧，其特点是中立性和超脱性，脱离被审判的对象。英国的律师制度是二元制，分为出庭律师和事务律师，其中带着头套的出庭律师需要遵守的行业规则是，在出庭辩护前不能与其当事人见面。英美法系强调对抗性，整个法庭的规则是，法官和陪审团不能和当事人有任何联系，强调无偏见、中立寻求程序正义，而非实体正义。法官追求所谓的纯客观性，强调依靠理性，摆脱感性和个人的喜好。

反观传统中国，对法官形象和司法精神的理解与西方大有不同。传统法官一般是男性的形象，常常是生前有杰出功绩和贡献的人物，是人世间的伟大法官，死后被当作司法神为人所祭祀。早期人们所信奉的司法神是青脸的皋陶，自明清以后改变为黑脸的包公。

传统法文化赋予了裁判者超凡的侦破能力，能看透这世间的一切真相，上古时期掌管刑法的理官皋陶身边就有一种神兽，

---

[1] 转引自冯象：《政法笔记》，江苏人民出版社2004年版，第145页。

叫獬豸，被人们认为象征着法律的公平正义。《说文解字》说："灋，刑也，平之如水，从水；廌，所以触不直者去之，从去。法，今文省。"《说文解字》中对于廌的解释："廌，解廌，兽也。似山牛，一角。古者决讼，令触不直。象形，从豸省。"[1]在《说文解字》中这种能辨别善恶是非的神兽被说成似山牛，至于是什么样的山牛，并没有具体描述。这种神兽汉代学者王充在《论衡》里将其描述为羊形："觟𧣾（獬豸）者，一角之羊也，性知有罪。皋陶治狱，其罪疑者，令羊触之，有罪则触，无罪则不触。斯盖天生一角圣兽，助狱为验，故皋陶敬羊，起坐事之。"[2]汉人杨孚在《异物志》中则认为獬豸"一角，性忠，见人斗，则触不直者；闻人论，则咋不正者。"[3]其基本形象是头上长着一只尖尖的角，似可被称为"独角兽"。汉代人死后，把木制或铜制的独角兽放置在墓门旁，以镇墓辟邪，故而又叫镇墓兽。甘肃武威西南磨嘴子汉墓中出土的木制彩绘独角兽，以及甘肃酒泉下河清出土的魏晋时期的铜质独角兽，都似马状，明清以后獬豸或独角兽的形象又似狮子状，这都证明了其形象是一直在变化着。

獬豸被认为是有法力的神兽，能辨人间是非，看清真伪，《西游记》中能辨真假美猴王的神兽"地听"、二郎神的第三只眼等，这些都被认为是代表着法力的形象。民间传说中包公除了有两道白色勺形眉，额头上还有个独特的月牙形标记，表示他能"日断阳，夜断阴"，白天在人间（阳间）断案，夜晚在阴间断案。包公头上的月牙，在民间传说中被认为是玉皇大帝给

---

[1]（汉）许慎撰，（清）段玉裁注：《说文解字注》，上海古籍出版社1981年版，第470页。
[2] 黄晖撰：《论衡校释》（三），中华书局1990年版，第760页。
[3] 黄晖撰：《论衡校释》（三），中华书局1990年版，第760页注引。

包公开的天眼。这个天眼使人联想起二郎神的第三只眼,这第三只眼睛能明察世间万物真伪,具有识别万般变化的能力,这一能力也被人们赋予到了包公的身上,假托包公也能看清人世间的真伪。

传统中国法官的面色就有着青面的皋陶和黑脸的包公的说法。《荀子·非相》说皋陶的面部是"削瓜"之色,呈青绿色。[1]《水浒传》第四十回说,宋江、戴宗在行刑前被"驱至青面圣者神案前,各与了一碗长休饭、永别酒。"[2]这一"青面圣者"被行刑前的狱徒们朝拜,应该说的就是皋陶的神像。宋代以后皋陶的司法之神地位被包公取代,包公成了家喻户晓的黑脸法官。黑脸包公之说,其实从史书上并无根据,多出现在小说或戏剧,以及民间传说中。法官的面色并不是真实的人物面色,而是文化赋予的。要知道皋陶是上古时期的人,当时中原还没有铁器,最坚硬的东西就是青铜,春秋战国时期以后铁器才获得了普及,而《说文解字》中就说铁是"黑金也"。[3]青铜和黑铁都是那个时代最坚硬的东西,文化赋予法官相应的时代颜色,代表着法官断案需要铁面无私,不能为感情所左右。

中国传统法律文化中对于法官的形象描写均是目光如炬、明察秋毫。民间谚语"耳听为虚,眼见为实",就是强调眼睛观察到的才是真实可靠的东西。传统法官需要用眼睛观察人的神色,识别其言的真伪。眼睛的功能在法文化中不仅不能被遮蔽,而且还需要扩展其他的观察能力。早在西周时就有"五听"的

---

[1] 梁启雄:《荀子简释》,中华书局1983年版,第49页。皋陶之状,色如削瓜。杨倞解释说:"如削皮之瓜,青绿色。"

[2] (明)施耐庵、罗贯中:《水浒传》,中华书局2005年版,第362页。

[3] (汉)许慎撰,(清)段玉裁注:《说文解字注》,上海古籍出版社1981年版,第702页。

审讯方法,《周礼·秋官·小司寇》记载:"以五声听狱讼,求民情,一曰辞听,二曰色听,三曰气听,四曰耳听,五曰目听。"〔1〕所谓五听,就是审判官员通过仔细观察被告的表现来推测其心理活动,辨别其供词的真伪。其中在古人看来最重要的就是"目听",孟子说:"存乎人者,莫良于眸子。眸子不能掩其恶。胸中正,则眸子瞭焉;胸中不正,则眸子眊焉。听其言也,观其眸子,人焉廋哉?"〔2〕许多法官都是靠目听断案的,《明会要》(卷三帝系三)记载:明惠帝为太孙时,抓获了七个盗贼,太孙审视了这七个人一番,对太祖说:"六个皆盗,其一非之。"问其如何得知,太孙说:"周礼听狱,色听为上,此人眸子瞭然,顾视端详,必非盗也。"从这个例子中可以看出,察言观色的办法一直为我国历代审判官所继承和发展。

中国传统法律文化要求法官拥有明察秋毫、查清事实真伪的高超断案能力,并不强调其立场的中立性、办案的程序性和手段的正当性,歌颂的是法官的疾恶如仇和惩恶扬善。宋人郑克的《折狱龟鉴》记载,法官要使用三种手段来查清案情:一是察情,二是据证,三是用谲。〔3〕察情,就是通过用类似"五听"的方式察言观色,立下判断。据证,就是指寻求证据。用谲,就是当证据不够或者没有证据时,使用诈术手段获得真相。追求事情的真相,要求法官睁大眼睛,明镜高悬,见微知著,古代县衙审案大堂上常悬挂"明镜高悬"字样的匾额,就是启示司法官员应当公正廉明,心如明镜一样洞察真相。中国古代

---

〔1〕 上海古籍出版社编:《十三经注疏》(上),上海古籍出版社 1997 年版,第 873 页。

〔2〕 杨伯峻译注:《孟子译注》,中华书局 1960 年版,第 177 页。

〔3〕 转引自梁治平:《法意与人情》,中国法制出版社 2004 年版,第 219 页。凡推事有两:一察情,一据证。审其曲直,以定是非。据证者核奸用之,察情者擿奸用之。盖证或难凭而情亦难见,于是用谲以擿其状,然后得之,此三事是也。

对明镜有着一定的崇拜,《西京杂记》卷三载:"有方镜,广四尺,高五尺九寸,表里有明,人直来照之,影则倒见;以手扪心而来,则见肠胃五脏,历然无碍。"[1]就是要求司法官员目光敏锐,见识高明,能洞察一切,判案公正无私。为了查明真相,审判官甚至微服私访,到田间地头调查研究,与百姓亲密接触,这样才能获得群众的真实意见,获得破案的线索以及案件的真相,在很多公案小说中都有描述司法官员深入田间地头取证的故事,从中可以看出古代法文化中法官的形象。

在司法实践中也有一些经验丰富的司法人员要求法官秉持客观公正的立场,保持超然性和中立性,防止先入为主,从而避免冤假错案发生,他们坚决反对微服私访,私下查案。清代江南名幕汪辉祖就在其《佐治药言》中提出"访案宜慎",认为官员私自访查会把事情搞糟,"以私人为先入幕,复以浮言为确据,鲜不偾事。"因为官员访查不一定能获得真实的意见,如果不能置身事外,道听途说,就会有先入之见,影响客观的判断,即"盖官之治事,妙在置身事外,故能虚心听断。一以访闻为主,则身在局中动多挂碍矣。故访案慎勿轻办。"[2]汪辉祖的这一看法和西方正义女神蒙眼布的功能有着异曲同工之妙,所以两种法官文化其实并不是完全没有共识的。

2. 顶撞皇帝的法官们

在英国法律的发展史上,曾出现过这样一个事件,导致了英国国王詹姆士一世(James Stuart,亦称 James I)和大法官柯

---

[1](汉)刘歆等撰,王根林校点:《西京杂记》(外五种),上海古籍出版社2012年版,第26页。

[2](清)汪辉祖著,孙之卓编注:《佐治学治解读》,哈尔滨工业大学出版社2015年版,第28页。

克（Edward Coke）的冲突，这一冲突代表着当时英国社会两种法律理念的冲突。1618年11月6日，英国国王詹姆士一世一行人来到英国普通诉讼法院，詹姆士想亲自审理案子，没想到却遭到首席大法官柯克的反对，这令他非常惊讶，因为他认为，国王在威斯敏斯特大厅主持任何案件的审判都是理所当然的，原因在于：其一，国王掌握一个国家的最高权力，君主即国家，国家即君主，行政和司法并未分家，国王当然有权审判任何人。其二，法官和其他行政官员一样，是从属于君主的官员，是"国王的影子和仆人"，国王可以无需任何理由任免法官，法官的地位正如当时司法大臣弗朗西斯·培根（Francis Bacon）所描述的："司法官们也应当记住，所罗门底王座是两边由狮子们支持着的，他们可以做狮子，但是也要做王座的狮子，就是要小心在意不可阻挠或违反王权的任何一点。"[1]其三，首席大法官柯克曾经担任国王的检察官，是强势王权的支持者，代表王室提出过多起叛国罪的公诉并胜诉。但是柯克在担任首席大法官后，越来越推崇普通法是国家的最高法律，并且法官是这一法律的唯一阐释者。他信奉普通法至上，而不是国王至上，坚持国王本人不能裁决任何案件，于是发生了著名的法官与国王争论的故事：

詹姆士一世："法律是以理性为基础的，除法官之外，我和其他人一样具有理性，为什么不可以裁决诉讼案？"

柯克法官："确实，上帝赋予了陛下卓越的技巧和高超的天赋，但陛下对于英格兰本土的法律并没有研究，而涉及陛下之臣民的生命、遗产、货物或财富的案件，不应当由自然的理性，

---

[1] [英] 弗·培根著，水天同译：《培根论说文集》，商务印书馆1958年版，第197页。

而应当依据技艺理性和法律的判断来决定,而法律是一门需要长时间学习和历练的技艺,只有在此之后,一个人才能对它有所把握。法律是用于审理臣民案件的金质标杆和标准,它保障陛下处于安全与和平之中;正是靠它,国王获得了完善的保护。"

詹姆士一世感到了极大的冒犯:"如此说来,国王岂不是处于法律之下了,要知道这种说法是构成叛国罪的。"

柯克法官:"布拉克顿曾说过,国王不应受制于任何人,但应受制于上帝和法律。"〔1〕

这个故事最初是来自柯克法官的《判例报告》第十二卷的记载,其真实性被史学家质疑,有人认为柯克法官混淆了"他本来想说的话"和"他在真实场合中和国王说过的话",但这些质疑只能动摇其在史料学上的价值,其本身的意义并不会受多大减损。后来柯克法官确实在1620年以后的议会中和议会反对派结成联盟,并成为议会反对派的领袖,构思并通过了《权利请愿书》等重要文件,限制国王的权力,树立了普通法的权威,实现了英国的司法独立体制,最终促使国王无法再干预司法。

在中国传统法律史上发生过许多法官违反皇帝的意愿,要求按照法律审判的事件,甚至还有大臣要求皇帝不要直接参与审判。《宋史·刑法志二》记载了宋代的谏官王贽和宋仁宗的一次对话,当时宋仁宗遇到近臣有罪的案子时,并不喜欢交给司法官员审理,而是直接亲自裁断,所以王贽谏言的主题是皇帝是否应该参与审判,这次对话颇类似于柯克与詹姆士一世的对话。在谏言中王贽直接指出了皇帝亲自审判的不合理性,就是

---

〔1〕 参见于明:"法律传统、国家形态与法理学谱系——重读柯克法官与詹姆斯国王的故事",载《法制与社会发展》2007年第2期。

皇帝在面对纷繁复杂"情有轻重,理分故失"的案件时,其本身并不具备专业能力,裁判出的结果必然前后有差异,对于司法体制是有伤害的,而且这样处理将专业司法官员(有司)置于何地?王贽的主张和柯克提出的国王不具备技艺理性无法审断出公正结果的主张何其类似。最后王贽建议宋仁宗今后一定要把案件交给专业司法团队审理,不能再亲自审案了。史载宋仁宗接受了王贽的这一主张。[1]

当然在古代的中国社会阻挡皇帝亲自审判并不容易,一般传统法文化的法理认为皇帝有临时审判权,不过这种临时审判权一般不能作为常规的法律为官员所援引。唐律规定如果临时制敕没有成为永格这种法律形式,任何官员不得援引。"诸制敕断罪,临时处分,不为永格者,不得引为后比。若辄引,致罪有出入者,以故失论。"《唐律疏议》解释说:"事有时宜,故人主权断制敕,量情处分。"皇帝的临时处罚权在许多"法官"坚持独立审判的案例中都是被承认的。比如《史记·张释之传》记载汉文帝时,廷尉张释之在汉文帝要求其严惩冲撞其马车使其马受惊的犯人时予以拒绝说:"且方其时,上使立诛之则已。今既下廷尉,廷尉,天下之平也,一倾而天下用法皆为轻重,民安所措其手足?"《贞观政要·论公平》记载唐太宗时,大理寺少卿戴胄在唐太宗要求其重判谎报其资历的人时拒绝说:"陛下当即杀之,非臣所及。既付所司,臣不敢亏法。"[2]这些事例说明坚持依法审判的法官是承认皇帝的临时审判权的,但

---

[1] (元)脱脱等撰:《宋史》(十五),中华书局1985年版,第4989页。时近臣有罪,多不下吏劾实,不付有司议法。谏官王贽言:"情有轻重,理分故失,而一切出于圣断,前后差异,有伤政体,刑法之官发所用哉?请自今悉付有司正以法。"诏可。

[2] (唐)吴兢原著,叶光大等译注:《贞观政要全译》,贵州人民出版社1991年版,第312页。

是对于已经交给司法官员的案子，皇帝就不应该再管，司法官员也应该坚持自己的职责和使命，依法办事，否则就破坏了法律的公正和尊严，不能让百姓信服。

有这种信念的"法官"面折君王，坚持依法断案，他们认为法律的基石是臣民的信任，正如战国时期商鞅为了使百姓认同新法，"徙木为信"，赢得了秦国百姓的信任，使其变法获得了巨大的成功。[1]汉文帝的廷尉张释之说："法者，天子所与天下公共也。今法如是，更重之，是法不信于民也。"[2]唐代大理寺少卿戴胄面对唐太宗"卿自守法，而令朕失信耶"的指责，戴胄的回答是很有代表性意义的，他说："法者，国家所以布大信于天下；言者，当时喜怒之所发耳。陛下发一朝之忿而许杀之，既知不可而置之于法，此乃忍小忿而存大信，臣窃为陛下惜之。"[3]他坚持法律是"天下之大信"，而君主的临时规定和意见与"大信"相悖时，仍须以"大信"为先。

像张释之、戴胄这样依法办事的"法官"，历史上还是有不少的。《隋书·赵绰传》记载，作为隋代大理寺少卿的赵绰坚持依法办事，不惜以牺牲生命为代价。有一次刑部侍郎辛亶因为听到俗谚"红色利于官"的说法就穿了条红裤子上朝，隋文帝认为这种行为是一种巫蛊术，要杀掉他。赵绰坚决抵制说："据法不当死，臣不敢奉诏。"皇帝非常愤怒地说："你这是可怜辛亶，而不可怜自己？"于是命令杀掉赵绰，赵绰仍言："陛下宁

---

[1]《史记》载：令既具未布，恐民之不信，乃立三丈之木于国都市南，募民有能徙置北门者予十金。民怪之，莫敢徙。复曰："能徙者予五十金！"有一人徙之，辄予五十金。乃下令。

[2]（唐）吴兢原著，叶光大等译注：《贞观政要全译》，贵州人民出版社1991年版，第312页。

[3]（唐）吴兢原著，叶光大等译注：《贞观政要全译》，贵州人民出版社1991年版，第312页。

可杀臣,不可杀辛亶。"到朝堂行刑前,皇帝使人询问赵绰现在怎么想的,赵绰仍然说:"执法一心,不敢惜死。"皇帝气得拂袖进入内殿,气消以后才赦免了他,并对他进行了赏赐。[1]

中国古代出现过很多依法办事、面折君王的案例,一般都是发生在政治比较宽松的时期,否则"法官"的坚持很可能得不到善终,不是被罢官,就是丢掉性命,正如隋文帝训斥赵绰时所说的:"撼大木不动者,当退……啜羹者,热则置之。天子之威,欲相挫耶?"[2]他们是从属于皇帝的官员,是皇帝的影子和仆人,皇帝的权威如同大树、如同热羹,惹怒了皇帝,是有可能丢掉性命的。人都有着趋利避害的本能,大部分官员都不敢违抗皇帝的命令,而"法官"们在权威面前仍坚持依法办事,是值得百姓去爱戴和敬重的。

3. 坦白从宽的自首文化

西方近代法律中有一种权利叫沉默权,是西欧文艺复兴以后启蒙运动发展的成果。其理念是国家与个人之间具有一种契约关系,这是一种社会契约,每个个人将权利让渡给国家,国家存在的目的是维护每个个人的权利,法律的总体精神是限制政府权力的滥用。为了保护公民的个人权利,这种法律精神在未断罪之前将犯罪嫌疑人设定为一个无辜的人,本着不能冤枉一个好人的原则,规定了"法无明文规定不为罪""无罪推定"以及"不得自证其罪"等原则,将证明犯罪嫌疑人有罪的完全责任放在公权力一方,而公民个人则完全没有责任去供述,而

---

[1] (唐)魏征、令狐德棻撰:《隋书》(五),中华书局1973年版,第1485页。
[2] (唐)魏征、令狐德棻撰:《隋书》(五),中华书局1973年版,第1486页。

且从言论自由的角度，个人有权保持沉默。美国法律文化历史上有著名的"米兰达警告"（Miranda Warning）或"米兰达权利"（Miranda Rights），即"你有权保持沉默。如果你不保持沉默，那么你所说的一切都能够作为你的呈堂证供。你有权在受审时请一位律师。如果你付不起律师费的话，我们可以给你请一位。你是否完全了解你的上述权利？"这就是美国刑事诉讼中要求警察在询问前必须告知被询问者他们具有上述权利，否则其口供可能不被法庭采纳。因为犯罪嫌疑人有保持沉默的权利，那么必然会大大增加检察机关举证的困难，消耗大量的司法成本，所以近代西方司法机关发明了一种叫"辩诉交易"的制度，以减轻司法机关的举证负担。所谓辩诉交易，就是指在法庭正式开庭之前，检察官和被告人的代理律师会举行一个协商会，双方进行认罪上的"讨价还价"，要求被告人承认某项罪名，作有罪答辩，而检察官撤销重罪指控或要求法官从轻处罚，双方达成均可接受的协议。通过这样一种制度，检察官、法官可以节省司法资源，提高办案效率，而被告则在一定程度上减轻了刑事制裁。这一制度的特点是在公平和效率之间找一个平衡点，追求更加现实的"相对公正"，在美国联邦和各州之间得到了广泛运用。

中国传统法文化是完全否定沉默权的，由于刑侦手段取证的局限性，获取口供相对来说便于操作，更重要的是只有罪犯如实交代案件的真实情形，才可能真正改过自新、重新做人，否则就会出现"民免而无耻"的现象。因此被告人的供词，即口供在中国古代证据制度中占据着最为重要的地位，甚至可以称为"口供主义"，无被告人的口供，一般不能定罪。为了获取口供，刑讯逼供对许多官吏来说是最直接、最简便的方式。口供的取得是法律的要求，早在睡虎地秦简中的《封诊式》就规定:"凡讯狱,必先尽听其言而书之……"其律当"治(笞)谅(掠)者,乃治(笞)谅(掠)。治(笞)谅(掠)之必书曰:爰书:以某数更言,毋(无)解辞,治(笞)讯某。"[1]审讯人得到口供是破案的前提。中华人民共和国成立后,考古发掘的睡虎地秦简中《封诊式》就载有二十多份庭审笔录。《唐律疏议·断狱律》规定:"诸应讯囚者,必先以情,审察辞理,反复参验;犹未能决,事须讯问者,立案同判,然后拷讯。违者,杖六十。"[2]所谓辞理,就是供词的逻辑性,须和其他证据相互印证。对于一些法律规定不能刑讯的对象,需要众证才能定罪。所谓众证,是指三人以上的证人一致认定才能有效。[3]

断案须有口供,这种传统一直到明清时代仍然没有改变。如《清史稿》言:"断罪必取输服供词,律虽有众证明白,即同狱成之文,然非共犯有逃亡,并罪在军、流以下,不轻用也。"[4]可见大清司法断罪的成立一定要有自愿交代的口供,以"众证"的方式搜集的证据一般只能在特殊情形下采用。所谓"输服",就是指犯罪嫌疑人在心理上不再与司法机关对抗,屈服认输,坦白自己的罪行。如果能够积极主动地告知司法机关所不掌握的情形,就构成了"自首",可以从轻发落。

自首是犯罪后的一种表现,它通常指犯罪嫌疑人在国家机

---

[1] 张晋藩:《中华法制文明的演进》(修订版),法律出版社2010年版,第195页。

[2] 刘俊文撰:《唐律疏议笺解》(下),中华书局1996年版,第2035页。诸盗,诈取人财物而于财主首露者,与经官自首同。

[3] 刘俊文撰:《唐律疏议笺解》(下),中华书局1996年版,第2029页。诸应议、请、减,若年七十以上,十五以下及废疾者,并不合拷讯,皆据众证定罪。[疏]议曰:……称"众"者,三人以上。

[4] 赵尔巽等撰:《清史稿》(第三十六册),中华书局1977年版,第4214页。

关未掌握情况前,自动投案,坦白交代自己的罪行,是一种悔罪的表现,它不仅是内心的悔罪,还是投案并坦白的一种积极行为,这一行为反映了犯罪嫌疑人已经意识到自己先前行为的违法性和应受惩罚性,体现了其良心向善、勇于认错的道德觉醒,是改过自新的起点,也节省了司法调查取证的成本。因此,在我国传统法律文化中极为欣赏和鼓励这种行为,并在刑罚上给予从宽处理。比如唐律规定,犯罪后果不严重的在未被发觉的情形下,自首是能够免罪的,一般至少是减刑。自首制度和西方的辩诉交易制度虽然有所不同,但办案效率和达到的结果有类似之处。

自首,在秦汉时称"自出""自告",汉律就有"先自告反,告除其罪"[1]的说法,但是汉代的自告免罪只是针对谋反等特殊情形,一般情形下并不完全免除。到了三国时期魏律改称为"自首",从此自首一词为后代所沿用,其中唐律对自首作了最完善的法律规定。《唐律疏议·名例律》规定:"诸犯罪未发而自首者,原其罪。"[2]这规定的是一般原则,但其适用时仍要受到诸多限制,比如不包括伤害罪、逃亡罪、偷渡罪、奸罪、私习天文罪等。[3]唐律规定,罪犯主动向财物损失的受害人坦白犯罪事实也可免罪。[4]向受害人自首,唐律称为"首露",其功效和自首相同,自首不实不尽的,一般不减等,但如果是死刑,要减罪一等,知道即将被人告发,前来自首或因叛逃来自

---

[1] (汉)班固撰:《汉书》(七),中华书局1962年版,第2156页。
[2] 刘俊文撰:《唐律疏议笺解》(上),中华书局1996年版,第365页。
[3] 刘俊文撰:《唐律疏议笺解》(上),中华书局1996年版,第368—370页。"假有因盗故杀伤人,或过失杀伤财主而自首者,盗罪得免,故杀伤罪仍科","于物不可备偿","若越度关及奸,并私习天文者,并不在自首之例。"
[4] 刘俊文撰:《唐律疏议笺解》(上),中华书局1996年版,第390页。

首,或虽未自首,但能返回原驻地的人,可以减罪二等处罚。[1]
唐代武则天时期,为了促进案件的及时侦破,对于涉及重大案件的刑事犯,规定"一问即承者例得减死"。[2]宋神宗熙宁元年(公元1068年)发布了一条敕令,即"谋杀已伤,按问欲举,自首,从谋杀减二等论"。[3]这些敕令都是为了鼓励罪犯如实交代案情而规定的法律,这种自首减免原则为后代刑法所继承。清代发生的一些案例都是依此原则进行处理的,如康熙二十三年(公元1684年),广东发生了一起拦路抢劫案,罪犯陈亚受"听从行劫,入室搜赃,罪应斩决",因为他"闻拿投首",就是听闻被通缉,主动投案自首,所以刑部建议其"应比照'未伤人之首盗闻拿投首例',发云贵、两广极边烟瘴充军"[4]。嘉庆二十四年(公元1819年)浙江发生了一起诬告案,一个名叫蔡汝增的人诬告蔡性善等人抢夺洋钱五百四十元,不久,蔡汝增后悔惧怕,就"具结呈明",如实交代了其诬告的事实,刑部将蔡汝增比照"犯罪知人欲告而自首者,减罪二等例"的法条,"于诬告人死罪未决,杖流加徒罪上,减二等",最后判其承担"杖一百,徒三年"的刑罚。[5]

自首确实能够被宽大减免,因此在古代司法实践中慢慢成为司法官员断罪量刑的一种工具和方法,针对一些难以解决的

---

[1] 刘俊文撰:《唐律疏议笺解》(上),中华书局1996年版,第366—369页。自首不实及不尽者,以不实不尽之罪罪之,至死者,听减一等。其知人欲告及亡叛而自首者,减罪二等坐之;即亡叛者虽不自首,能还归本所者,亦同。

[2] (后晋)刘昫等撰:《旧唐书》(九),中华书局1975年版,第2888页。

[3] (清)沈家本撰:《历代刑法考》(四),中华书局1985年版,第2162页。

[4] (清)许槤、熊莪纂辑,何勤华等点校:《刑部比照加减成案》,法律出版社2009年版,第12页。

[5] (清)许槤、熊莪纂辑,何勤华等点校:《刑部比照加减成案》,法律出版社2009年版,第12页。

特殊情形劝说犯罪嫌疑人坦白事实真相，解决现实的困境。江南名幕汪辉祖的《学治说赘》中记载了这样一个"自首免死"的案例：一个地区发生盗铸铜钱案，案件的犯罪嫌疑人中有一人潜逃，其他人被捕，因清律首犯会被处死，在押的犯人都将"起意"的责任归到潜逃犯身上，他就成了主犯，其他人则为从犯，被判流放外省充军，一年后逃犯被抓到，坚决不承认自己是倡议造意的人，而被判充军的从犯已经被发配到外省执行，改案重判将会使各级官吏承担层层责任，于是有人出主意，要将此人的案情记录由"捕获"改为"闻拿自首"，这样按照法律自首免死的规定就可以免除逃犯的死罪来完结此案。因为判罚结果都是一样的，被抓犯罪嫌疑人痛快地认罪，判决因为其为自首，也免除了其死刑，改为流放。汪辉祖对此案深有感触，他总结说："犯罪自首一条，网开一面，乃求生之路。"[1]当他遇到情轻法重的情形时也会采用这一条法律来解决现实难题。在封建王朝的司法实践中，自首竟然演变为了一道"免死令牌"，也不难猜测这一自首免罪或减刑的规定很可能成为基层司法官员舞弊弄法的理由。

4. 测度心理的诈术

在西方近代传统法律中，警官、检察官、法官一般不能用欺诈手段，因为他们往往受制于法庭程序，主张程序即正义。不过在古代希伯来法文化传统中，也有运用智慧和谲黠的心理术来寻求真相的事例，《圣经》记载了古代犹太国的国王所罗门断亲子案的故事。某一天，两个妇女抱了一个婴儿来到所罗门

---

[1] （清）汪辉祖著，孙之卓编注：《佐治学治解读》，哈尔滨工业大学出版社2015年版，第61、218页。

面前,都声称是婴儿的母亲,两个人吵得不可开交。所罗门沉思良久,提出一个解决办法,就是拿剑将婴儿一劈两半,一人一半。面对所罗门的这一做法,妇女甲的反应是不再争孩子,说:"宁可不要孩子,也不要杀孩子。"而妇女乙则说:"我得不到,别人也不能得到,干脆一刀两半。"于是所罗门裁决善良心疼孩子的妇女甲才是孩子的母亲,那个狠毒的不顾孩子性命的妇女乙则非婴儿的母亲,最终妇女乙受到应有的惩罚。

古代中国法官面对错综复杂的案情纠纷,缺乏获得真相的技术手段,为了追求事实真相,迫不得已使用诈术或心理术来获取证据。下面试举几个利用诈术破案的事例:

第一个是薛宣断缣。据《意林校释》载:临淮县有一人手里拿着一匹缣,去集市售卖。路上遇雨,就拿着丝布挡在头顶上遮雨。后有一人也把头伸到丝布下躲雨。雨停以后,后进来避雨的人声称丝布是他的,于是二人产生争讼。丞相薛宣沉思后判决曰:"缣值数百,何用纷纷。"说不就是价值数百钱的丝布吗?请人来剪断缣布,一人一半即可。事后派人观察两个人的反应。一个人连连喊冤,而另一个人则面有喜色。薛宣由此判断出喊冤叫屈的人一定是原丝布的主人,而另一个则是欺诈者,于是对其刑讯,最终他说出了实情。[1]这个案件的审判逻辑和方式与所罗门所断之案相同,即当得知结果后,面对这一结果每个人的表情和反应更能代表此人内心的真实想法,由此就能得出事件的真相。

---

[1] 王天海、王韧撰:《意林校释》,中华书局2014年版,第408页。临淮有一人,持一匹缣,到市卖之,遇雨披之。后有一人求庇荫一头之地。雨霁,共争之。丞相薛宣决曰:"缣值数百,何用纷纷。"遂中断,各与半。续察之,缣主称冤不已,后人有喜色。宣知其情,考而伏之。

第二个是《太平广记》中记载的赵和智破诈骗案的故事。[1]邻县庄东头的一个农民在购买肥田时发现资金不够,跟庄西头的农民借了一百万缗,以其庄契抵押。后来因肥田获利,就准备赎回其庄契,他先连本带息还给庄西农八百缗,因为平时交情很好,就没留下契据凭单,剩余部分准备在第二天拿回庄契时给庄西农,然而第二日庄西农却不承认曾收到过庄东农所交的八百缗,二人到县衙打官司,县衙虽然很同情庄东农,但因为无凭无据,无法审判,而后庄东农又上诉到州里,也被以同样的理由拒绝受理。庄东农听说邻县江阴县令赵和是断案高手,就起诉到他那里。赵和开始拒绝受理,因为其案非本县管辖范围,而且破案难度巨大。但庄东农哭诉说,如果赵和不受理此

---

[1] (宋)李昉等编:《太平广记》(四),中华书局1961年版,第1268页。时有楚州淮阴农,比庄俱以丰岁而货殖焉。其东邻则拓腴田数百亩,资镪未满,因以庄券质于西邻,货缗百万,契书显验,且言来岁赍本利以赎。至期,果以腴田获利甚博,备财赎契,先纳八百缗。第检置契书,期明日以残资换券。所隔信宿,且恃通家,因不征纳缗之籍。明日,赍余镪至,遂为西邻不认。且以无保证,又乏簿籍,终为所拒。东邻冤诉于县,县为追勘,无以证明。宰邑谓曰:"诚疑尔冤。其如官中所赖者券,乏此以证,何术理之?"复诉于州,州不能理。东邻不胜其愤,远聆江阴之善听讼者,乃越江而南诉于赵宰。赵宰谓曰:"县政地卑,且复逾境,何计奉雪?"东邻则冤泣曰:"此地不得理,无由自涤也。"赵曰:"第止吾舍,试为思之。"经宿召前曰:"计就矣。尔果不妄乎?"则又曰:"安敢诬!"赵曰:"诚如是言,当为置法。"乃召捕贼之干数辈,赍牒至淮壖,曰:"有啸聚而寇江者,案劾已具。言有同恶相济者,在某处居。"名姓形状,具以西邻指之,请梏送至此。先是,邻州条法,唯持刀截江,无得藏匿。追牒至彼,果擒以还。然自恃无迹,未甚知惧。至则旅于庭下,赵厉声谓曰:"幸耕织自活,何为寇江?"囚则朗叫泪随,曰:"稼穑之夫,未尝舟楫。"赵又曰:"证词甚具,姓氏无差。或言伪而坚,则血肤取实。"囚则大恐,叩头见血,如不胜其冤者。赵又曰:"所盗幸多金宝锦彩,非农家所置蓄者。汝宜籍舍之产以辩之。"囚意稍解,遂详开所贮者,且不虞东邻之越讼也。乃言稻若干斛,庄客某甲等纳到者;轴绢若干疋,家机所出者;钱若干贯,东邻赎契者;银器若干件,匠某锻成者。赵宰大喜,即再审其事,谓曰:"如果非寇江者,何谓讳邻所赎八百千?"遂引诉邻,令其偶证。于是惭惧失色,祈死厅前。赵令梏往本土,检付契书,然后置之于法。

案，他就走投无路了。出于同情，赵和受理此案，想出一条计策，假称本县江中发生劫案牵涉到庄西农，把他押送至淮阴县。审问时庄西农不承认，旁边差役假装要对其刑讯逼供，庄西农大为恐惧，叩头直至流血。赵和假装说赃物涉及较多金银锦缎之类，比较好辨认，需要搜查其家产来验证是否符合。庄西农不疑有诈，如实吐露他财产的真实来历以避祸，其中涉及庄东农的八百缗，赵和知道了真相，对庄西农说："虽然你没有在江上抢劫作案，但是你欺诈了庄东农的财产"，案件告破，庄东农拿回了庄契。

第三个是海公智破工匠制作赝品并藏金的故事。淳安县有一个人叫涂阳明，他把金子交给工匠让其制作一只手环，工匠欺诈，把金子替换成其他材料制作出一只赝品金环，涂阳明佩戴了一个月发现不是金环，于是找工匠理论，工匠矢口否认，"饰词百端"，于是二人对簿公堂。海公将工匠抓拿下狱，在工匠的手腕上用毛笔写了一个"金"字，警告其说，如果发现腕子上字迹有损坏，就要重责。一天，海公把其妻招来，在府衙大堂阶下听候传召，同时把工匠招来问话，怒气发问："'金'字在乎？"工匠紧忙回答："'金'字在，尚好，底何敢有损？"海公回答："'金'字若在，尚是良民。"于是把工匠押回牢房。招工匠妻子上大堂说："你听到你丈夫说的了吧，金子在，你去拿来。"工匠妻错听"金字"为"金子"，以为其丈夫已坦白，于是拿出了金子。海公成功破解此案，将金子还给涂阳明，并责打了工匠。[1]

---

〔1〕（明）李春芳：《海公案》，北方文艺出版社 2013 年版，第 15—16 页。淳安县有一涂阳明，以金授匠制环，环成持归，尚不知赝也。经月始辨，以还，匠则饰词百端矣。遂以讼于公。公已知奸在匠，至即以系狱，而书一"金"字于其腕，曰："字损，则重挞。"人皆不知其意。旋已，呼其妇伏阶下。因群中忽召匠至，怒

第四个是《清稗类钞》中记载的孙长卿智识真假通奸妇的故事[1]。清朝太原地区有一家婆婆和儿媳均丧偶，中年婆婆与村里无赖有染，被儿媳发现，婆婆就想把儿媳嫁出去，儿媳不同意，于是婆婆去衙门指控其儿媳妇与人通奸，儿媳反控是婆婆所为，并指出具体的奸夫，奸夫不承认，后经刑讯，指认是儿媳与自己通奸，于是审理此案的官员责打了儿媳，儿媳始终不承认，四处上诉，孙长卿被派去调查侦办此案。孙长卿到该县衙后，只是将婆媳带来稍作询问，便又将其送回牢房，随后令隶人准备砖头、石块、刀子、锥子等东西放在大堂上备用。第二天把婆媳二人提讯上堂，对婆媳各自说："此事不必搞得这么清楚，奸妇虽不确定，但是奸夫确实是清楚的，你们家是清白之家，不慎被坏人引诱失足，罪全在这个奸夫身上。刑堂上有各种工具，你们随便选取一件把他弄死吧。"婆媳二人一时不

（接上页）曰："'金'字在乎？"曰："'金'字在，尚好，底何敢有损？"曰："'金'字若在，尚是良民。"且令去。复问曰："金子在，可持来。"妇曰："然。"金到以偿民，而始挞匠。妇以声误，遂以金出也。

〔1〕徐珂编撰：《清稗类钞》（第三册），中华书局2010年版，第981页。太原有民家，姑妇皆寡，姑中年，不能自洁，村无赖频就之。妇不善其行，阴于门户墙垣阻拒之。姑惭，假事以出妇，妇不去，颇勃谿，姑益恚，乃诬控之官。官问奸夫姓名，姑："夜来宵去，实不知为谁，鞫妇自知。"因唤妇，妇果知之，而以奸情归姑，苦相抵。拘无赖至，又哗辩，谓两无所私，彼姑妇不相能，故妄言以相诋毁耳。官曰："一村百人，何独诬汝？"重笞之，无赖叩乞免责，自认与妇通。械妇，妇终不承，逐去之。妇忿而上控，仍如前，久不决。时淄川孙长卿大令宗元宰临晋，推折狱才，宪司遂下其案于临晋。人犯到，略讯一过，寄监讫，即令隶人备砖石刀锥，质明听用。皆疑曰："严刑自有桎梏，何将以非刑折狱耶？"不解其意，姑备之。明日出讯，命以诸具悉置之堂，传犯者，又一一署讯之，乃谓姑妇曰："此事亦不必求甚清析，淫妇虽未定，而奸夫则确。汝家本清门，惟一时为匪人所诱，罪在某。堂上刀石俱在，可自取击杀之。"姑妇趑趄，恐邂逅抵偿。孙："无虑，有我在。"于是姑妇并起，掇石交投，妇衔恨已久，两手举巨石，恨不即立毙之，姑惟以小石击臀腿而已。又命用刀，姑逡巡，孙止之，曰："淫妇，我知之矣。"命执姑严桎之，遂得其情，案乃结。

敢，怕日后受到刑罚，孙长卿说："没事，全包在我身上。"于是婆媳都拿起石块砸向奸夫，儿媳拿的是大石头，恨不能一下砸死奸夫，而婆婆拿的是小石头，砸在奸夫的腿和屁股上。孙长卿又让他们去拿刀，婆婆却很犹豫。于是孙长卿说："我知道谁是通奸之人了"，命人给婆婆戴上刑具，结案告破。

以上四个案例中的司法官员在审理案件的过程中灵活变通，巧妙运用"诈术"，捕捉涉案人员的心理活动，最终皆解开谜题，找到事情真相。这充分反映了我国传统法文化中的价值观，即追求实质正义，在依法办案的原则上灵活变通，维护公平正义。

5. 以其人之道，还治其人之身的断案

古希腊哲学家苏格拉底是个极其有智慧的人，在与人争论问题时，常常承认自己是无知的，再向别人发问，通过不断发问，对方给出答案后，苏格拉底又继续展示对方答案的逻辑矛盾，使对方了解自己的无知和结论上的错误。这就是苏格拉底著名的反诘法，有时律师在法庭辩论时也会利用这种方法来揭示当事人的说法的矛盾和不可信，我们在戏剧《威尼斯商人》中就可以看到鲍西娅就是使用这一方法层层反驳夏洛克取得了辩论的胜利。

古代中国的法官们有时也用类似的方法来审判案件，他们拥有很高的智慧和手段，不按照常理出牌，他们有时假装虚心听取当事人的申诉或要求，然后按照对方的逻辑或方法构置一个陷阱来诱使当事人陷入其中，最后以其人之道，还治其人之身，从而完成判决，形成妙判。

最著名的例子就是"请君入瓮"的故事。[1] 武则天统治时期，重用酷吏，其中周兴和来俊臣都是非常狠毒的酷吏，他们通过诬告和酷刑杀害了很多文武官吏和普通百姓。恶有恶报，天授年间（公元690年—公元692年）有人举报周兴和他人谋反，案子被武则天转交来俊臣办理。于是他设宴宴请周兴，宴席间他询问周兴："如果囚犯不招供怎么办？"周兴回答说："这好办，你找一个大瓮，周围烧上炭火，想要什么口供都可以得到。"于是来俊臣撤下宴席，摆出大瓮，烧上炭火，慢慢对周兴说："现在武皇让我审理你的谋反案件，请你进大瓮。"周兴吓得汗流浃背，叩头求饶，并招供服罪。

第二个案件是宋代司马光在《涑水记闻》中记载的"张齐贤妙判家财分配不均案"。[2] 宋真宗时张齐贤任职宰相，皇帝的外戚发生了分财产的纠纷，他们纷纷进宫找皇帝解决，皇帝不堪其扰，也无法分清曲直是非，有关机构也不敢判决，所以这个财产案件久拖不决。张齐贤对宋真宗说："这个案子无法通过正常程序解决，让我来解决此案好不好？"皇帝准许后，他坐居相府，找来争讼者，对他们说："你们是不是都认为给对方的多了，给自己的少了？"双方都说是这样的。他要求他们写明供状，并签字画押。于是他命令官吏封存了外戚所分的财产，调

---

[1] 《新唐书》载：天授中，人告子珣、兴与丘神勣谋反，诏来俊臣鞫状。初，兴未知被告，方对俊臣食，俊臣曰："囚多不服，奈何？"兴曰："易耳，内之大瓮，炽炭周之，何事不承？"俊臣曰："善。"命取瓮且炽火，徐谓兴曰："有诏按君，请尝之。"兴骇汗，叩头服罪。

[2] （宋）司马光撰，邓广铭、张希清点校：《涑水记闻》，中华书局1989年版，第145页。张齐贤真宗时为相，戚里有争分财不均者，更相诉讼，又固入宫自理于上前，更十余日不能断。齐贤曰："是非台府所能决也，臣请自治之。"上许之。齐贤坐相府，召诸讼者曰："汝非以彼所分财多，汝所分少乎？"皆曰："然。"即命各供状诘实，乃召两吏趣徙其家，令中家人已舍，乙家入甲舍，货财皆案堵如故。文书则交易之，讼者乃止。明日奏状，上大悦："朕固知非卿莫能定者。"

五、古代案件侦查和审判文化散论

换了他们的房契文书,把双方的家庭成员都驱赶到对方家中,据此了结了此案。皇帝听到结案了,非常高兴,夸奖他说:"我就知道你能搞定此事。"这种对换财产的办法我们在宋人郑克的《折狱龟鉴》卷八中也能看到,岳州沅江县令王延禧也是采取同样的方式解决了一家兄弟分家财不均的案子。这一审判逻辑就是利用占了财产便宜的一方当事人假称对方占了便宜的逻辑和声称,固定其口供,出其不意地调换双方的财产,从而跳过艰难的举证和质证环节,达到惩罚所占便宜的一方当事人的效果,占了便宜的一方当事人无法反悔而了结此案,从而一劳永逸地解决争讼。

第三个案件是《清稗类钞》中记载的段光清巧判毙鸡案的故事。[1] 段光清为鄞县县令,做官廉明,口碑好。有一天他在街上看到一家米店附近有很多人在围观,并且有吵闹声,他命令两个衙役上前打探发生了何事,一会儿衙役带回来两个人,

---

[1] 徐珂编撰:《清稗类钞》(第三册),中华书局2010年版,第1108页。段光清宰鄞县,以廉明称。一日偶出,见众人环立某米肆门首,方哗辩,命二隶往,旋偕二人来,伏舆前。一乡人,一米肆主也。乡人供以父病来城延医,道经某米肆,足误践其雏鸡致毙,肆主索偿九百钱,囊中仅得钱二三百枚,不足以偿,因与争耳。段曰:"鸡雏值几何,乃索偿九百乎?"乡人曰:"肆主言,鸡雏虽小,厥种特异,饲之数月,重可九斤。以时值论,鸡一斤者,厥值百文,故索九百,小人无以难也。"段顾肆主曰:"乡人言真乎?"肆主曰:"真。"段笑曰:"索偿之数不为过,汝行路不慎,毙人之鸡,复何言?应即遵赔。"乡人曰:"吾非不遵,奈囊资不足耳。"段曰:"汝可典衣以足之,再不足,本县为汝足之可也。"时环观者,啧啧詈县官殊愦愦,以一鸡雏断偿九百钱,乌有是理,然不敢诘也。乡人解衣付典,得钱三百,合囊资,凡得六百,段以三百补之,以付肆主,且笑语曰:"汝真善营业哉,以一鸡雏而易钱九百,如此好手段,不虑不致富也。"肆主面有喜色,叩首称谢,携钱而起。段忽令肆主回,则乡人亦随以至,乃皆跪舆前,段曰:"汝之鸡虽饲数月而可得九斤,今则未尝饿死饲至九斤也。谚有云:斗米斤鸡。饲鸡一斤者,例须米一斗,今汝鸡已毙,不复用饲,岂非省却米九斗乎?鸡毙得偿,而又省米,事太便宜,汝应以米九斗还乡人,方为两得其平也。"肆主语塞,乃遵判以米与乡人,乡人负米去。

一个是米店老板,一个是乡下农。乡下农称他进县城的目的是给老父亲请医看病,路过米店,不小心踩死了一只小雏鸡,米店店主狮子大开口,索要巨额赔偿,要求赔付九百文钱。而他的口袋里仅有二三百文钱,无法满足米店店主的要求,所以二人发生争论。段光清说:"小雏鸡值几个钱,为什么索要九百文?"乡下农说:"米店店主声称小鸡仔虽小,但是属于稀有品种,养几个月后重量可以达到九斤,按照时价,一斤一百文,所以索要九百文,我根本赔不起。"段县令又询问米店店主乡下农的话是否属实,米店店主回答确实如此。段县令笑着对乡下农说:"这么说他的索赔也不过分,你行路不小心,踩死了人家的雏鸡,应该赔偿。"乡下农说:"我不是不赔,是真赔不起。"段县令让其先把衣服典当了,如果还是凑不够九百文,段县令为其补足余下的部分。旁观的人都在窃窃私语说一只小鸡仔赔几百文没有道理,但也没人敢上前理论。乡下农当了衣服得钱三百文,加上原来的三百文,共六百文,段县令又为他出了三百文,共九百文交给米店店主说:"你真是很会做生意,一只小鸡仔要九百文,这还能不发家致富!"米店店主喜出望外,叩头拜谢,正当他带着钱离开时,段县令又让米店店主回来,对其说:"你把小雏鸡养到九斤,不可能不喂养它,谚语说:'斗米斤鸡',也就是说要让鸡肉长一斤,得一斗米。现在鸡死了,不再需要米,你省下了九斤米,既然鸡已经赔偿了,那你需要把九斤米还给乡下农,这样才能公平。"米店店主顿时傻眼了,也无法辩驳,只能照办,最后乡下农高高兴兴背了九斤米离开。

在这个案件中,很明显米店店主利用城里人的身份和乡下农人生地不熟的处境,借机敲诈老实的乡下农,以牟取暴利。段县令假装不知,以米店店主的逻辑和设定来处理此事,最后的结果则让不道德的米店店主空欢喜一场,从而弘扬了社会道德,赢得了大家的称赞。

6. 滴血验亲的方式

在破案取证技术匮乏的时代，西方国家多采用神判方式断案，而中国远古时期也有皋陶利用獬豸断案的传说，春秋时期仍有神羊断案的案例，但西周以后基本上不再采用神判方式来结案，到宋代检验技术相对成熟，产生了《洗冤集录》等著作，此书被誉为世界最早的法医学著作。书中记载了滴血验亲法，这是一种确定血亲关系的方法，其具体操作就是从需要验证的当事人身上取出血液，滴在所称父母的骸骨上，理论设定是能进入其父母的骸骨之内，就判定具有真正的亲子关系；如果血液不入骸骨，则否定双方有亲属关系。[1] 滴血验亲法虽然记载在宋代的书籍里，但并不是宋代才有的发明，其方法早在三国时就有记载。另外一种检验亲属血缘关系的方法叫"合血法"，这一方法大概出现在明代，是确认活人之间的血缘关系的办法。这种方法要求把两方当事人的血放在一个器皿里，观察其是否凝聚为一体，如果凝聚为一体，就能确定双方存在血缘关系，如果不能凝聚，就否定双方存在血缘关系。下面我们就史籍中的三个滴血验亲的案例进行分析：

第一个案例是元代《无冤录》记载的南朝梁、齐之间的一个轶事。南北朝时期，南朝梁武帝的第二个儿子豫章王萧综，其母亲叫吴淑媛，曾是南齐东昏侯萧宝卷的宠妃，在南齐灭亡后，梁王朝建立，梁武帝纳吴淑媛为妃子，七个月分娩生下萧

---

[1] （宋）宋慈著，高随捷、祝林森译注：《洗冤集录译注》，上海古籍出版社2014年版，第81页。检滴骨亲法，谓如某甲是父或母，有骸骨在，某乙来认亲生男或女，何以验之？试令某乙就身刺一两滴血，滴骸骨上，是亲生则血沁入骨内，否则不入。俗云滴骨亲，盖谓此也。

综,宫中有很多人怀疑他不是梁武帝的亲生儿子。他去问他的母亲,他母亲告诉他是怀孕七个月所生,他不能跟其他的王子争皇位,要保密。他听说有滴血验亲法,就偷偷挖掘东昏侯的陵墓,取出其骸骨,以他的血滴落在东昏侯的骸骨上,确实发现血液能够进入东昏侯的骸骨内。豫章王萧综还是不太放心这个办法的可靠性,他第二个儿子出生一个月后,就将其偷偷杀死掩埋,夜晚又挖出男孩的骸骨,把自己的血液滴骸骨做试验,结果又渗入骸骨里,从而他觉得这个办法是可靠的。[1]

第二个是冯晟《谈屑》所记载的一个案例。绍兴一个富翁生了三个儿子,都娶了媳妇,结果几个儿子先后去世了,家里只留下三个儿媳、女儿和赘婿,这个富翁后来娶了个妾,不到一年生下一个小儿子,不久老翁就去世了。女儿、女婿掌管家里的资产,办完富翁的丧事后,他们就上告官府,声称小儿子不是富翁的孩子。大儿媳妇也上告官府,声称小儿子确实是富翁之子,请求滴血验亲,结果官府验亲后,血液没沁入富翁的骸骨,大儿媳妇被判诬告罪收监。二儿媳妇继续上告,结果如前,三儿媳妇又继续控告,赶上一个大官来浙江办事,接受了这个案子。这个大官感觉出这三个儿媳妇均出自真情,也无舞弊,怎么滴血验亲不能成功呢?百思不得其解后请教了一个幕友,幕友提出建议,先找女儿验亲。结果女儿滴血验亲后,其血居然也不能沁入其父的骸骨,于是大官将其女儿抓起来审问,得知是女婿出的主意,乘乱更换了富翁的尸体。于是案破,按律将女儿、女婿治罪,释放了三个儿媳,并认定小儿子继承家财。[2]

第三个案例是清代名臣纪昀所记载的一个故事。一个山西

---

[1] (元)王与原著,甘建一等译著:《无冤录今译》,海南出版社2011年版,第28页。

[2] 陈重业主编:《折狱龟鉴补译注》,北京大学出版社2006年版,第133页。

人将资产委托给他的弟弟照管,自己本人在外地经商,中途娶亲,生了一个儿子,十几年后儿子母亲去世,他就带儿子还乡。他的弟弟怕他哥哥要他归还所委托的财产,于是否认哥哥在外所生之子和哥哥的血缘关系,说此子不能继承他父亲原来的产业。双方争讼告到官府,法官采用滴血验亲法,父子血液聚合,于是县官笞打了弟弟结案。他的弟弟不相信合血法的真实性,于是把自己儿子的血和自己的血放在一起,结果没有凝聚,拿这个试验结果又上诉,声称上个县官所断之案不足为据。乡民们非常痛恨弟弟忘恩负义的贪婪行为,根本没人支持他的主张,反而揭发他的老婆和其他人通奸,他的儿子不是他的亲生骨肉。查验后发现他的妻子确实与人有奸情,官府最后拘留奸夫审问,奸夫服罪。这个弟弟非常羞愧,出妇逐子,逃离家乡,他的家产都归了他的哥哥。[1]

这两种验亲的技术手段,按照今天的法医学来看都缺乏科学依据。比如骨骼埋在土里,经过较长的时间,表层腐败而骨质酥散时,滴任何人的血液都容易沁入,而骨骼还未干枯时,骨质坚硬,滴任何血液都不容易沁入。林几教授在《洗冤录驳议》中认为"滴血验亲法"是不科学的,他说:"盖骨膜如朽及骨裂缝处,不知何人之血,滴着均可吸收;如骨膜未朽,任是亲属,血滴涂抹骨上,亦为渗入,凡骨面失去泽润者,该部骨膜必

---

〔1〕 (清)纪昀:《阅微草堂笔记》,华龄出版社2002年版,第130页。从孙树森言:晋人有以资产托其弟而行商于外者,客中纳妇,生一子。越十余年,妇病卒,乃携子归。弟恐其索还资产也,诬其子抱养异姓,不得承父业。纠纷不决,竟鸣于官。官故愦愦,不朕其商所问真赝,而依古法滴血试;幸血相合,乃笞遣其弟。弟殊不信滴血事,自有一子,刺血验之,果不合。遂执以上诉,谓县令所断不足据。乡人恶其贪媚无人理,签曰:"其妇夙与某私昵,子非其子,血宜不合。"众口分明,具有征验,卒证实奸状。拘妇所欢鞠之,亦俯首引伏。弟愧不自容,竟出妇逐子,窜身逃去,资产反尽归其兄。闻者快之。

已脱失或朽失，故《洗冤录》滴血法不足为凭。"[1] 至于合血法，林几教授也认为其不可靠，他指出数人的血液放入一个器皿里，如果血型相同，会很容易凝结在一起，然而即使是骨肉血缘关系，血型也并不一定相同。[2] 所以真正能确定血缘关系的只有采用当代 DNA 检验技术。我国古人已经有不少人怀疑滴血验亲法和合血法的可靠性，比如清代纪昀就在其《阅微草堂笔记》里记载，那些衙门里的老吏都不看好这一办法，认为血液和骸骨相融合一般必然发生，但是可以通过在冬天把检验器皿放在冰雪上，使器皿变冷，或者在夏天用盐醋擦拭器皿，使器皿有酸咸之味道，这样可以使试验的血液凝固，即使是亲骨肉也不能凝结在一起，这种办法可以作假，因此滴血验亲法和合血法并不是非常可靠的。[3]

依此结论，我们来重新解释上述三个案例。第一个案例，萧综将自己的血液滴落在东昏侯的骸骨上，或者将自己的血液滴落在自己所生孩子的骸骨上，虽然血液都沁入了骸骨里，但从今天的角度看，也可能是因为东昏侯的尸骨经长久埋葬，疏松产生缝隙导致的，并不能真正证明他们有血缘关系。第二个

---

[1] 转引自（元）王与原著，甘建一等译著：《无冤录今译》，海南出版社 2011 年版，第 30 页。

[2] 转引自（元）王与原著，甘建一等译著：《无冤录今译》，海南出版社 2011 年版，第 31 页。林几教授指出："至亲属滴血，真则共凝，非则不凝，亦不的确。惟同血簇（注：即血型）之血，自可相融，不生凝集，生有沉垩（渣滓；沉淀物），故古法正与科学血簇之血清凝集现象相反。而用亲属血滴于水中，自能和融，确乃事实，且用反光镱（一种稀土族金属元素，原子序数为 70，符号为 Y_b）测验，两和融血滴浮沉水中间有白晕，此乃实验结果，附备参考。"

[3]（清）纪昀：《阅微草堂笔记》，华龄出版社 2002 年版，第 130 页。按：陈业滴血，见《汝南先贤传》，则自汉已有此说。然余闻诸老吏曰："骨肉滴血必相合，论其常也。或冬月以器置冰雪上，冻使极冷，或夏月以盐醋拭器，使有酸咸之味，则所滴之血，入器即凝，虽至亲亦不合。故滴血不足成信谳。"

案例，女儿和其父亲血液不合，虽然有女婿更换尸体作假的行为，但即使不更换尸体，血液是否能沁入其父的骸骨也是不确定的，是有一定偶然性的。第三个案例，哥哥和其子的血液相合与弟弟和其子的血液没有相合都具有一定的偶然性，弟弟的怀疑是合理的，但是因为弟弟的行为违背了民间所遵守的纲常伦理，所以大家都支持哥哥，希望弟弟诉讼失败，指控其妻子通奸。而弟弟和其儿子血液不相合也可能是环境所致，从今天的眼光看，即使他的妻子确实和别人通奸，也不能证明这个孩子一定不是他的。对奸夫的口供的记述是"俯首引服"，草草了事，语焉不详，即使有口供，也可能是在刑讯逼供下屈打成招的。

综上所述，古代从事具体司法实践的人对两种验亲方法一般都持有怀疑的态度，比如直接从事司法实践的衙门老吏就认为"滴血不足成谳"，第三个案例中贪婪的弟弟也坚决不相信这个办法，清代纪昀也认为擅自使用古法滴血进行试验的官员为"官故愦愦"。以今天科学的观点看，滴血验亲法也是不科学、不牢靠的。但为什么这一方法在古代长期适用呢？因为这一办法是古代的信仰，这一信仰如同神判一样，有利于解决无法查明的案件，是一种解决案件的方法。虽然不科学，但是人们在实践中会把它当作一个证据而使用，只要无相反的证据，就能合理解决案件，这也是在没有现代先进科学技术手段条件下的一种"聪明"之举，是前科学时代的解决之术，所以我们不能贸然否定其在古代的有效性和实用性。

六、 古代诉讼文化散论

1. 息讼与调解

西方法治文明对于社会的争议问题，大多主张由司法诉讼来解决，因为在西方自由主义观念中个人价值至高无上，维护个人权利是其根本价值理念，应该不遗余力加以维护和奋斗。近代德国法学家耶林曾在其著作《为权利而斗争》一书中对"为不足取之物而耗费金钱的时间，提起劳神费力的诉讼"的行为进行称赞，认为为权利而斗争是权利人对自己的义务，也是对社会的义务，若无权利，人与家畜无区别。[1]只有通过判决，判出一个谁输谁赢，才能干净利索地解决问题；只有把事实搞清楚，才能分清诉讼方的权利与义务，才有"公平"可言。如西方法谚所言："有权利必有救济""任何人都不应在大法官法庭中未得到救济就空手而归""对每一个前来诉讼的人主持公道是法官的职责"。当然也可能是意识到司法诉讼的成本和局限性，

---

〔1〕 参见［德］耶林著，郑永流译：《为权利而斗争》，商务印书馆2018年版，第41页。

西方社会中也有人主张息诉,西方谚语中就有"息诉乃国家之福","吃亏的和解也比胜诉强","诉诸法代价大,还是以调解为佳",等等。[1]

传统中国文化鼓励不争,厌弃诉讼,特别是针对民间的细故纠纷,他们多采用息讼办法处理,为诉讼设置障碍,比如宋代的务限法规定"户婚田土钱债"这类民事案件,限定起诉时间,只能在每年农历的十月初一至来年的二月内提起诉讼,这段时间称为"务开",其他时间为农忙时节,不能提起诉讼,称为"入务"。[2]而且为了减少诉讼,甚至立法打击帮助诉讼的讼师。

厌讼的原因首先是司法诉讼不能从根本上解决社会问题。因为古代的乡村社会是熟人社会和亲族社会,他们共同生长在同一个地方,生于斯长于此,彼此间非常熟悉。清代文人吴炽昌曾描述这种情形,即"尔原被非亲即故,非故即邻,平日皆情之至密者。今不过为婚姻、田土、钱债细事,一时拂意,不能忍耐,致启讼端。"[3]熟人社会的运行依靠的是亲属邻里之间的信任、道义和口头的承诺,其交往原则往往不是依靠书面的契约,相关书面证据并不经常可得,司法诉讼查清事实依靠的就是证据,如果没有书面证据,仅依靠当事人的口头证据,在这种情形下基层官员是很难获得可靠的证据进行审判的。对于这种紧密关系之间矛盾的处理,最好的办法就是让乡村熟悉地方民情和家庭内部关系的族长、村社长老来裁断,如果官员

---

[1] 陈中绳:"英美法律谚语和俗语",载《法治论丛》1990年第5期。
[2] (宋)窦仪等详定,岳纯之校证:《宋刑统校证》,北京大学出版社2015年版,第176页。
[3] (清)吴炽昌著,石继昌校点:《正续客窗闲话》,时代文艺出版社1987年版,第181页。

审理，最佳的方式也倾向于以调解结案，否则在证据不足的情形下所作出的判决很难服众。由此在乡村熟人社会里诞生出的儒家文化价值观也是认为诉讼不是解决社会矛盾的根本之道，根本之道是教化民众的道德意识，只有民众的道德意识提高了，才能真正实现天下大治。在传统的乡土社会中，合作是最重要的，"和为贵"是根本价值。诉讼判决的好处是分清是非对错，但有时是非对错并不分明，公说公有理，婆说婆有理，一旦通过判决无法分清是非，彼此的关系也将无法维持，用清代文人吴炽昌的话说就是"乡党变为讼仇"，而乡土社会并不认为这是一个理想结果，他们试图将争斗维持在一个可控范围之内，日后还能维持和睦的关系，还能继续在生活和工作中进行合作。因此中国传统法文化期望能超越诉讼来解决日常的矛盾纠纷。舜耕历山的历史典故就为解决人们之间的冲突提供了一个范本，本来历山之人相互争斗，矛盾不断，舜亲自教民礼让，身体力行，取得大治。《史记》记载了这一治理效果："舜耕历山，历山之人皆让畔；渔雷泽，雷泽上人皆让居；陶河滨，河滨器皆不苦窳。一年而所居成聚，二年成邑，三年成都。"孔子的儒家思想也不支持诉讼，他的最高理想是教化人民从而达到免于诉讼："听讼，吾犹人也。必也使无讼乎！"[1]这给中国历代解决社会矛盾树立了文化价值，从而形成了官府息讼传统。因此传统主流文化认为诉讼是社会民众道德衰败和世风日下的产物，比如明朝名臣海瑞就指出："淳安县词讼繁多，大抵皆因风俗日薄，人心不古，惟己是私，见利则竞。以行诈得利者为豪雄，而不知欺心之害；以健讼得胜者为壮士，而不顾终讼之凶。而又伦

---

[1] 上海古籍出版社编：《十三经注疏》（下），上海古籍出版社1997年版，第2504页。

理不悖,弟不逊兄,侄不逊叔,小有蒂芥,不相能事,则执为终身之憾,而谋孽评告不止。不知讲信修睦,不能推己及人,此讼之所以日繁而莫可止也。"[1]海瑞的看法具有一种典型性,对于诉讼持反对和鄙视的态度,是历代官府和士大夫一贯坚持的立场和看法。

其次,官府的息讼传统的形成还和民众需要付出的诉讼成本密切相关。吴炽昌《正续客窗闲话》也指出:"殊不知一讼之兴,未见曲直,而吏有纸张之费,役有饮食之需,证佐之亲友必需酬劳,往往所费多于所争。且守候公门,废时失业,一经官断,须有输赢,从此乡党变为讼仇,薄户化为乌有,切齿数世,悔之晚矣。"[2]清代知府刘衡《州县须知》中的《劝民息讼告示》苦口婆心地告诫民众须知诉讼所需成本的细节和代价:"大凡告状的人,自做呈之日起,到出结之日止,无事不要花钱。到城市便被店家捉弄,到衙门便受书差吓索,过了好些时,花了好些钱,还未见官的面。等到示期审讯,先要邀请邻证,早早守候,房租、吃喝、夫马,哪一样不是钱?刚要审了,却又挂出牌来改了日期,你从前那些钱都白花了。又等了好些时,探听了好几回,到书办房里催了好几次,做工商的丢了生涯,耕田的雇人代替,算起来也不知花费了多少钱才得见官的面。不问是输是赢,你的家产已先典卖空了,你的身子已先折磨坏了。若是输了,枷杖、收卡、身受苦楚,被人耻笑,气也气死,还要花许多怄气的钱。若是赢了,那对头人吃了亏,记了仇,断不肯和你干休,总要想出主意来害你,叫你防备不得。便到子孙手里,还要报复,闹出人命也不定,更是可怕。这都是你

---

[1] 陈义钟编校:《海瑞集》(上册),中华书局1962年版,第114页。
[2] (清)吴炽昌著,石继昌校点:《正续客窗闲话》,时代文艺出版社1987年版,第181页。

自己不能忍气,又被讼师哄骗,所以到这个田地。"[1]

因此,面对民间的纠纷,由地方官亲自裁决的只是少量案件。当代学者陈寒非对此提供了具体的数据。他通过对《黄岩诉讼档案》的调查,发现在处理民间细故纠纷中,官员直接受理的案件只占一小部分。他指出:"黄岩县 78 件诉讼档案中,直接受理的仅 8 件,无处理意见直接驳回的有 15 件,其余案件大多都有详细的处理意见。这些有处理意见的案件中,一部分是批回补充证据、事实等,还有很大一部分(25 件)是批回调处。州县官对于民间细故纠纷的批回调处方式称为'官批民调',这是对民间细故纠纷的间接处理。"[2]州县官员直接受理的案件,更看重的是解决民间行为的道德问题,比如明朝时海瑞在他的《淳安政事》中提到当时官场上流行的"四六息讼法",即给胜诉方六分理,给败诉方四分理,给双方留下余地。[3]大部分判决都是通过判词对民事违法行为进行批判和严惩,发挥司法的教化功能,减少类似违法行为的发生以达到无讼的目的。大多案件是交给民间机构或地方或家族长老自行调解和解决。元代在乡间设立村社,由村长、社长加以调解。明代设立申明亭作为地方诉讼的一个先行程序,非经申明亭长老调解处理过的案件,不得进入诉讼程序。明朝中期又推广"乡约",也以调解纠纷作为主要的内容。到了清代,申明亭不再是一个必经程序,官府可以进行官批民调,或者进行判决,当然

---

〔1〕 官箴书集成编纂委员会编:《官箴书集成》(第 6 册),黄山书社 1997 年版,第 116—117 页。

〔2〕 陈寒非:《讨个说法:礼法传统中的"细故"纠纷解决机制》,孔学堂书局 2019 年版,第 162 页。

〔3〕 参见郭建:《狮豸的投影:中国的法文化》,上海三联书店 2006 年版,第 211 页。

不少争议案件都是由诉讼方选择直接"投鸣乡族",进行乡里调处。

由官府自身进行调解的案件,受理官员一般并不按照法律规定进行处理,其往往进行道德说教,甚至采取措施拖延判决,让民众自行和解。史载孔子在鲁国当大司寇时,遇到父子二人争讼,父亲坚持要告儿子,孔子不立即审理,而是将父子二人收监关押,三个月内父子同住一个牢房,父子感情恢复,父亲提出终止诉讼,于是孔子很高兴地释放了二人,解决了这一父子争讼案件。[1] 孔子运用调解方式处理案件,多为后人所效仿,东汉桂阳太守许荆[2]、明代嘉靖年间大名知府张瀚[3]都是按照这个原则以这种方式进行断案的。

下面我们以北宋王罕断家产案为例解析司法官员调解方式的态度和功用。湖南潭州知府王罕在任期间,遇到一个诉讼案件,有一个年轻人叫陈三儿,孤苦一人,十多年前,在其未成年时,父母双亡,家产归了族里。他长大以后,非常穷苦,听说其父母当初有非常丰富的财产,于是就和族人打起官司。当年处理他家财产的族长早已去世,族里一直接济其衣食住行,供其长大,但是花了多少钱,还应该剩下多少钱,谁也说不清。官司几经判决,多次上诉,一拖就是十几年,来来回回村民不

---

[1] 陈重业主编:《折狱龟鉴补译注》,北京大学出版社2006年版,第1页。孔子为鲁大司寇,有父子讼者,夫子同狴执之。三月不别,其父请止,夫子赦之焉。

[2] 陈重业主编:《折狱龟鉴补译注》,北京大学出版社2006年版,第8页。许荆字少张,会稽阳羡人,为桂阳太守……尝行春到耒阳县,人有蒋均者,兄弟争财,互相言讼。荆对之叹曰:"吾荷国重任,而教化不行,咎在太守。"乃顾使吏上书陈状,乞诣廷尉。均兄弟感悔,各求受罪。

[3] (明)张瀚著,盛冬铃点校:《治世余闻·继世纪闻·松窗梦语》,中华书局1985年版,第12页。

堪其累,陈三儿甚至放话要烧族堂。王罕受理了这一诉讼,他把村里的十几户富裕人家的代表招来,跟他们说:"你们都是富裕之家,不愁吃喝,日子也过得好,可是今天陈三儿的事让大家都没法过好日子。"大家点头称是。王罕又说:"陈三儿现在缺衣少食,忍受饥寒,原来的契约文书也没写清楚,主持此事的族长又去世了,谁是谁非难以理清,官司也不好判。看在乡里乡亲的份上,他又父母双亡,疾病缠身,不如每家凑钱给他去外乡做点生意,不许他再回来,这样每家也有个安生日子。"大家都非常同意,连忙说:"当初是因为怕见官,不敢让官府调解,您说的意见很好。"于是每家拿出银两凑了一笔钱交给陈三儿,让其迁到外乡做买卖,之后陈三儿再也没回来找麻烦,诉讼就此了结。[1]

　　从上述案例看,息讼作为一种文化价值,是比较适合乡土社会的民情实际的,出现诉讼后,往往采取调解的手段结案,调解时往往并不完全依据证据,因为事实证据往往是不清楚的。这时,需要根据当事人的实际情况,按照家族伦理或公平责任原则给予救济和解决。但是当主持调解的人权威或能力不够时,调解也不一定能达到双方都满意的效果,这也会给案件带来一定的副作用,造成拖延不决的情况,江南名幕汪辉祖在其《病榻梦痕录》记载了这样一个案例:周张氏和周氏宗族围绕着立继子的财产继承问题争讼不休,虽然该案多次批给"房族公议"来解决,但是历经十八年都未获得解决,此案一直告到巡抚陈宏谋处,最终认可了幕吏汪辉祖的处理意见才得以解决。[2] 可

---

　　[1] (宋)郑克编撰:《折狱龟鉴译注》,上海古籍出版社1988年版,第493页。
　　[2] 参见陈寒非:《讨个说法:礼法传统中的"细故"纠纷解决机制》,孔学堂书局2019年版,第200—202页。

见有些案件还是必须依靠官府的强制判决来解决。

在案件上的"和稀泥",有时会以公平为代价,损害一些当事人的正当利益,如果一味地不加区别地模仿王罕处理案件的方式,可能会使一些人觉得有利可图,把事情闹大,耍无赖,使别人不得安生从而达到侵占别人权益的目的。一味追求息讼,进行调解,可能会造成强势的一方如地方豪强恶霸有恃无恐,为害一方,长久下去激起民怨民变。对于息讼危害,批评得最激烈、总结得最系统的是清代考据学家及疑古大家崔述。崔述就旗帜鲜明地反对息讼的主张,他说:"自有生民以来,莫不有讼。讼也者,事势之所必趋,人情之所断不能免者也。"诉讼的根源出于"势"和"情",是不可避免的,因此圣人从未劝人息讼,崔述重新解释了孔子的"必也使无讼乎",他说:"然则圣人所谓'使无讼'者,乃曲者自知其曲,而不肯与直者讼,非直者以讼为耻,而不肯与曲者讼也。"争斗发生后,诉讼一般来讲是受到侵犯或压迫的人所采取的办法,而不是强势者所要求的,即"陵人者常不讼,而陵于人者常讼,其大较也。且争而甘于让者,惟贤与孤弱者耳。"这些贤良的人或者弱势小民常常被豪强恶霸欺压,诉讼是他们重要的申诉冤情的手段,不许诉讼才是毁坏秩序、世风败坏的根源,是大乱之道。[1] 崔述的大胆解释和尖锐主张在当时的社会环境下是振聋发聩和别具一格的,即使在今天看来也闪烁着别样的光芒,当然这一主张并未成为当时社会的共识,未能形成传统主流的价值观念。

2. 讼师的双面性

讼师是古代中国帮助当事人办理诉讼的一种职业。近现代

---

[1] 参见(清)崔述撰著,顾颉刚编订:《崔东壁遗书》,上海古籍出版社1983年版,第701页。

律师取代了讼师。讼师实际就是古代的律师，只是因为他们存在于不同的文化土壤和价值理念上就显得颇为不同。律师发源于西方社会，西方社会是一个以权利为核心的社会，律师的重要角色就是维护个人权利不受到侵犯，所以其价值和地位在西方社会或近现代社会是很高的。在古罗马时代，律师有极高的社会地位和威望，罗马帝国时代法律学达到极盛，罗马帝国时代的著名政治家和律师西塞罗曾经为他的一位律师朋友苏尔皮修斯写了一篇颂词，专门歌颂他，这篇颂词的标题叫《罗马最不朽的灵魂之友》，从他赞赏朋友的这一篇文章的标题就可以看出罗马律师崇高的地位。西塞罗在文中称赞说："苏尔皮修斯不但是一位法律大师，还是一位正义大师。像他这种人才可以称得上是真正的律师，他一直致力于法律研究，也同样热切地努力使法律符合正义、平等和正确的道德要求。"[1] 这种对律师的盛赞在古代的中国几乎不存在。

近代中国一些思想先驱者将中国司法的落后归咎于中国没有律师，只有讼师。近代翻译家和启蒙者林纾在英国阿瑟毛利森所著的《神枢鬼藏录》译序文中痛陈："畏庐曰：中国之鞫狱所以远逊于欧西者，弊不在于贪黩而滥刑，求民隐于三木之下，弊在无律师为之辩护，无包探为之诇侦……中国无律师，但有讼师；无包探，但有隶役。讼师如蝇，隶役如狼。蝇之所经，良戴亦败；狼之所过，家畜无免。民不得聪察之吏，不能自直其枉，则乞伸于讼师。讼师者又非理枉之人，不利其久讼，则得资不博，往往直语而故曲之，致其疑窦于官中，于是牵缀蒙络，久久莫释。"[2]

---

[1] [美] 约翰·梅西·赞恩著，孙运申译：《法律的故事》，中国盲文出版社2002年版，第168页。

[2] [英] 阿瑟毛利森著，林纾、魏易译：《神枢鬼藏录》，商务印书馆1914年版，序第1页。

林纾的评价是当时将讼师和律师对立起来的典型思想。

从某种意义上来说，讼师就是中国古代的律师，只是这种律师在中国古代法文化中是被排斥和否定的。传统中国是一个乡土社会，不主张个人的权利，主张维护社会的和谐，因此维护个人权利的讼师其职业的正当性在当时的乡土社会中并不获得认可。在传统法文化中，讼师的地位无疑是非常尴尬的，他们处于不断被官府打压的处境中。官府将诉讼增多的原因归咎于讼师的挑拨。讼师的社会评价是极低的，他们的形象在清末小说里大多是负面的。清代小说家李汝珍在《镜花缘》中有一段精彩评论："尤可怪的，又有一等唆讼之人，哄骗愚民，勾引兴讼，捕风捉影，设计铺谋，或诬控良善，或妄扳无辜。引人上路，却于暗中分肥；设有败露，他即远走高飞。小民无知，往往为其所愚，莫不被害。"[1] 民间对讼师的社会评价也很低，其具体形象正如梁治平先生所言："在传统的社会里面，讼师素来受人轻贱，他们的形象，就如上面那则故事所描绘的，是贪婪、冷酷、狡黠、奸诈的，最善于播弄是非、颠倒黑白、捏词辩饰，收渔人之利。"[2]

讼师在古代社会中往往被视为添乱者与社会麻烦制造者，为当政者所不容。法律严厉打击代写诉状时对诉讼事实和情节有所增减的行为以及教唆词讼诬告的行为。唐宋律有"为人作辞牒加状"和"教令人告事虚"的罪名严惩违规讼师，如《唐律疏议·斗讼律》规定如果所告事项不按照事实，有虚假的成分，将会有笞五十的惩罚，如果增加情节导致严重后果，按诬

---

[1]（清）李汝珍：《镜花缘》，中华书局2013年版，第48页。
[2] 梁治平：《法意与人情》，中国法制出版社2004年版，第275—276页。

告罪减一等处罚。[1] 如果指使他人诬告，将会受到反坐的惩罚，当然诬告者是主犯，教令诬告者是从犯。[2] 宋代更是有过之而无不及，衙门每结案之前，几乎必先办讼师。清代法律对于"教唆词讼及为人作词状增减情罪诬告人"视为与犯人同罪。对于帮助诉讼到京城或省部处所涉及的叛逆、强盗或人命重事不实等罪名所告不实的人犯，将处以发往边卫充军的刑罚。[3] 清朝还对讼师的学习文本进行查禁销毁，不许有任何的售卖行为，违禁者将依据情节处以杖、徒、流三千里的不同处罚，甚至连收藏此类书籍的人，都要照违制律治罪。[4]《刑部比照加减成案》记载了教唆词讼的五个案件，其中安徽司嘉庆十八年（公元1813年）、安徽司嘉庆二十五年（公元1820年）和河南司嘉庆二十二年（公元1817年）的犯案讼师都被以"积惯讼棍军罪上量减一等满徒"判刑，安徽司嘉庆二十五年（公元1820年）的案犯徐学传，年纪已超过七十岁，本应依照法律条例得

---

[1] 刘俊文撰：《唐律疏议笺解》（下），中华书局1996年版，第1663页。诸为人作辞牒，加增其状，不如所告者，笞五十；若加增罪重，减诬告一等。

[2] 刘俊文撰：《唐律疏议笺解》（下），中华书局1996年版，第1667页。诸教令人告，事虚应反坐，得实应赏，皆以告者为首，教令为从。

[3] （清）沈之奇撰，怀效锋、李俊点校：《大清律辑注》（下），法律出版社2000年版，第841页。凡教唆词讼，及为人作词状，增减情罪诬告人者，与犯人同罪；若受雇诬告人者，与自诬告同；受财者，计赃以枉法从重论。其见人愚而不能伸冤，教令得实，及为人书写词状而罪无增减者，勿论。代人捏写本状，教唆或扛帮赴京，及赴巡抚、巡按、并按察司官处，各奏告叛逆等项机密、强盗、人命重事不实，并全诬十人以上者，俱问发边卫充军。

[4] 乾隆七年（公元1742年）颁布的相关例文如下："坊肆所刊讼师秘本，如《惊天雷》、《相角》、《法家新书》、《刑台秦镜》等一切构讼之书，尽行查禁销毁，不许售卖。有仍行撰造刻印者，照淫词小说例，杖一百，流三千里，将旧书复行印刻及贩卖者，杖一百，徒三年。买者，杖一百。藏匿旧板不行销毁，减印刻一等治罪。藏匿其书，照违制律治罪。其该管失察各官，分别次数交部议处。"参见（清）薛允升：《读例存疑重刊本》（四），成文出版社1970年版，第1021页。

到收赎的司法照顾,然而其"系讼师为害闾阎,不准收赎。"这一判决延续了清代乾隆年间贵州巡抚所判的一个年过七十岁的讼师不可以收赎的做法。[1]第四个案件奉天司嘉庆二十二年(公元1817年)的案犯被以"将本状寄与人赴京奏诉例,发近边充军"。第五个案件湖广司嘉庆二十二年(公元1817年)的案犯比照"奸夫教令奸妇诬告其子不孝律"判为"斩监候"。[2]

值得注意的是,尽管讼师们受到官府和社会的双重打压和排斥,但是这一职业仍顽强地生存着,因为现实生活有着对这一职业的需求。比如只要存在诉讼,涉讼者就需要讼师的帮助,讼师可以帮助涉讼者代写诉状,为他们出庭和作证提供咨询服务,所以官府也容忍讼师执业者的存在而只打击讼师们的非法行为。唐律规定在代人写诉状时不能添油加醋、歪曲事实。如果帮助他人诉讼,提供不真实的讼词有反坐的法律后果,但是如果所讼是事实,应当赏赐,即"得实应赏"。清律也明确规定"其见人愚而不能伸冤,教令得实,及为人书写词状而罪无增减者,勿论。"[3]

《清稗类钞》记载了几则关于讼师的轶事,我们从这些轶事中,可以看出讼师的基本特点。他们一般都会索要较大的讼金,深通人情世故和法律知识,娴熟地运用他们的知识、智慧和口才为当事人解决生活中的难题。如湖南廖某是一名讼师,有一个寡妇想趁年少再嫁,但是担心丈夫弟弟阻挠,就找廖讼师,"廖要以多金",寡妇许以重金,廖某为她撰写了诉词,其文为

---

[1] (清)祝庆祺等编:《刑案汇览三编》(一),北京古籍出版社2004年版,第120页。

[2] 上述五个案例的详细情况可见于(清)许槤、熊莪纂辑,何勤华等点校:《刑部比照加减成案》,法律出版社2009年版,第276—277页。

[3] (清)沈之奇撰,怀效锋、李俊点校:《大清律辑注》(下),法律出版社2000年版,第841页。

"为守节失节改节全节事：翁无姑，年不老；叔无妻，年不小。"直接说明了作为嫂子的寡妇留在原来家庭里所面临的公公没老伴，小叔无妻的窘境，县官收到诉状后，很快就准许了她改嫁的请求，讼师所提供的服务有效地帮助这位遗孀达到了自己改嫁的目的。苏州讼师陈社甫帮助同乡王某解决了他所面临的困境。王某曾借贷给一个寡妇金钱，过了很久都没有偿还，王某前去责骂，寡妇羞愧并且愤怒，半夜自杀吊死在王某的门前，正好赶上暴雨，第二天才被发现，于是求陈讼师帮助，陈讼师索要五百两酬金，王某答应后，陈讼师出主意说："赶快给死者换双鞋。"王某做了以后，陈讼师为他写诉状说："八尺门高，一女焉能独缢；三更雨甚，双足何以无泥？"将此事件直接引向有人移动尸体敲诈勒索方面，最后官府只是命令王某出了购买棺材的钱给寡妇下葬了事。[1]讼师通过伪造或改变案件的现场造成官员的误判，从而使当事人免罪，但是此案中王某本就是被诬陷，因此也无可厚非。

确实也有讼师为了帮助当事人脱罪，不惜违法犯罪。比如江苏崇明讼师杨某回乡养老，遇到这样一个案件，一个乡农酒后回家发现其妻子与一年轻人通奸，非常愤怒，拔刀要杀年轻男子，那个年轻男子行动敏捷，逃跑了，于是愤怒之下杀妻，酒醒后发现没捉到奸夫，就没有证据证明妻子通奸，那杀害妻子就无正当理由，可能要偿命。于是乡农找到杨讼师，杨讼师听后出了一个很邪恶的主意，因为当地风俗是旅行之人如果看到有房屋夜晚不闭门、不灭灯火，就意味着可以入内休息安歇，所以杨讼师让杀妻犯今晚回家不要关门，在屋里点上油

---

〔1〕徐珂编撰：《清稗类钞》（第三册），中华书局2010年版，第1191—1192页。

灯，操刀藏门后，有人进屋子里来就杀掉他，假托其为奸夫，李代桃僵，这样可以免除其杀妻之罪。结果当天杨讼师儿子外出经商回来休息于此，被乡农杀害，杨讼师的主意最终害人反害己。[1]

《清稗类钞》中还记载了一个洁身自好的名叫宿守仁的讼师，他的为人如同自己的名字一般，有仁义之心，作为讼师，他也有自己的原则和底线。他生平不接三种案子：第一种是不占理的讼案，这种案子即使胜诉了也有损名声和信誉；第二种是命案，这种案子在常理推测外，会引发因果报应；第三种是那些喜欢招惹是非爱打官司的"讼油子"的案子，这种案件连"讼油子"都很难赢，一般也都不占理，所以更不能接。因此这名讼师一生"无踬蹶"，平安顺利。[2]

通过《清稗类钞》所记载的这些讼师的经历，我们既看到了讼师狡诈违法的一面，也看到其具有为他人纾困解忧的一面。在清末文人的笔记中记载了不少讼师"鸣不平于人间"的事例。清末文人赵秋帆就曾在收录当时讼师状词的《刀笔菁华》一书的序言中仗义执言："刀笔二字，非恶名词也。以直为直，大足以救人，以曲为直，始足以杀人。是在人之心术耳。苟心术不正，而济之以才，流为刀笔之吏，淆是非，混黑白，致法庭无

---

[1] 徐珂编撰：《清稗类钞》（第三册），中华书局2010年版，第1192—1193页。

[2] 徐珂编撰：《清稗类钞》（第三册），中华书局2010年版，第1190页。讼师之性质，与律师略同。然在专制时代，大于例禁，故业是者十九失败。光绪时，某邑有宿守仁者，讼师也，善刀笔，一生无踬蹶。尝语人曰："刀笔可为但须有三不管耳：一，无理不管。理者，讼之元气，理不胜而讼终吉者，未之前闻；二，命案不管。命案之理由多隐秘繁赜，恒在常情推测之外，死者果冤，理无不报，死者不屈，而我使生者抵偿，此结怨之道也；三，积年健讼者为讼油子，讼油子不管。彼既久称健讼，不得直而乞援于我，其无理可知，我贪得而助无理，是自取败也。"

真是非，而吏治遂不可收拾。当逊清之季，工于刀笔者，在在有人。然其中不乏一二杰出之士，守正不阿，洁身自好，以三寸毛锥子，鸣不平于人间者，故未可一笔抹杀也。"[1]

清代的名幕王有孚对于民间的讼师有比较清醒的认识，他区别于官府对讼师的普遍打击，曾在《一得偶谈》中将"讼师"与"讼棍"进行区分——强调"讼棍必当惩，而讼师不必禁"。他的理由是："若夫安分良民，或为豪强欺压，或为仇盗扳累，大则身家几陷，小则名节攸关，搥胸饮恨，抱屈莫伸，仅假手于庸碌代书，具词呈诉，非格格不吐，即草草敷衍，徒令阅者心烦，真情难达，于此而得一职能之士，为之代作词状，摘伏发奸，惊心动魄，教令对簿当堂理直气壮，要言不繁，卒致冤者得白，奸者坐诬，大快人心。是不惟无害于人，实有功于世"。笔者认为王有孚对讼师的评价是比较客观和中肯的，基本上可以反映出讼师在古代社会中具有亦正亦邪的两面性。

3. 时效问题

关于时效，西方有两种方式运用于法律：一是取得时效，主要针对一些所有权不确定的情形，为了提高商品交易的效率和安全，罗马法采取了取得时效的方式来解决这一问题，早期罗马共和国时期《十二铜表法》对于动产和不动产的规定中有"使用土地的取得时效为二年，其他物品为一年"。到了罗马帝国时代，对于罗马行省所有权不确定的土地，东罗马帝国采取了更长的取得时效期限。二是诉讼时效，为了督促权利人及时行使自己的权利，防止因年代久远当事人或证人因去世、记忆

---

[1] 虞山襟、霞阁主编：《刀笔菁华》，中华工商联合出版社2001年版，序言。

不清或其他证据而造成的灭失或难以寻找,所以诉讼法一般都规定了诉讼时效,在时效内的诉讼将被法院受理,一旦超出诉讼时效,那么诉讼将不被法院受理,当事人将丧失胜诉权。

尽管中国古代法典没有系统全面的时效法律制度,但是同样存在着有关时效的规定。在五代(后梁、后唐、后晋、后汉、后周)以前土地作为主要资产,主要归国家掌管,政府通常采用屯田制、均田制等方式对荒地进行分配。到了五代时期,土地更多地归私人所有,人们的私有权利意识上升,针对战乱后土地房屋等不动产原有主人消失,而新占有者的土地、房屋、坟茔等所有权不确定的状态,官府开始以法律或敕令承认后来占有者通过时效来获得其所占有的土地、房屋等不动产的所有权。后周世宗于显德二年(公元955年)发布诏令,有条件、分阶段地解决弃田土地占有的所有权问题,从而确立了三年至十五年最终土地所有权获得制度。之所以有年限的不同,在于周世宗将原土地户主分为一般逃户和北地诸州的陷蕃人户。对于前者,三年内若能回来则可获得一半产权的所有权,五年内回来只获得三分之一,五年后回来只能获得其家坟茔的所有权,其他一概归现在的占有者。而对于那些陷于北方少数民族控制地方的原土地所有人,因为他们回来比较困难,所以规定了更长的时限,五年内归来者能获得三分之二的产权,十年内归来者能获得一半产权,十五年归来者能获得产权的三分之一,十五年以上将丧失所有权。[1]周世宗通过时间的长短和逃户的性

---

[1](宋)薛居正等撰:《旧五代史》(五),中华书局1976年版,第1525页。应逃户庄田,并许人请射承佃,供纳税租。如三周年内本户来归者,其桑田不计荒熟,并交还一半;五周年内归业者,三分交还一分;五周年外归业者,其庄田除本户坟茔外,不在交付之限。其近北地诸州,应有陷蕃人户,自蕃界来归业者,五周年内来者,三分交还二分;十周年内来者,交还一半;十五周年来者,三分交还一分;十五周年外来者,不在交还之限。

质来决定获得所有权的归属时间和财产比例,这是一个创举,对后来的朝代对于逃户土地所有权的规定有着示范作用。

宋代至清代,每个朝代的皇帝都对被弃田土有过敕令。不同时代的规定有所不同。如宋太祖太平兴国七年(公元982年)对流民下诏规定,百日内原业主归来,可以重新获得原土地所有权,如果百日外归来,就允许现占有人获得永佃权。[1]南宋形成了对弃田的"请射""理认"制度。宋高宗绍兴三年(公元1133年)户部发布,当弃田满三年,占有人可以向官府"请射",履行法定登记手续确立对所占土地的权利,原业主十年内不回来向官府办理"理认"程序恢复其土地产权的,丧失对原土地的权利。十年内回来理认,即使是官府占田,也可以越诉来进行诉讼,讨还土地。[2]对于三年"请射"所确立的权利,在另一史料中称为"世业"[3],当然这一世业权并不稳定,可能受到原业主归来后所主张的权利对抗。对于原业主归来权利获得的期限并不太确定,宋高宗规定的是十年,而宋孝宗隆兴元年(公元1163年)时诏书规定的是二十年[4],然而在乾道四年(公元1168年),知鄂州李椿的奏疏却主张三年截至,三

---

[1] (清)徐松辑:《宋会要辑稿》(五),中华书局1957年版,第4809页。宜令本府设法招诱,并令复业,只计每岁所垦田亩桑枣输税,至五年复旧,旧所逋欠,悉从除免。限诏到百日,许令归复,违者桑土许他人承佃为永业,岁输税调亦如复业之制。仍于要害处粉壁揭诏书而示之。

[2] 《文献通考》载:户部言:"人户抛弃田产,已诏三年外许人请射,十年内虽已请射及拨充职田者,并听理认归业,官司占田不还,许越诉。如孤幼儿女及亲属依例合得财产之人,委守令面问来历,取索契照。如无契照,勾勒耆保外邻佐照证得实,即时给付,或伪冒指占者论如律。"

[3] (元)脱脱等撰:《宋史》(十三),中华书局1985年版,第4174页。知鄂州李椿奏:"州虽在江南,荒田甚多……召人请射,免税三年;三年之后为世业……归业者别以荒田给之。"

[4] (元)脱脱等撰:《宋史》(十三),中华书局1985年版,第4174页。孝宗隆兴元年,诏:"凡百姓逃弃田宅,出二十年无人归认者,依户绝法。"

年以后官府另外给田耕种。[1] 如果所弃之田已被现占有人投资兴建了设施,那么原则上都归现在占有人所有,如果在时限内原所有人愿意补偿其设施工价,也可以判原所有人所有,宋神宗熙宁二年（公元 1069 年）诏书里就曾有此规定。[2] 明朝规定一旦后人耕种,其就获得了永久耕种权,原业主要给其田耕种,但坟墓和房舍要还给原主人。[3] 清朝对此的规定也是一旦耕种,就可以称为永业田。[4]

尽管官府有若干法律规定赋予现占有人通过时效来获得土地上的权利,但因为不同时代规定的时效取得年限不同,相关当事人也不一定对现有法令清楚了解,于是诉讼争端不时出现。南宋洪迈《容斋随笔》中感叹很多人假托其田是其祖先的产业与现占有人争讼不断。他称:"其旨明白,人人可晓,非若今之令式文书盈几阁,为猾吏舞文之具,故有舍去物业三五十年,

---

[1]（元）脱脱等撰:《宋史》(十三),中华书局 1985 年版,第 4174 页。知鄂州李椿奏:"州虽在江南,荒田甚多……召人请射,免税三年;三年之后为世业……归业者别以荒田给之。"

[2]（清）徐松辑:《宋会要辑稿》(五),中华书局 1957 年版,第 4803 页。神宗熙宁二年诏:"诸请、买荒废地土,已经开垦,并增修池塘、堤岸之类,却有诸般词讼,但合断归后人者,并官为检计用过功价,酬还前人。其增益舍屋,栽种竹木之类,亦偿其直,愿拆伐者听。"

[3] 明洪武元年（公元 1368 年）八月,明政府就颁布法令:"州郡人民,先因兵燹遗下田土,他人垦成熟者,听为己业;业主已还,有司为辅近荒田如数给与。其余荒田,亦许民垦辟为己业,免徭役三年。"转引自任志强:"明清时期荒地占有制度研究",载《兰州学刊》2010 年第 5 期。

[4]《清实录·顺治朝实录》记载:顺治六年（公元 1649 年）宣布"无主荒田,州县官给与印信执照,开垦耕种,永准为业。俟耕至六年之后,有司官亲察成熟田数,抚按勘实,奏请奉旨,方议征收钱粮。其六年以前,不许开征,不许分毫金派差徭。"《圣祖仁皇帝实录》记载:康熙二十二年（公元 1683 年）河南规定:"凡地土有数年无人耕种完粮者,即系抛荒,以后如已经垦熟,不许原主复问"。《大清高宗纯皇帝实录》记载:乾隆六年（公元 1741 年）陕西定例:"其有主而自认无力开垦者,定价招垦,给照为业。"

妄人诈称逃户子孙，以钱买吏，而夺见佃者，为可叹也。"[1]针对这类情形，法律也规定了官府受理案件的时间。自唐代中后期以后，就已有证据表明皇帝已经规定一定种类的诉讼过了一定期限后不得受理。如唐穆宗长庆四年（公元824年）制曰："百姓所经台府州县论理远年债负事，在三十年以前、而主保经逃亡无证据、空有契书者，一切不须为理。"[2]可见至少在唐穆宗时期就已经对钱债借款类合同，在没有人证的情形下有了诉讼时效三十年的规定，超过三十年就不再受理，这是典型的诉讼消灭时效，而且后代多以三十年作为消灭时效期，如宋太祖时也针对典当时效作出了三十年有效期的规定：对于典当庄宅土地的，有文契见在，或者手头没有典当文契，但是子孙还在或者有份额的亲属在，不限制年限，都允许收赎；如果过了三十年，没有典当文契了，或者虽有文契，但是难辨真假的，就不能赎回了，听任现佃权人处理。[3]这一三十年典卖时效的规定，到了《宋刑统》时减少为了二十年。[4]

宋代《名公书判清明集》中"漕司送许德裕等争田事"的案例引述了宋代典卖法律时效的规定，一般来说典卖十年以上基本上不能追回所典卖的田宅，只能退回原典价，如果出典人去世或者过了二十年，官府就不受理了。所以典卖的诉讼时效

---

〔1〕（元）马端临撰：《文献通考》（上册），中华书局1986年版，第54页。

〔2〕（宋）窦仪等详定，岳纯之校证：《宋刑统校证》，北京大学出版社2015年版，第351页。

〔3〕（宋）窦仪等详定，岳纯之校证：《宋刑统校证》，北京大学出版社2015年版，第175页。【准】建隆三年十二月敕节文：今后应典及倚当庄宅物业与人，限外虽经年深，元契见在，契虽已亡没，其有亲之子孙及有分骨肉，证验显然者，不限年岁，并许收赎。如是典当限外，经三十年后，并无文契，及虽执文契，难辨真虚者，不在论理收赎之限，见佃主一任典卖。

〔4〕（宋）窦仪等详定，岳纯之校证：《宋刑统校证》，北京大学出版社2015年版。请准唐长庆贰年捌月拾伍日勅，经贰拾年以上不论，即不在论理之限。

六、古代诉讼文化散论

一般是二十年,如果是十年以上加出典人死亡,那么就是十年的消灭时效了。[1]《古代判词三百篇》引《名公书判清明集》的方秋崖判词时也引述宋代法律说:"在法:契要不明,过二十年钱主或业主亡者,不得受理。"[2] 遗产案件一般是十年诉讼时效。《名公书判清明集》卷五中"侄与出继叔争业"的案例就引述了这条法律。"又遗嘱满十年而诉者,不得受理。"[3] 一般来说关于不动产的买卖和遗产问题,诉讼时效至少都在十年以上,其他都是二十年以上。除此以外,还有一些事项大大缩短了时限,只有三年,比如前面提到的"侄与出继叔争业"案中提到:"在法:分财产满三年而诉不平……不得受理。"[4] 对于交易田宅后的债务问题,受理时效是三年[5]。交易田宅要先问亲邻,如果有争议,其受理时效也是三年。南宋法律规定:

---

[1] 中国社会科学院历史研究所、宋辽金元史研究室点校:《名公书判清明集》,中华书局1987年版,第117页。准法:诸祖父母、父母已亡而典卖众分田宅私辄费用者,准分法追还,令元典卖人还价。即典卖满十年者免追,止偿其价。过十年、典卖人死,或已二十年,各不在论理之限。

[2] 转引自陈重业辑注:《古代判词三百篇》,上海古籍出版社2009年版,第96页。在法:契要不明,过二十年钱主或业主亡者,不得受理。此盖两条也。谓如过二十年不得受理,以其久而无词也,此一条也。而世人引法并二者以为一,失法意矣!今此之讼,虽未及二十年,而李孟传者久已死,则契之真伪,谁实证之?是不应受理也。合照不应受理之条,抹契附案,给据送学管业。申部照会。

[3] 中国社会科学院历史研究所、宋辽金元史研究室点校:《名公书判清明集》,中华书局1987年版,第135页。在法:分财产满三年而诉不平,又遗嘱满十年而诉者,不得受理。

[4] 中国社会科学院历史研究所、宋辽金元史研究室点校:《名公书判清明集》,中华书局1987年版,第135页。

[5] 中国社会科学院历史研究所、宋辽金元史研究室点校:《名公书判清明集》,中华书局1987年版,第104页。应交易田宅,过三年而论有利债负准折,官司并不得受理。

"诸典卖田宅满三年，而诉以应问邻而不问者，不得受理。"〔1〕当然有些财产案件比如尊长盗卖卑幼财产的案件并不受时效的限制。〔2〕

中国古代诉讼时效规定的目的也有应对过于久远的信息所造成的取证困难的考量。在"吴肃吴镕吴桧互争田产"案中，审判官员就指控"吴桧所赍干照已经五十余年，其间破碎漫灭，不明已甚，夫岂在受理之数，所批收赎已经四十余年，其田并未交业，仍在元户，岂应不以吴肃交业为正？"〔3〕方秋崖在"契约不明，钱主或业主亡者不应受理"案的判词中也说："今此之讼，虽未及二十年，而李孟传者久已死，则契之真伪，谁实证之，是不应受理也"。〔4〕从这些文字的表述中可以看出，中国古代的时效规定的目的和西方或现代民法制度一样，都是为了解决取证难题，为了巩固和稳定当时的社会经济秩序，维护有序的社会形态。

当然中国古代对于时效的规定，还有着"息讼"的文化旨趣。中国古代对于纠纷的解决常以调解为主，而诉讼被看作是挑起争端的一种方式，不符合社会所认可的文化价值，因此官员在涉及诉讼时效的案件中也常常忽略时效这一情况，甚至认为这样一味依照法律规定有违社会民风淳朴的形象。在《名公书判清明集》所载的"侄与出继叔争业"案中，被告杨天常

---

〔1〕 中国社会科学院历史研究所、宋辽金元史研究室点校：《名公书判清明集》，中华书局1987年版，第323页。

〔2〕 中国社会科学院历史研究所、宋辽金元史研究室点校：《名公书判清明集》，中华书局1987年版，第298页。卑幼产业为尊长盗卖，许其不以年限陈乞。

〔3〕 中国社会科学院历史研究所、宋辽金元史研究室点校：《名公书判清明集》，中华书局1987年版，第111页。

〔4〕 转引自陈重业辑注：《古代判词三百篇》，上海古籍出版社2009年版，第96页。

过继他人为子，其亲侄杨师尧诉杨天常仍占生父一千三百顷谷田，到打官司时，杨天常已经对诉争的谷田管业二十三年了，法官翁浩堂列举了上述析产的时效规定，认为："杨天常得业正与未正，未暇论，其历年已深，管佃已久矣，委是难以追理。"最后劝以亲情为重，认为诉讼使祖先声誉受损，即："请天常、师尧叔侄各照元管，存睦族之谊，不必生事交争，使亡者姓名徒挂讼牒，实一美事。"〔1〕驳回了杨师尧的诉状，所以这一判决显示时效的规定也体现了中国传统法文化的息讼的价值追求。

4. 干证人

证人，在古代有很多称呼，如证佐、干证人、干照人、照证人、见证人、干系人、干碍人、牵连人等，这些名称大致分为两种：一种是和案件无利害关系的证人，如见证人或照证人，另一种是和案件有一定牵连的证人，如干系人、干碍人、牵连人，干证人、干照人和证佐是这两种类型的合称。宋宁宗开禧元年（公元1205年）知衡州的张欣曾对"证佐"有个解释："夫谓之证者，旁证之谓也；谓之佐者，助己之谓也。曰证、曰佐，自是二事，苟有其一，皆可以表杀人之然否。"

关于证人资格的问题，我国《刑事诉讼法》第62条规定："凡是知道案件情况的人，都有作证的义务。生理上、精神上有缺陷或者年幼，不能辨别是非、不能正确表达的人，不能作证人。"一些西方国家法律基于社会伦理、公共利益、证人权益等保障的考虑，还赋予证人可依法对已掌握的与案情有关的事实

---

〔1〕 中国社会科学院历史研究所、宋辽金元史研究室点校：《名公书判清明集》，中华书局1987年版，第135页。

拒绝向法庭陈述及提供相关证据的特殊权利，比如出于保护亲情的需要，允许亲属之间免于作证，规定夫妻间在婚姻存续期间享有相互拒绝作证的权利，律师与当事人、医生和患者、心理咨询师和咨询者、新闻记者和线人、神父和忏悔者之间是一种基于职业信任的特殊关系，这些相关从业人员常常在法律上享有作证豁免权或拒绝作证权。

我国古代法文化也有类似的规定，在古代中国，家族关系是一种特别需要维护的道德关系，家庭内部的和谐稳定对于社会稳定和统治秩序有重大意义，允许家族成员相互告发和作证会破坏社会的基本伦理道德，儒家学派的代表人物孔子认为家庭成员的相互指正和揭发给社会带来的负面作用远远大于其积极作用，因此他主张"父为子隐，子为父隐，直在其中矣。"[1]在中国整个历史进程中，只有秦代法律要求亲属之间要"告奸"，相互揭发罪行和作证，到了汉武帝实行"罢黜百家，独尊儒术"后，要求家庭成员要容隐，不许作证。比如汉宣帝地节四年（公元前66年）颁布诏令宣布直系三代亲属和夫妻之间具有一种天然的道德扶助关系，有罪应相互隐瞒，不得向官府告发，对于容隐犯罪的行为，法律不追究其刑事责任。[2]法律要求三代以内直系亲属关系和夫妻关系免于作证，负有"容隐"的义务。到了唐代容隐关系得到扩大，"大功"以上的近亲属，还包括外祖父母、外孙等，同居共财者不管有服无服，皆得有罪相隐，甚至家中的奴婢和部曲除了危及皇权的前三恶罪，都

---

[1] 上海古籍出版社编：《十三经注疏》（下），上海古籍出版社1997年版，第2507页。

[2]《汉书》载：父子之亲，夫妇之道，天性也。虽有患祸，犹蒙死而存之。诚爱结于心，仁厚之至也，岂能违之哉！自今子首匿父母，妻匿夫，孙匿大父母，皆勿坐。其父母匿子，夫匿妻，大父母匿孙，罪殊死。皆上请廷尉以闻。

有对主人家庭容隐的义务,不得成为证人,告发有罪。[1]《元典章》载:"人伦之大,莫大于君臣、父子、夫妇、兄弟之叙。亲属之证,其弊至于使人不复知有纲常之理。"[2]批评亲属之间作证违背了纲常伦理。亲属关系不能作证的传统一直贯穿整个古代社会,如果违反了,就触犯一种叫"干名犯义"的罪名。

我国古代法律规定,老幼笃疾可以免除作证的义务,比如《唐律疏议·断狱》规定:"年八十以上,十岁以下及笃疾,皆不得令其为证,违者减罪人罪三等。"[3]法律之所以限制八十岁以上老人、十岁以下孩童、有疾病的人不能作为证人,是因为这几类人群容易受到诱导或驱使导致证据不真实。除此之外,这几类人群在法律上享有免责的特权,如唐律规定:"年八十以上、十岁以下及笃疾,犯反、逆、杀人应死者,上请;盗及伤人者,亦收赎;余皆勿论。"正是因为这项免责的特权,即使他们作伪证也不需要承担任何的法律责任,所以为了保障案件判决的公正性不允许他们作证人。

古代官员贵族作证责任是可以得到相对免除的。因为在公堂上审理案件,当事人和证人都必须跪着回答主管官员的问题,对簿公堂或成为证人被认为是有辱他们的尊严和身份的,所以早在西周时大夫以上的贵族成为民刑案件的当事人时可以不亲自出庭对簿公堂,当然就不需要成为证人。《周礼·秋官·小司

---

[1] 刘俊文撰:《唐律疏议笺解》(上),中华书局1996年版,第466—467页。诸同居,若大功以上亲及外祖父母、外孙,若孙之妇、夫之兄弟及兄弟妻,有罪相为隐;部曲、奴婢为主隐;皆勿论……其小功以下相隐,减凡人三等。若犯谋叛以上者,不用此律。

[2] 转引自蒋铁初:"中国古代证人制度研究",载《河南省政法管理干部学院学报》2001年第6期。

[3] 刘俊文撰:《唐律疏议笺解》(下),中华书局1996年版,第2030页。

寇》载:"凡命夫命妇,不躬坐狱讼。"[1]这一传统一直延续到明清时期。明清法律规定:"凡官吏有争论婚姻、钱债、田土等事,听令家人告官对理,不许公文行移。违者笞四十。"[2]虽然在此提及的是官员的家属可代其进行诉讼,但是证人作为诉讼的一部分,也可以理解为官员家属是其代理证人。这里应注意,所谓相对免除,是指婚姻、钱债、田土等一般性质的案件是可以不必躬亲作证的,但一般需要有家人充当代理人。如果是重大的刑事案件或诏狱的案件,且审理法官坚持,贵族官员仍是需要亲自接受询问或作证的。另外古代妇女一般也是可以免除作证义务的。古代妇女在传统的"三从四德"等道德规范要求下,一般是不能随便抛头露面的,大门不出,二门不迈,是礼教的要求,所以一般来说不轻易传唤妇女到公堂上作证。江南名幕汪辉祖对此事有详细的解读,他在其《佐治药言》一书中说:"提人不可不慎,固已。事涉妇女,尤宜详审,非万不得已,断断不宜轻传对簿。妇人犯罪,则坐男夫,具词则用抱告。律意何等谨严,何等矜恤!盖幽娴之女,全其颜面,即以保其贞操;而妒悍之妇,存其廉耻,亦可杜其泼横。"[3]

古代法律虽然没有明确规定案件知情人有必须作证的义务,但实际的司法运行中,强制案件知情人作证是普遍现象,在古代以义务为本位的法律传统中,证人的作证义务是不言自明的,证人自身的权利几乎不见,而赋予他们更多的是责任和义务。

---

[1] 上海古籍出版社编:《十三经注疏》(上),上海古籍出版社1997年版,第873页。

[2] (清)沈之奇撰,怀效锋、李俊点校:《大清律辑注》(下),法律出版社2000年版,第845页。

[3] (清)汪辉祖著,孙之卓编注:《佐治学治解读》,哈尔滨工业大学出版社2015年版,第24页。

据南宋文人洪适记载:"事发之处,或在邸店,或在道路,一时偶与相逢之人,见其斗殴死伤,便为证左,相随入狱。"[1] 证人一旦牵连入狱,所付的成本和代价是很高的,下面我们看看《水浒传》里对作证人郓哥的一段心理描写。当武松调查他哥哥武大郎死亡真相时找到很重要的证人郓哥:

> 何九叔叫道:"郓哥,你认得这位都头么?"郓哥道:"解大虫来时,我便认得了。你两个寻我做甚么?"郓哥那小厮也瞧了八分,便说道:"只是一件:我的老爹六十岁,没人养赡。我却难相伴你们吃官司耍。"武松道:"好兄弟。"便去身边取五两来银子道:"郓哥,你把去与你老爹做盘缠,跟我来说话。"郓哥自心里想道:"这五两银子,如何不盘缠得三五个月?便陪他吃官司也不妨。"将银子和米把与老儿,便跟了二人出巷口一个饭店楼上来。[2]

郓哥开始是抵触作证人的,其心理发生转折是因为武松给了他五两银子,他才愿意作证人。

无论是民事诉讼还是刑事诉讼因告发(类似今天的自诉)而引起的案件,证人常常会推脱作证,原告或被告为了使证人作证,一般会提供费用,但是当案件由官府纠举时,并不考虑证人自身的权利,证人需要自己承担一切费用。在司法实践中,强制证人作证本意是为了方便调查案件真相,却常常使证人遭受无端滋扰、付出巨大代价,甚至遭受恣意侵害。比如办案官员可能会擅自追摄逮捕相关证人、肆意拷讯证人、任意延长关押证人的时间。南宋洪适对证人之苦讲得非常具体和深刻,他

---

[1] 转引自郭东旭:《宋代法律与社会》,人民出版社2008年版,第157页。
[2] (明)施耐庵、罗贯中:《水浒传》,中华书局2005年版,第236页。

说：证佐之人"虽供责已具，而狱吏或以无保识，或以别州县，虑其再追不至，例皆同拘牢户，同解本州，直候结案无番异，方得释放。盖证左之人，多是它州商贾与村落农夫，或有老亲弱子，别无它丁，必候其人营贩作业，始可生活。一遭禁系，动经岁月，其家啼饥号寒，遂挤沟壑。其身或苦疾病，因而瘦死，无罪殒命，深为可怜。"[1]

正因为证人会面临着很多经济的开销和经办吏员的敲诈勒索，所以皇帝也不断出台法律政策来解决这一问题，比如宋真宗大中祥符七年（公元1014年）诏："诸州勘劾公事，干连女口当为证左者，千里外勿追摄，牒所在区断"。[2]对泛滥追证进行限制，禁止追摄千里之外的女干证人，免除她们的长途跋涉之苦。南宋规定只许勾追"紧切干证人"。宋真宗天禧二年（公元1018年）下诏诸路对于在押的干证人，"候照证毕无罪者，即时疏放。"[3]宋仁宗嘉祐五年（公元1060年）"诏令江西转运司勘会本军应，曾经禁勘照证公事身死人之家，不问有无罪犯，并与免户下二年差徭科配。其余被追照证曾在禁者，与免。一年内有罪者，更不免放"。[4]宋绍兴十六年（公元1146年）诏："诸鞫狱追到干证人，无罪遣还者，每程给米一升半，钱十五文。"[5]这些政策都是对无罪的干证人给予一定的补偿。

但是官府对涉案证人的这些保护政策并不能彻底解决问题，类似的问题仍然不断出现，从事司法实务的官员只能是小修小

---

[1] 转引自郭东旭：《宋代法律与社会》，人民出版社2008年版，第169页。

[2] （宋）李焘撰，上海师范大学古籍整理研究所、华东师范大学古籍整理研究所点校：《续资治通鉴长编》（29），中华书局1992年版，第1862页。

[3] （清）徐松辑：《宋会要辑稿》（七），中华书局1957年版，第6606—6607页。

[4] （清）徐松辑：《宋会要辑稿》（七），中华书局1957年版，第6610页。

[5] （元）脱脱等撰：《宋史》（十五），中华书局1985年版，第4993页。

补,尽量缩小证人的范围,不要牵连更多的人。清代江南名幕汪辉祖就指出明代相国徐阶就曾作家书示子弟尚诫命案不可牵涉,何况寻常百姓?他说:"余乡居见命案列证,便举家惶骇,往往有凶犯赤贫,累归词证者。故在馆阅报词,非紧要人证,即属主人当场省释,不令入城。应取保者,讯后立追保状。"[1]汪辉祖作为幕吏多次告诫官员:"故事非急切,宜批示开导,不宜传讯差提;人非紧要,宜随时省释,不宜信手牵连。被告多人,何妨摘唤?干证分列,自可摘芟。少唤一人,即少累一人。谚云:'堂上一点朱,民间千点血。'下笔时多费一刻之心,涉讼者已受无穷之惠。"[2]这些言论是汪辉祖试图在司法实践中减轻百姓的作证负担所写的肺腑之言,当然是否能够解决问题只能依靠掌握权力官员的良知了。

---

[1] (清)汪辉祖,孙之卓编注:《佐治学治解读》,哈尔滨工业大学出版社2015年版,第49页。
[2] (清)汪辉祖,孙之卓编注:《佐治学治解读》,哈尔滨工业大学出版社2015年版,第16页。

参考书目

一、国内古代文献

1. （汉）司马迁撰：《史记》，中华书局 1959 年版。
2. （汉）班固撰：《汉书》，中华书局 1962 年版。
3. （汉）贾谊撰，阎振益、钟夏校注：《新书校注》，中华书局 2000 年版。
4. 黄晖撰：《论衡校释》，中华书局 1990 年版。
5. （宋）范晔撰，（唐）李贤等注：《后汉书》，中华书局 1965 年版。
6. （北齐）魏收撰：《魏书》，中华书局 1974 年版。
7. （梁）萧子显撰：《南齐书》，中华书局 1972 年版。
8. （梁）萧统编，（唐）李善等注：《六臣注文选》，中华书局 2012 年版。
9. （唐）白居易著，谢思炜校注：《白居易文集校注》，中华书局 2017 年版。
10. （唐）房玄龄等撰：《晋书》，中华书局 1974 年版。
11. （唐）李百药撰：《北齐书》，中华书局 1972 年版。
12. （唐）魏征、令狐德棻撰：《隋书》，中华书局 1973 年版。
13. （唐）吴兢原著，叶光大等译注：《贞观政要全译》，贵州人民出版社 1991 年版。
14. （宋）窦仪等详定，岳纯之校证：《宋刑统校证》，北京大学出版社

2015 年版。

15. （唐）杜佑撰，王文锦等点校：《通典》，中华书局 1988 年版。
16. （宋）李昉等编：《太平广记》，中华书局 1961 年版。
17. （宋）李昉等撰：《太平御览》，中华书局 1960 年版。
18. （宋）李觏：《李觏集》，中华书局 1981 年版。
19. （宋）李焘撰：《续资治通鉴长编》，中华书局 2004 年版。
20. （宋）柳开撰，李可风点校：《柳开集》，中华书局 2015 年版。
21. （宋）欧阳修、宋祁撰：《新唐书》，中华书局 1975 年版。
22. （宋）司马光编著，（元）胡三省音注：《资治通鉴》，中华书局 1956 年版。
23. （宋）司马光撰，李之亮笺注：《司马温公集编年笺注》，巴蜀书社 2009 年版。
24. （宋）司马光撰，邓广铭、张希清点校：《涑水记闻》，中华书局 1989 年版。
25. （宋）宋慈著，高随捷、祝林森译注：《洗冤集录译注》，上海古籍出版社 2014 年版。
26. （宋）宋敏求编：《唐大诏令集》，中华书局 2008 年版。
27. （宋）苏轼著，毛德富等主编：《苏东坡全集》，团结出版社 2021 年版。
28. （宋）王钦若等编纂，周勋初等校订：《册府元龟》（校订本），凤凰出版社 2006 年版。
29. （宋）薛居正等撰：《旧五代史》，中华书局 1976 年版。
30. （宋）袁采撰，李勤璞校注：《袁氏世范》，上海人民出版社 2016 年版。
31. （宋）朱熹撰：《四书章句集注》，中华书局 1983 年版。
32. 郭齐、尹波点校：《朱熹集》，四川教育出版社 1996 年版。
33. （元）马端临撰：《文献通考》，中华书局 1986 年版。
34. （元）脱脱等撰：《宋史》，中华书局 1985 年版。
35. （元）王与原著，甘建一等译著：《无冤录今译》，海南出版社 2011

年版。

36. （明）董说撰：《七国考》，中华书局 1956 年版。
37. 陈义钟编校：《海瑞集》，中华书局 1962 年版。
38. （明）李春芳：《海公案》，北方文艺出版社 2013 年版。
39. （明）宋濂撰：《元史》，中华书局 1976 年版。
40. （明）施耐庵、罗贯中：《水浒传》，中华书局 2005 年版。
41. （明）王守仁：《王阳明全集》，线装书局 2014 年版。
42. （明）许仲琳：《封神演义》（青少版），中国画报出版社 2013 年版。
43. （明）谢肇淛撰：《五杂组》，上海书店出版社 2009 年版。
44. （明）颜俊彦：《盟水斋存牍》，中国政法大学出版社 2002 年版。
45. （清）崔述撰著，顾颉刚编订：《崔东壁遗书》，上海古籍出版社 1983 年版。
46. （清）董诰等编：《全唐文》，上海古籍出版社 1990 年版。
47. （汉）许慎撰，（清）段玉裁注：《说文解字注》，上海古籍出版社 1981 年版。
48. （清）李渔著，江巨荣、卢寿荣校注：《闲情偶寄》，上海古籍出版社 2000 年版。
49. （清）李宝嘉：《官场现形记》，中华书局 2013 年版。
50. （清）李汝珍：《镜花缘》，中华书局 2013 年版。
51. （清）纪昀：《阅微草堂笔记》，华龄出版社 2002 年版。
52. （清）全士潮等纂辑，何勤华等点校：《驳案汇编》，法律出版社 2009 年版。
53. （清）王先谦撰，沈啸寰、王星贤点校：《荀子集解》，中华书局 1988 年版。
54. （清）汪辉祖著，孙之卓编注：《佐治学治解读》，哈尔滨工业大学出版社 2015 年版。
55. （清）永瑢等撰：《四库全书总目》，中华书局 1965 年版。
56. 《沈刻元典章》，中国书店 2011 年版。
57. （清）沈家本撰：《历代刑法考》，中华书局 1985 年版。

58. （清）薛允升撰，怀效锋、李鸣点校：《唐明律合编》，法律出版社1999年版。

59. （清）薛允升：《读例存疑重刊本》，成文出版社1970年版。

60. （清）许梿、熊莪纂辑，何勤华等点校：《刑部比照加减成案》，法律出版社2009年版。

61. （清）沈之奇撰，怀效锋、李俊点校：《大清律辑注》，法律出版社2000年版。

62. （清）张廷玉等撰：《明史》，中华书局1974年版。

63. （清）祝庆祺等编：《刑案汇览三编》，北京古籍出版社2004年版。

64. 上海古籍出版社：《十三经注疏》，上海古籍出版社1997年版。

65. （清）吴炽昌著，石继昌校点：《正续客窗闲话》，时代文艺出版社1987年版。

66. 刘俊文点校：《唐律疏议》，法律出版社1999年版。

67. 陈重业辑注：《古代判词三百篇》，上海古籍出版社2009年版。

68. 陈重业主编：《折狱龟鉴补译注》，北京大学出版社2006年版。

69. 郭成伟点校：《大元通制条格》，法律出版社2000年版。

70. 官箴书集成编纂委员会编：《官箴书集成》，黄山书社1997年版。

71. 柯劭忞、屠寄撰：《元史二种》，上海古籍出版社2012年版。

72. 黎翔凤撰：《管子校注》，中华书局2004年版。

73. 梁启雄：《韩子浅解》，中华书局1960年版。

74. 梁启雄：《荀子简释》，中华书局1983年版。

75. 刘俊文撰：《唐律疏议笺解》，中华书局1996年版。

76. 马建石、杨育棠主编：《大清律例通考校注》，中国政法大学出版社1992年版。

77. 南怀瑾：《论语别裁》，复旦大学出版社1996年版。

78. 苏舆撰，钟哲点校：《春秋繁露义证》，中华书局1992年版。

79. 谢桂华、李均明、朱国炤：《居延汉简释文合校》，文物出版社1987年版。

80. 许维遹撰，梁运华整理：《吕氏春秋集释》，中华书局2009年版。

81. （清）徐松辑：《宋会要辑稿》，中华书局 1957 年版。
82. 徐珂编撰：《清稗类钞》，中华书局 2010 年版。
83. 上海古籍出版社编：《宋元笔记小说大观》，上海古籍出版社 2001 年版。
84. 王天海、王韧撰：《意林校释》，中华书局 2014 年版。
85. 杨伯峻编著：《春秋左传注》，中华书局 1981 年版。
86. 杨伯峻译注：《孟子译注》，中华书局 1960 年版。
87. 杨一凡、徐立志主编，高旭晨、俞鹿年、徐立志整理：《历代判例判牍》，中国社会科学出版社 2005 年版。
88. 杨一凡主编：《历代珍稀司法文献》，社会科学文献出版社 2012 年版。
89. 赵尔巽等撰：《清史稿》，中华书局 1977 年版。
90. 朱易安等主编：《全宋笔记》，大象出版社 2008 年版。
91. 中国社会科学院历史研究所、宋辽金元史研究室点校：《名公书判清明集》，中华书局 1987 年版。
92. 周名峰校释：《名公书判清明集校释：户婚门》，法律出版社 2020 年版。

二、国内专著

1. 柴荣：《中国古代物权法研究——以土地关系为研究视角》，中国检察出版社 2007 年版。
2. 陈寒非：《讨个说法：礼法传统中的"细故"纠纷解决机制》，孔学堂书局 2019 年版。
3. 陈正宏、梁颖编：《古籍印本鉴定概说》，上海辞书出版社 2005 年版。
4. 戴炎辉：《中国法制史》，三民书局 1966 年版。
5. 冯象：《政法笔记》，江苏人民出版社 2004 年版。
6. 高汉成主编：《〈大清新刑律〉立法资料汇编》，社会科学文献出版社 2013 年版。
7. 郭霭春编：《中国医史年表》，黑龙江人民出版社 1984 年版。
8. 郭东旭：《宋代法律与社会》，人民出版社 2008 年版。

9. 郭建:《古人的天平:中国古典文学名著中的法文化》,当代中国出版社 2008 年版。
10. 郭建:《獬豸的投影:中国的法文化》,上海三联书店 2006 年版。
11. 梁治平:《寻求自然秩序中的和谐》,中国政法大学出版社 2002 年版。
12. 梁治平:《法意与人情》,中国法制出版社 2004 年版。
13. 梁治平:《清代习惯法》,广西师范大学出版社 2015 年版。
14. 俞荣根:《道统与法统》,法律出版社 1999 年版。
15. 苏力:《大国宪制:历史中国的制度构成》,北京大学出版社 2018 年版。
16. 谢水顺、李珽:《福建古代刻书》,福建人民出版社 1997 年版。
17. 杨国桢:《明清土地契约文书研究》,人民出版社 1988 年版。
18. 叶德辉著,吴国武、桂枭整理:《书林清话:附书林馀话》,华文出版社 2012 年版。
19. 虞山襟、霞阁主编:《刀笔菁华》,中华工商联合出版社 2001 年版。
20. 赵晓耕主编:《中国近代法制史专题研究》,中国人民大学出版社 2009 年版。
21. 张晋藩:《中华法制文明的演进》(修订版),法律出版社 2010 年版。
22. 张晋藩主编:《中国法律史》,中国政法大学出版社 2019 年版。
23. 周林、李明山主编:《中国版权史研究文献》,中国方正出版社 1999 年版。
24. 周枬:《罗马法原论》,商务印书馆 1994 年版。
25. 中国第一历史档案馆、中国社会科学院历史研究所合编:《清代地租剥削形态》,中华书局 1982 年版。
26. 郑玉波:《民法物权》,三民书局 1958 年版。

三、国外专著

1. [德] 耶林著,郑永流译:《为权利而斗争》,商务印书馆 2018 年版。
2. [法] 孟德斯鸠著,严复译:《法意》,北京时代华文书局 2014 年版。
3. [古希腊] 索福克勒斯著,罗念生译:《索福克勒斯 悲剧二种》,人民文学出版社 1961 年版。

4. ［古希腊］亚里士多德著，吴寿彭译：《政治学》，商务印书馆 1965 年版。

5. ［罗马］查士丁尼著，张企泰译：《法学总论——法学阶梯》，商务印书馆 1996 年版。

6. ［美］伯尔曼著，梁治平译：《法律与宗教》，中国政法大学出版社 2003 年版。

7. ［美］D. 布迪、C. 莫里斯著，朱勇译：《中华帝国的法律》，江苏人民出版社 2003 年版。

8. ［美］约翰·梅西·赞恩著，孙运申译：《法律的故事》，中国盲文出版社 2002 年版。

9. ［日］仁井田陞：《中国法制史研究》，东京大学出版会 1960 年版。

10. ［意］朱塞佩·格罗索著，黄风译：《罗马法史》（2018 年校订版），中国政法大学出版社 2018 年版。

11. ［意］切萨雷·贝卡里亚著，黄风译：《论犯罪与刑罚》，北京大学出版社 2008 年版。

12. ［英］弗·培根著，水天同译：《培根论说文集》，商务印书馆 1958 年版。

13. ［英］阿瑟毛利森著，林纾、魏易译：《神枢鬼藏录》，商务印书馆 1914 年版。

后 记

　　这本《中国古代法文化散论》的撰写和出版是在疫情期间进行的，疫情给我的生活带来了不少麻烦和危机，但也让我静下心来完成这部专著。这是我的第三本专著，写作此书的目的是希望总结一点讲授中国传统法制文化专题课程的体会。在写作此书的过程中，加深了自己的文化"自知之明"，深深为中国古人的法律智慧拍案叫绝，以东汉县令卓茂审理的一个送礼的案子为例，送礼的人给地方亭长主动送礼却又以官员不得收礼的法律规定为由将亭长举报，县令卓茂如果不处理"收礼"的亭长，将会违反法律规定，然而处罚"收礼"的亭长，又会纵容送礼之人，破坏社会的道德风气。在这样两难的境地中，卓茂处理此案颇为从容，他首先调查清楚事情的来龙去脉，搞清楚是当事人主动送礼的事实，而后郑重地批评教育了送礼人，让他明白"律设大法，礼顺人情"的关系，从而体现出卓茂明辨是非，不机械地去适用法律规定，而是从法理和人情的角度去处理这件事，使情和法在现实司法层面得到了统一，非常值得今人借鉴。

　　这部专著在经费不足、时间有限等诸多困难的情况下终于即将付梓面世了,我的心中充满着欣喜和感激。首先要感谢首都经济贸易大学法学院的出版资助,感谢张世君院长和法学院其他领导的长期关照和帮助。其次要感谢中国政法大学出版社的编辑们悉心审校。最后感谢我的家人对我长期的支持和理解,他们的关爱永远是不可替代的!正是有了你们的帮助和支持,我的这一写作和出版愿望得以实现,在此特致谢忱!

尚　珽

2022年9月写于枫泽园